道路运输企业车辆技术管理

交通运输部公路科学研究院 编

人民交通出版社股份有限公司
China Communications Press Co.,Ltd.

内 容 提 要

本书是在理论研究和调研实践的基础上,根据《道路运输条例》《道路运输车辆技术管理规定》等法律法规和《道路运输企业车辆技术管理规范》等标准规范编制而成;将国家有关车辆技术管理的方针政策融入企业的生产实际,围绕车辆管、用、养、修等方面,阐述了道路运输企业实施车辆技术管理的理论知识和技术方法。

本书可作为道路运输经营者、运输管理机构及有关单位的技术培训教材及参考书籍,也可供院校相关专业教学用书。

图书在版编目(CIP)数据

道路运输企业车辆技术管理/交通运输部公路科学研究院编.—北京:人民交通出版社股份有限公司,2016.6

ISBN 978-7-114-13024-3

Ⅰ.①道… Ⅱ.①交… Ⅲ.①公路运输—旅客运输—交通运输企业管理—研究 Ⅳ.①F540.5

中国版本图书馆 CIP 数据核字(2016)第 110798 号

Daolu Yunshu Qiye Cheliang Jishu Guanli

书　　名:道路运输企业车辆技术管理
著 作 者:交通运输部公路科学研究院
责任编辑:何　亮　林宇峰
出版发行:人民交通出版社股份有限公司
地　　址:(100011)北京市朝阳区安定门外外馆斜街 3 号
网　　址:http://www.ccpress.com.cn
销售电话:(010)59757973
总 经 销:人民交通出版社股份有限公司发行部
经　　销:各地新华书店
印　　刷:北京虎彩文化传播有限公司
开　　本:787×1092　1/16
印　　张:16.25
字　　数:416 千
版　　次:2016 年 6 月　第 1 版
印　　次:2020 年 4 月　第 2 次印刷
书　　号:ISBN 978-7-114-13024-3
定　　价:50.00 元

交通运输部软科学研究项目

《道路运输企业车辆技术管理规范研究》
(2014 312 223 400)

组织编写单位：交通运输部公路科学研究院

编 委 会

前言

Qianyan

近年来,随着我国经济社会的快速发展,公路交通运输事业取得了突飞猛进的发展,市场规模不断壮大,运输能力和服务水平显著增强,对于拉动内需、扩大外需和促进经济发展发挥了极其重要的作用。但与此同时带来的交通安全、能源消耗及环境污染等社会性问题却日趋突出和严峻,汽车的技术状况下降使这些问题更趋严重。

车辆是道路运输发展的物质技术基础,是运输企业生存和发展的基石,是行业健康可持续发展的重要保障。为适应新形势下道路运输发展需要,加强车辆技术管理,交通运输部从加快职能转变、简政放权和促进行业转型升级、提质增效的角度,坚持以问题为导向,主动开展道路运输车辆技术管理改革,根据《安全生产法》《道路运输条例》等法律法规,修订完成了《汽车运输业车辆技术管理规定》(原交通部令 1990 年第 13 号)等多项部门规章,革新了车辆技术管理的原则和方针,厘清了车辆技术管理职责,明确了道路运输经营者是车辆技术管理的责任主体,保证投入道路运输经营的车辆符合技术要求。

为贯彻落实我国车辆技术管理改革的方针政策,帮助企业做好运输车辆技术管理,我们依据国家有关法律法规和标准规范编写此书,希望本书的出版能对加强道路运输企业车辆技术管理,提升车辆技术管理规范化和标准化水平,促进交通运输行业安全、高效、节能和环保发展等方面有所帮助。需要说明的是,目前我国车辆管理相关的多项标准正在修订,本书内容如果有与标准不一致的地方,以标准发布稿为准。

在本书撰写过程中,得到了交通运输部运输服务司的指导,同时也得到了吉林、江苏、广东、河南、福建、四川、重庆等省(直辖市)道路运输管理机构,以及有关运输企业、维修企业、检测机构的支持和帮助,在此,一并表示感谢。

由于编者水平有限,书中难免有疏漏之处,敬请大家批评指正。

编者

2016 年 4 月

目 录

Mulu

第一章　概　　述

道路运输是国民经济和社会发展的基础性、先导性产业和服务性行业，车辆技术管理作为道路运输管理的重要组成部分，贯穿于道路运输经济活动的始终。对道路运输车辆实施全面认真的技术管理是道路运输企业依法履行安全管理主体责任的重要职责，也是企业实现高产、优质、低耗运输生产的基本条件，对于保障运输安全，促进节能减排，充分发挥运输车辆的效能具有极其重要的作用。

第一节　车辆技术管理对我国道路运输发展的影响

一、我国道路运输面临的主要形势

(一)我国道路交通安全形势

据公安部门统计，2014 年全国涉及人员伤亡的道路交通事故共 196812 起，造成 58523 人死亡、211882 人受伤，直接财产损失 10.8 亿元。其中，一次死亡 3 人以上道路交通事故 815 起；一次死亡 5 人以上道路交通事故 181 起；一次死亡 10 人以上道路交通事故 13 起。全年生产经营性道路交通事故 44412 起，造成 20239 人死亡，事故起数、死亡人数分别达到 22.6% 和 34.6%。图 1-1 和图 1-2 为 2005 ~ 2014 年我国道路交通事故情况。

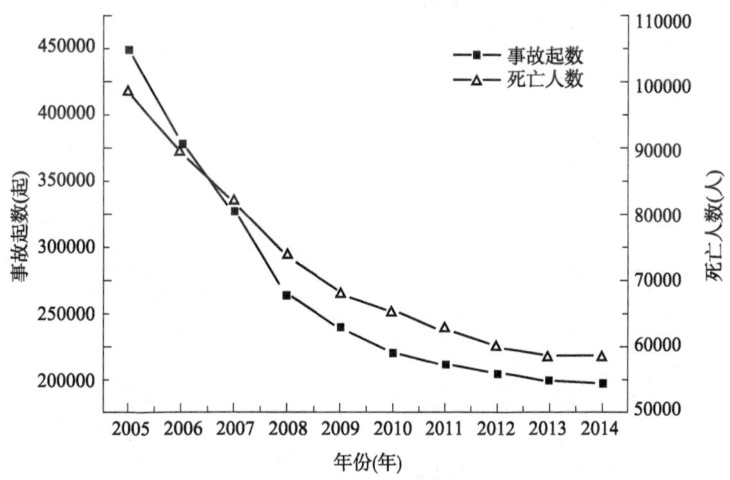

图 1-1　2005 ~ 2014 年我国道路交通事故起数及死亡人数

从统计数据可以看出，2005 ~ 2014 年，我国涉及人员伤亡的交通事故数量有所减少，但与欧、美、日等发达国家相比，我国仍属于事故高发的国家，交通安全形势依然严峻。特别是生产经营性车辆导致的重特大交通事故还未得到有效控制。

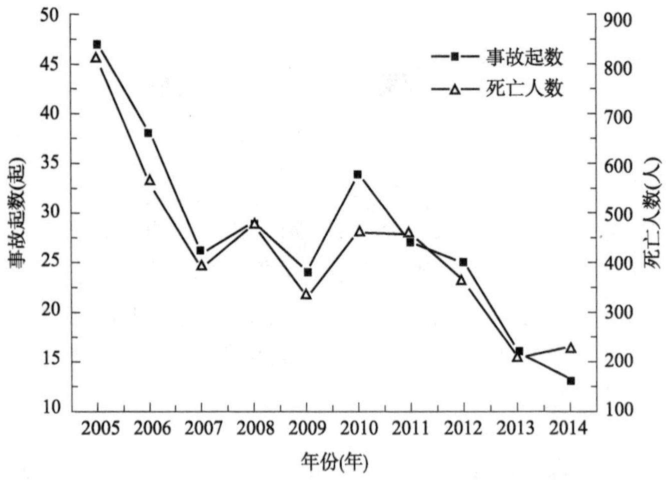

图 1-2 2005～2014 年一次死亡 10 人及以上交通事故情况

在人－车－路所构成的复杂交通环境体系中，车辆技术状况不良是引发事故的重要因素之一，多起重特大事故都与车辆技术管理直接相关(典型事故案例见附录)，如图 1-3 所示。究其主要原因是疏于对车辆的技术管理，运输企业“三重三轻”思想严重，即：重生产，轻安全；重经营，轻技术；重效益，轻教育。加之人员配备不足，设施设备投入不足，致使部分车辆出现了维修失调、超期服役、带病行驶等问题，安全隐患极其严重。

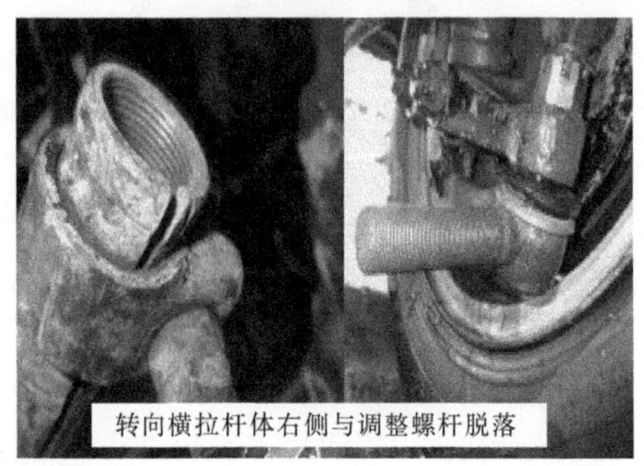

图 1-3 重特大交通事故中常见的机械故障

(二)我国道路交通能源形势

交通运输行业是资源占用型和能源消耗型重点领域、重点行业,是全社会仅次于制造业的油品消费第二大行业,尤其是优质汽、柴油资源的主要消耗单位。据统计,2014 年我国石油净进口约为 3.08 亿 t,而石油的年消费量已经超过 5 亿 t,供需矛盾凸显。同时,国家石油对外依存度也已经从 2005 年的 42.5% 提高到 2014 年的 59.5%(如图 1-4 所示),给国家能源安全形势造成严重威胁。

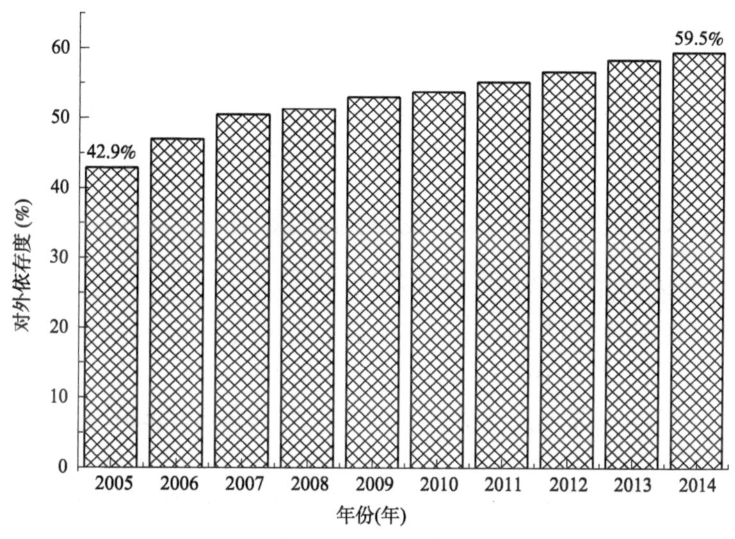

图 1-4 中国石油对外依存度

我国的营运车辆能源消耗相比欧美发达国家还有较大差距,主要原因是我国的营运车辆普遍年平均行驶里程长(约为欧美和日本的 2 倍)、工作强度大、运行环境复杂、超载超限严重,机件极易发生老化和过度磨损,使得车辆技术状况变差。虽然目前我国营运车辆仅占民用汽车保有量的 10% 左右,但所消耗的成品油却达到全国总量的 30% 以上,与欧、美、日等国外先进水平相比,我国平均油耗要高出 10% ~25% 。

根据交通运输部《公路水路交通节能中长期规划纲要》要求,与 2005 年相比,2015 年我国营运货车单位运输周转量能耗要下降 12% 左右,营运客车单位运输周转量能耗要下降 3% 左右;2020 年我国营运货车单位运输周转量能耗要下降 16% 左右,营运客车单位运输周转量能耗要下降 5% 左右。由此可见,我国道路运输行业还面临着巨大的节能减排压力。

(三)我国道路交通环境保护形势

国际清洁交通委员会(ICCT)发布的《中国机动车排放控制措施评估报告》指出:在首钢等大型钢厂陆续迁出的大中型城市,机动车尾气排放已成为二氧化硫(SO_2)、氮氧化物(NO_x)、颗粒物等大气污染物的主要来源。

机动车作为一个流动的排污源,在人口高度集中的城市和交通运输繁忙的工矿地区到处散发着大量的废气,严重破坏了生态平衡,威胁着老百姓的健康安全。据估计,每年机动车向大气排放约 10 亿 t 一氧化碳(CO),2 亿 t 碳氢化合物(HC),1 亿 tNO_x 以及大量其他有害物质，同时还有一定量的二氧化硫（SO_2），微粒物质等有害排放物。据相关部门调查，在一些主要城市汽车排放污染物在废气排放总量的分担率达到了40%以上，在市中心区的分担率达到60%左右。

我国的汽车尾气排放标准比大多数发达国家落后十年左右，其排放的一氧化碳数量是欧洲车辆的两倍左右，HC 和 NO_x 排放数量是欧洲车辆的三倍以上，与美国标准相比，我国CO排放量上限高出了50%以上，NO_x 高出32%，HC 高出三倍以上。更为严重的是，我国很多车辆还达不到排放标准，这也是我国城市空气质量在20世纪90年代后期出现恶化的主要原因。

我国的营运车辆虽然占社会总量的比例不高，但由于营运车辆行驶里程多、发动机的功率和排量大，其排放的尾气占有相当重要的比例。因此，加强营运车辆技术管理，建立汽车尾气治理长效机制，有效地控制在用车辆排放已刻不容缓。

二、车辆技术管理对道路运输发展的支撑作用

截至2014年年底，我国公路总里程达446.39万km，高速公路总里程11.19万km，均居世界第一。公路营运车辆1537.94万辆（其中营运载客汽车84.58万辆、营运货车1453.36万辆）。全国完成公路客运量190.82亿人、旅客周转量12084.1亿人km，高速公路日平均行驶量为119894万车km；完成货运量333.28亿t、货物周转量61016.62亿t·km，平均运距183.08km。

随着我国经济、社会的发展与进步，道路运输在国民经济发展中的地位、作用以及对社会经济发展的贡献率不断提升，公路通车里程不断增长，营运汽车的保有量持续增长，社会物流需求呈高速增长态势，公路货运量占全国运输总货运量的75%以上。

全国公路（包括高速公路）和运输相关的发展状况见图1-5～图1-8。

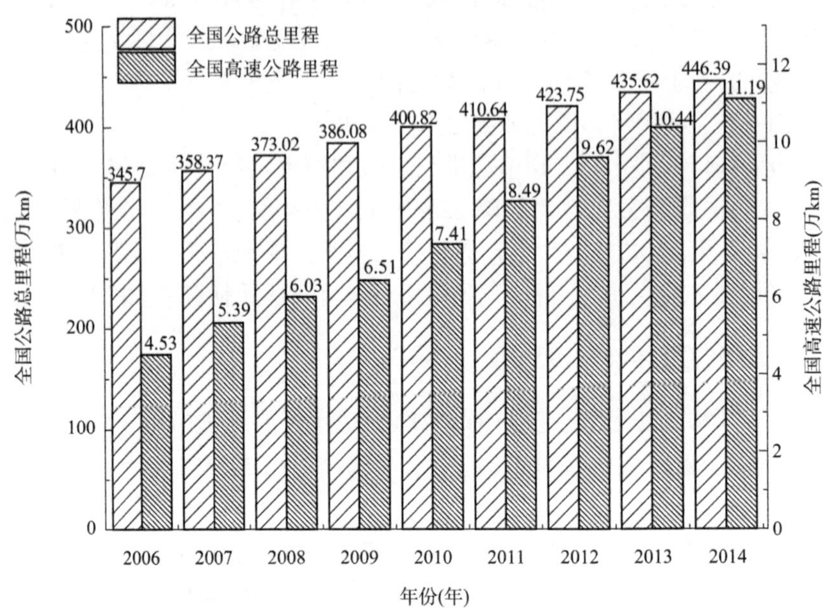

图1-5　2006～2014年全国公路总里程及高速公路里程

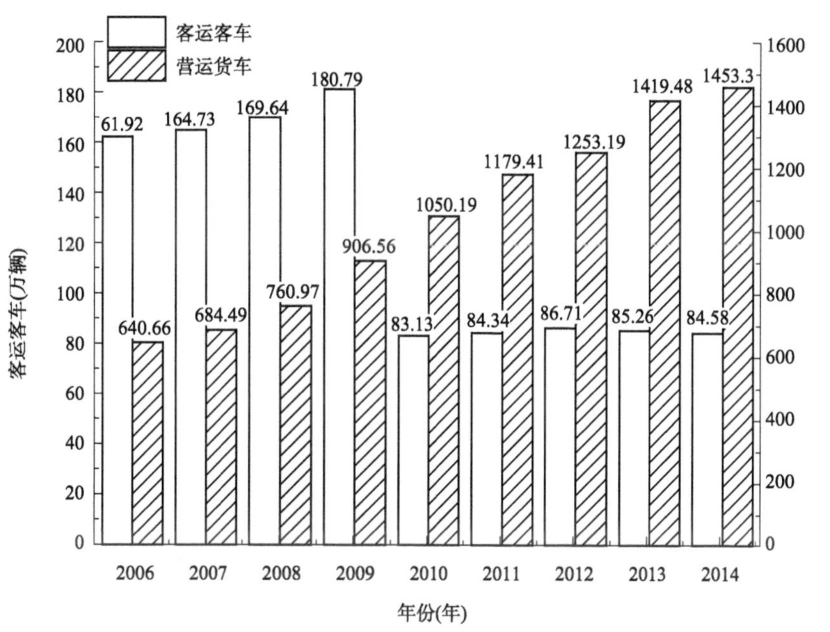

注:2009 年后,公共汽车和出租汽车未纳入营运客车统计范畴。

图 1-6　2006 ~ 2014 年营运车辆拥有量

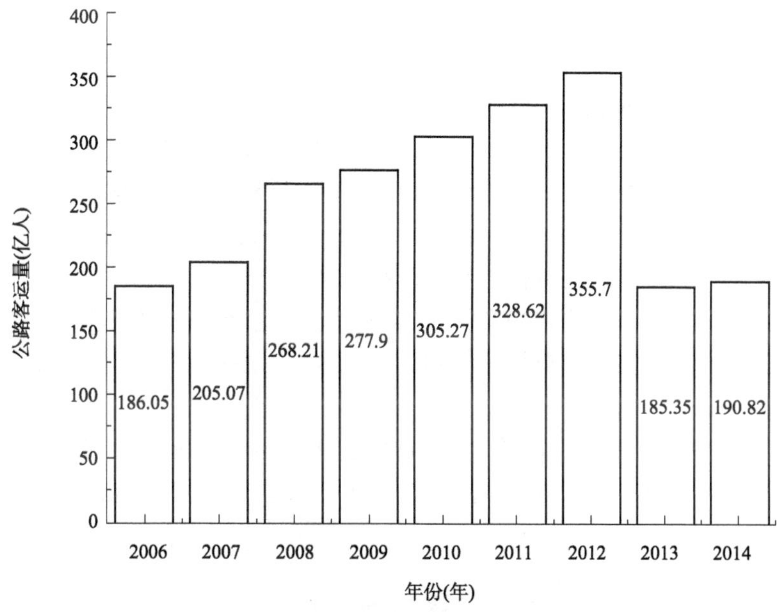

图 1-7　2006 ~ 2014 年全国公路客运量

车辆作为道路运输生产的重要工具,其技术状况关系到国民经济发展和社会稳定,是保障道路运输生产持续、健康发展的重要因素。从磨损理论和国内、外的车辆使用管理统计数据可知,随着汽车行驶里程的增加,车辆在复杂载荷和复杂路面条件下,相关运动部件将会发生不同程度的磨损、疲劳、腐蚀以及老化,使各零部件逐渐失去原有的质量和功能,车辆的使用性能将发生不同程度的恶化,机件的安全性能将下降,车辆的耗油量同时也会增加,不仅会增加燃料消耗、轮胎消耗、物料消耗等运输成本，还会缩短汽车的使用寿命，甚至会成为影响交通安全的重大隐患。特别是营运车辆，由于运输过程中载荷重、路况复杂等因素，使车辆技术状况很不稳定。

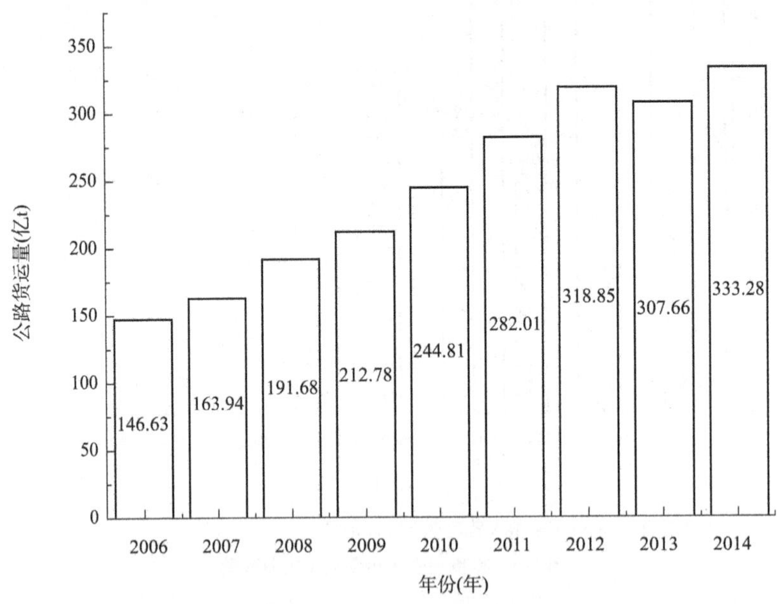

图 1-8　2006～2014 年全国公路货运量

长期以来，我国高度重视道路运输车辆的技术管理，实践证明，加强车辆技术管理是保障交通安全、降低能源消耗和减少污染物排放最直接、有效的措施。从国家全局利益来看，做好管理工作，确保车辆技术状况，降低燃油消耗，能有效地缓解我国紧张的能源消耗，避免不必要的能源浪费；做好管理工作，确保车辆技术状况，保证车辆的安全行驶，能有效降低车辆安全事故的发生概率，避免人员伤亡和财产损失；做好管理工作，在技术上保证车辆的安全行驶，也能降低车辆尾气排放和噪音污染，改善人类生存环境质量。从企业发展来看，做好技术管理工作，能有效地控制车辆的使用成本，还能保证企业的安全生产，使企业能从管理中得到效益。

因此，无论作为一名行业管理者，还是一名道路运输经营者，都应该充分认识到车辆技术管理的重要性，要正确处理运输生产和车辆技术管理的关系，自觉并坚持做好此项工作。

三、我国车辆技术管理制度的变革与发展

新中国成立之初到 20 世纪 90 年代，是我国大力发展生产的重要时期，为规范运输生产，提高车辆的技术能力和使用效率，最大化发挥车辆的运输能力，我国曾多次以法规、标准和规范的形式，发布汽车运输企业车辆技术管理文件，对树立正常技术工作秩序、保持良好的车辆技术状况、节约物料、降低运输成本等，起到了极其重要的指导和促进作用。

不同历史时期我国车辆技术管理制度及重要文件发布情况见表 1-1。

不同历史时期我国车辆技术管理制度及历次重要文件发布情况　　表1-1

年 份	文件名称	文件主要内容和精神	文件影响力	编写背景
1951	《汽车运输企业暂行技术标准与定额》	1951年,交通部召开了全国汽车运输技术会议,制订了《汽车运输企业暂行技术标准与定额》,初步形成了汽车技术管理制度。文件规定了公路路面分级与汽车载重标准,保养与修理的作业分类、技术标准,用料定额,行车材料消耗定额以及主要生产指标计算标准等	各地运输企业在贯彻执行过程中,结合开展“安全、四定、车吨月产两千吨公里”运动,取得了较好成绩。广大职工钻研业务技术、赶超技术经济定额的热情高涨,技术水平普遍提高。1954年主要经济定额同试行前对比,全国平均汽车大修间隔里程从1万km左右提高到4万km;平均轮胎行驶里程从5000km延长到2万km	在学习苏联汽车运输管理经验的基础上,参考华北汽车运输总公司的《车务汇编》,结合中国当时的实际情况制订,从1952年7月开始在全国试行
1954	《汽车运输企业技术标准与技术经济定额》(即第一部红皮书)	(1)明确肯定了计划预防保修制度的必要性; (2)合理划分了保修分级,合理界定了维护和修理的作业范围,将汽车维护分为例行维护、一级维护和二级维护,将汽车修理分为小修、中修和大修; (3)明确了汽车使用技术在汽车运输企业中的重要作用和汽车“按需修理”的重要性; (4)制订了各种技术标准、技术经济定额,为建立企业的计划、技术、劳动管理提供了依据; (5)规定了必要的保修技术规范,是新中国成立以来首次汇集的比较齐全的实用资料,扭转了工人凭经验操作的旧习惯; (6)首次提出喷、镀、焊补、镶套等旧件修复工艺	由于建立了计划预防保修制度为主的许多标准、定额、规范,从而初步奠定了汽车运输技术管理的基础,提高了职工的技术水平和管理水平,使汽车运输技术管理工作步入了正轨	在总结我国汽车运输企业有关驾驶、修理、节油、机具改进、车辆和轮胎保养等方面的先进经验和参考《苏联汽车运输手册》的基础上进行修订,同年9月正式颁布施行
1958	《汽车运输技术规范(初稿)》	文件包括汽车使用、汽车保养和汽车修理3篇。总结了国内汽车修理经验,特别是柴油汽车燃料供给系统的修理方法,以及汽车废旧零件的修理方法,并列举了一些实例,为开展旧件修理,进一步提高修旧水平提供了良好条件	《规范(初稿)》印发以后,有的省(自治区)交通厅据此制订了若干细则,为汽车保修的技术管理制度化、技术操作规程化、技术分工专业化打下了基础。但由于“大跃进”运动的出现,规章制度破而未立,《规范》被束之高阁	交通部邀请湖南、云南、福建、新疆4省(自治区)交通部门的有关同志,在总结1954年“红皮书”实施情况和汇集各地先进经验的基础上编制而成,于1958年初印发各省(自治区、直辖市)交通厅(局)讨论修改

续上表

年　份	文件名称	文件主要内容和精神	文件影响力	编写背景
1964	《汽车运输企业技术管理制度》、《汽车运用技术规范》(即第二部红皮书)和《汽车运用技术资料》(非正式文件)	在1954年“红皮书”的基础上增加了以管理、使用、保养、维修四大篇章为主的技术管理制度和以驾驶操作规程及保修技术规范等内容,确立了“严格管理、合理使用、强制保养、计划修理”的车辆技术管理原则。主要特点是: (1)针对“大跃进”后管理混乱、保修失调、车况恶化的状况,提出了“严格管理、合理使用、强制保养、计划修理”方针,强调“管、用、养、修”是相互联系、互为条件、相互促进、相互制约的有机整体,不能分割,也不可偏废; (2)根据《国营工业企业工作条例》的规定,提出建立和健全汽车运输企业技术管理工作的组织与领导体系,包括技术指挥系统、技术管理职能部门和以总工程师为首的各级生产技术责任制; (3)强调“汽车使用”是汽车运输企业贯彻“安全质量第一”方针,维护车况,提高产量,降低消耗和成本的关键措施; (4)强调智力开发和加强科学研究,提出必须培养技术队伍,技术革新、技术改造都要经过科学实验; (5)对有争议的问题,如拖挂运输、保养分级、修理分类、快速保修、旧件修复等,都作了实事求是的结论,特别是对正确选择汽车列车质量,提出了指导性意见	1964年“红皮书”是法规性文件。它的颁布引起了汽车运输界的普遍重视,认为它既具有科学性、先进性,又具有现实性,标志着汽车运输技术工作进入了一个新阶段。 在贯彻执行中,省一级汽车运输企业建立了以总工程师为首的各级生产技术岗位责任制;普遍加强了车管、厂务、技术、检验等专业技术职能部门;建立了车辆和设备档案	在北戴河、青岛座谈总结1954年“红皮书”的实施经验,吸取“大跃进”中违反科学,有章不循,保修失调,车况恶化的深刻教训,参考1958年印发的《汽车运输技术规范(初稿)》,重新编写成《汽车运输企业技术管理制度》《汽车运用技术规范》和《汽车运用技术手册》
1965	《汽车修理规程》和《汽车运用规程》(即第三部红皮书)	《汽车运用规程》(俗称“小红皮书”)将汽车维护分为例行维护、一级维护、二级维护和三级维护,俗称“四级维护制”。《汽车修理规程》将汽车修理划分为汽车大修、汽车小修、总成修理和零件修理。 肯定了1964年“红皮书”对巩固、提高车辆技术状况和确立正常的生产秩序所起的作用。但同时指出它在“突出政治”、“反对烦琐哲学”等方面存在着明显的不足,强调政治统帅技术,技术为政治服务。此后的十多年中该文件没有切实执行	“小红皮书”采用条文、表格与歌诀相结合的形式修订的,从原来的50多万字压缩为3.1万字。“小红皮书”印发正值“文化大革命”前夕,各地虽然传达了张家口会议精神,但都没有得到贯彻	1965年,在所谓突出政治,反对烦琐哲学的口号下,交通部对颁发不久的1964年“红皮书”进行了修订

续上表

年　份	文件名称	文件主要内容和精神	文件影响力	编写背景
1980	《汽车运输和修理企业技术管理制度(试行)》(即第四部红皮书)	该文件将汽车技术管理的原则修改为"科学管理、合理使用、定期保养、计划修理",重申坚持汽车计划预防维修制度,坚持"四级维护制",同时强调"爱车例保"。实践证明,"四级维护制"对保持汽车技术状况良好,提高行车安全性,保证汽车运输任务顺利完成发挥了积极作用,但是也出现了维护作业过深,甚至以维代修的倾向。文件主要特点为: (1)对文件的性质和时限作了修改和调整。老"红皮书"为法规性文件,在时限上没有提出要求;而新修订的"红皮书"则明确规定为指导性文件,在时限上只适用于国民经济"调整、改革、整顿、提高"时期; (2)在总结例行保养经验的基础上,把例行保养部分从保养篇划出,另行纳入使用篇,并对运输企业和驾驶员提出了要求,对拖带挂车也作了规定; (3)增加了科学技术工作的内容,提出厂矿企业办科研,加强科技情报工作和职工培训以及再教育等; (4)突出了质量管理。强调全面质量管理是改变企业面貌、提高产品质量和服务质量的核心,要求重视工艺、质量管理,加强检验。另外还提出了汽车修理要按专业化生产的原则,分别设置客车、货车、小客车、专用车辆和柴油汽车的修理厂或车间;汽车大修必须由专业的汽车修理厂执行	(1)验证过程中,各企业都研制了一些仪表量具,培训了职工,提高了汽车修理水平。统计表明,1982年汽车大修出厂返修率从15%下降到5%左右,大修在厂车日也缩短了40%,成本有所下降; (2)全国每百吨公里汽油消耗量从1980年8.7升下降到1985年的7.7升;柴油消耗量从6.2升下降到5.3升,经济效益显著	(1)在华东、华北、西南等地区进行验证,参加验证的有60多个企业,验证的汽车或总成达3000多台; (2)为配合"红皮书"的贯彻实施,交通部还颁布了一系列技术条件和定额标准。如:《货运挂车系列型谱》《全国公路客运车辆系列型谱》《公路货运车辆通用技术条件》《汽车大修竣工出厂技术条件》(GB 3798—1983)、《汽车发动机大修竣工技术条件》(GB 3799—1983)、《载货汽车运行燃料消耗量》(GB 4352—1984)以及《载客汽车运行燃料消耗量》(GB 4353—1984)等
1990	《汽车运输业车辆技术管理规定》(1990年交通部第13号令)	要求运输企业要坚持预防为主和技术与经济相结合的原则开展各项车辆技术管理活动,对运输车辆实行择优选配、正确使用、定期检测、强制维护、视情修理、合理改造、适时更新和报废的全过程综合性管理。明确了交通部、各省(自治区、直辖市)交通厅(局)和运输单位的管理职责。 确立了"以提高道路运输车辆技术状况、促进车辆结构合理调整为主线,以科技进步和技术创新为动力,充分运用技术的、经济的、法律的和必要的行政手段,建立道路运输车辆进退市场管理机制,优化车型结构,加强对车辆维修、检测的监督管理,	完全打破了由苏联计划经济体制模式下建立起来的车辆技术管理原则框架,在总结新中国成立后车辆技术管理经验的基础上,提出了坚持预防为主和技术与经济相结合的管理模式和理念。 由于引入了预防为主的理念,彻底打破了传统模式中的大拆	20世纪90年代初,我们的社会已经由计划经济步入了市场经济,道路运输生产力突破所有制束缚,得到了极大解放。原有的行政性运输公司已经不复存在,绝大多数道路运输企业也已经由原有的国有、集体所有制转为股份制公司或有限责任公司,全国范围内自上

续上表

年　份	文件名称	文件主要内容和精神	文件影响力	编写背景
1990	《汽车运输业车辆技术管理规定》(1990年交通部第13号令)	提高车辆使用的可靠性和安全性,有效节约资源,全面推动行业技术进步"的车辆技术管理思想和目标	大卸,节约了大量的人力物力,对延长车辆使用寿命、减少行车机械事故、保证车辆技术状况完好、发挥运输车辆的效能和降低运行消耗等,起到了至关重要的作用。 各级交通运输管理部门把管好、用好、维修好车辆,提高装备素质作为重要职责,确保运输车辆在使用中的良性循环	而下的道路运输管理机构体系已经建成,小政府大社会的趋势越来越显现
2016	《道路运输车辆技术管理规定》(交通运输部令2016年第1号)	(1)明确道路运输经营者是车辆技术管理的责任主体,厘清了交通运输主管部门与经营者车辆技术管理的边界; (2)借鉴发达国家商用车管理经验,结合我国实际,重新确立了车辆技术管理原则和方针,实行"分类管理、预防为主、安全高效、节能环保"原则和"择优选配、正确使用、周期维护、视情修理、定期检测、适时更新"方针; (3)将过去的车辆维护周期由省级道路运输管理机构统一硬性规定,改为由经营者自行确定,并自觉组织实施维护,对二级维护竣工车辆,不再强制要求上汽车综合性能检测站检测; (4)加严了"两客一危"车辆综合性能检验周期和频次	本次修订,按照"创新、协调、绿色、开放、共享"的发展理念,坚持"综合交通、智慧交通、绿色交通、平安交通"目标导向,制定符合行情民意、具有时代特征的政策措施;坚持问题导向,着力解决行业发展中的难点热点问题,满足道路运输行业转型升级、提质增效的需要	随着我国经济体制改革的深入和道路运输业转型发展,1990年交通部第13号令与党中央国务院提出的加快政府职能转变、加大简政放权、加强市场监管、创造公平公正市场环境的要求越来越不适应,急需适时修订

第二节　我国道路运输车辆技术管理法规及标准体系

一、相关法律法规

(一)法律法规体系

法律法规是开展车辆技术管理活动的行为准则,企业车辆技术管理员应当了解车辆技术管理活动相关的法律法规和标准规范,这些法律法规和标准规范不仅包括直接针对车辆技术管理制定的，同时也包括并不直接针对车辆技术管理而制定，也是道路运输企业、检测机构和维修企业从事经营活动所必须遵循的。例如，《安全生产法》《产品质量法》《标准化法》《计量法》《大气污染防治法》等。

我国现行有效的车辆技术管理法律法规体系框架如图1-9所示。

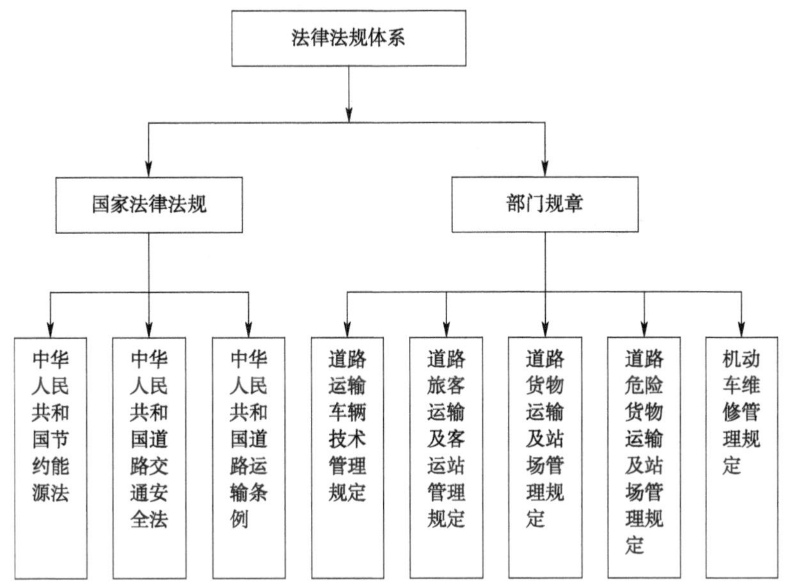

图1-9　我国车辆技术管理法律法规体系框架

（二）现行有关法律法规条款

1.《中华人民共和国节约能源法》（简称《节约能源法》）**相关条款**

《节约能源法》是一部推动全社会节约能源，提高能源利用效率的重要法律。规定了节能管理、合理使用与节约能源、工业节能、建筑节能、交通运输节能、公共机构节能、重点用能单位节能、节能技术进步、激励措施、法律责任等内容。与车辆技术管理密切相关的条文摘录如下：

第二十四条　用能单位应当按照合理用能的原则，加强节能管理，制定并实施节能计划和节能技术措施，降低能源消耗。

第二十五条　用能单位应当建立节能目标责任制，对节能工作取得成绩的集体、个人给予奖励。

第二十六条　用能单位应当定期开展节能教育和岗位节能培训。

第二十七条　用能单位应当加强能源计量管理，按照规定配备和使用经依法检定合格的能源计量器具。用能单位应当建立能源消费统计和能源利用状况分析制度，对各类能源的消费实行分类计量和统计，并确保能源消费统计数据真实、完整。

第四十五条　国家鼓励开发、生产、使用节能环保型汽车、摩托车、铁路机车车辆、船舶和其他交通运输工具，实行老旧交通运输工具的报废、更新制度。

国家鼓励开发和推广应用交通运输工具使用的清洁燃料、石油替代燃料。

第四十六条　国务院有关部门制定交通运输营运车船的燃料消耗量限值标准；不符合

标准的,不得用于营运。

国务院有关交通运输主管部门应当加强对交通运输营运车船燃料消耗检测的监督管理。

2.《中华人民共和国道路交通安全法》(简称《道路交通安全法》)**相关条款**

《道路交通安全法》是我国道路交通安全管理的重要法规,是为了维护道路交通秩序,预防和减少交通事故,保护人身安全,保护公民、法人和其他组织的财产安全及其他合法权益,提高道路通行效率而制定的。我国境内的车辆驾驶人、乘车人以及与道路交通活动有关的单位和个人,都应当遵守本法。与车辆技术管理密切相关的条文摘录如下:

第十三条 对登记后上道路行驶的机动车,应当依照法律、行政法规的规定,根据车辆用途、载客载货数量、使用年限等不同情况,定期进行安全技术检验。对提供机动车行驶证和机动车第三者责任强制保险单的,机动车安全技术检验机构应当予以检验,任何单位不得附加其他条件。对符合机动车国家安全技术标准的,公安机关交通管理部门应当发给检验合格标志。

第十四条 国家实行机动车强制报废制度,根据机动车的安全技术状况和不同用途,规定不同的报废标准。

应当报废的机动车必须及时办理注销登记。

达到报废标准的机动车不得上道路行驶。报废的大型客、货车及其他营运车辆应当在公安机关交通管理部门的监督下解体。

第十六条 任何单位或者个人不得有下列行为:

(一)拼装机动车或者擅自改变机动车已登记的结构、构造或者特征;

(二)改变机动车型号、发动机号、车架号或者车辆识别代号;

(三)伪造、变造或者使用伪造、变造的机动车登记证书、号牌、行驶证、检验合格标志、保险标志;

(四)使用其他机动车的登记证书、号牌、行驶证、检验合格标志、保险标志。

3.《中华人民共和国道路运输条例》(简称《道路运输条例》)**相关条款**

《道路运输条例》是我国道路运输经营管理的基本法规,所有从事道路运输经营及相关业务的都必须遵守执行。主要目的是维护道路运输市场秩序,保障道路运输安全,保护道路运输有关各方当事人的合法权益,促进道路运输业的健康发展。与车辆技术管理密切相关的条文摘录如下:

第八条 申请从事客运经营的,应当有与其经营业务相适应并经检测合格的车辆。

第二十二条 申请从事货运经营的,应当有与其经营业务相适应并经检测合格的车辆。

第二十四条 申请从事危险货物运输经营的,应有5辆以上经检测合格的危险货物运输专用车辆、设备;危险货物运输专用车辆配有必要的通信工具。

第三十一条 客运经营者、货运经营者应当加强对车辆的维护和检测,确保车辆符合国家规定的技术标准;不得使用报废的、擅自改装的和其他不符合国家规定的车辆从事道路运输经营。

第三十五条 道路运输车辆运输旅客的,不得超过核定的人数,不得违反规定载货;运输货物的,不得运输旅客,运输的货物应当符合核定的载质量,严禁超载;载物的长、宽、高不得违反装载要求。

第四十一条 道路运输站(场)经营者应当对出站的车辆进行安全检查,禁止无证经营的车辆进站从事经营活动,防止超载车辆或者未经安全检查的车辆出站。

4.《道路运输车辆技术管理规定》相关条款

《道路运输车辆技术管理规定》(交通运输部令 2016 年第 1 号)是我国交通运输行业开展车辆技术管理的核心法规,是所有车辆技术管理活动的总纲。为加强道路运输车辆技术管理,强化企业主体责任,保持车辆技术状况良好,保障运输安全,促进节能减排,交通运输部对《汽车运输业车辆技术管理规定》(交通部令 1990 年第 13 号)进行了修订,于 2016 年 1 月 22 日以交通运输部令 2016 年第 1 号予以公布,自 2016 年 3 月 1 日起施行。本次修订的主要内容包括:

(1)明晰了交通运输主管部门与经营者间的职责边界。一是明确道路运输经营者是车辆技术管理的责任主体。要求其根据车辆数量和经营类别合理地设置部门,配备人员,有效地实施车辆技术管理;二是机动车维修经营者作为车辆维护、修理的实施主体,由其自行确定维护周期,自行组织实施,确保车辆技术状况良好,为道路运输车辆的维护和修理提供服务保障,充分发挥经营者车辆维护的主观能动性;三是汽车综合性能检测机构作为评价道路运输车辆技术状况的技术支撑单位,对检测评定的结果应当承担相应的法律责任。

(2)优化了车辆技术管理监管措施。一是强化了车辆基本技术条件。要求车辆技术状况符合国家标准《道路运输车辆综合性能要求和检验方法》(GB 18565),车辆技术等级达到《道路运输车辆技术等级划分和评定要求》(JT/T 198)规定的二级以上,新进入道路运输市场的车辆燃料消耗量应符合《营运客车燃料消耗量限值及测量方法》(JT 711)、《营运货车燃料消耗量限值及测量方法》(JT 719)行业标准要求。二是强化了事中事后监管。要求道路运输管理机构按照职责权限对道路运输车辆的技术管理进行监督检查,并将运输车辆的技术管理情况纳入道路运输企业质量信誉考核和诚信管理体系。

(3)创新了车辆技术管理理念和思路。借鉴发达国家商用车管理先进经验,结合我国道路运输车辆技术管理实际,从科学发展的角度和顶层设计的高度,革新了车辆技术管理的原则和方针,明确提出了道路运输车辆技术管理坚持"分类管理、预防为主、安全高效、节能环保"的原则,以此确定了道路运输经营者车辆技术管理执行"择优选配、正确使用、周期维护、视情修理、定期检测、适时更新"的方针,并在此基础上,创新了道路运输车辆维护制度,创新了车辆技术管理监管方式,创新了车辆分类管理模式。

5.《道路旅客运输及客运站管理规定》相关条款

《道路旅客运输及客运站管理规定》(交通运输部令 2016 年第 34 号)与车辆技术管理密切相关的条文摘录如下:

第十条 申请从事道路客运经营的,应当具备下列条件:

(一)有与其经营业务相适应并经检测合格的客车:

1. 客车技术要求应当符合《道路运输车辆技术管理规定》有关规定。

2. 客车类型等级要求:从事高速公路客运、旅游客运和营运线路长度在 800km 以上的客运车辆,其车辆类型等级应当达到行业标准《营运客车类型划分及等级评定》(JT/T325)规定的中级以上。

6.《道路货物运输及站场管理规定》相关条款

《道路货物运输及站场管理规定》(交通运输部令2016年第35号)与车辆技术管理密切相关的条文摘录如下：

第六条　申请从事道路货物运输经营的,应当具备下列条件：

(一)有与其经营业务相适应并经检测合格的运输车辆

1. 车辆技术要求应当符合《道路运输车辆技术管理规定》有关规定。

2. 车辆其他要求：

(1)从事大型物件运输经营的,应当具有与所运输大型物件相适应的超重型车组

(2)从事冷藏保鲜、罐式容器等专用运输的,应当具有与运输货物相适应的专用容器、设备、设施,并固定在专用车辆上；

(3)从事集装箱运输的,车辆还应当有固定集装箱的转锁装置。

7.《道路危险货物运输管理规定》相关条款

《道路危险货物运输管理规定》(交通运输部令2016年第36号)与车辆技术管理密切相关的条文摘录如下：

第八条　申请从事道路危险货物运输经营,应当具备下列条件：

(一)有符合下列要求的专用车辆及设备：

1. 自有专用车辆(挂车除外)5辆以上;运输剧毒化学品、爆炸品的,自有专用车辆(挂车除外)10辆以上。

2. 专用车辆的技术要求应当符合《道路运输车辆技术管理规定》有关规定。

3. 配备有效的通信工具。

4. 专用车辆应当安装具有行驶记录功能的卫星定位装置。

5. 运输剧毒化学品、爆炸品、易制爆危险化学品的,应当配备罐式、厢式专用车辆或者压力容器等专用容器。

6. 罐式专用车辆的罐体应当经质量检验部门检验合格,且罐体载货后总质量与专用车辆核定载质量相匹配。运输爆炸品、强腐蚀性危险货物的罐式专用车辆的罐体容积不得超过$20m^3$,运输剧毒化学品的罐式专用车辆的罐体容积不得超过$10m^3$,但符合国家有关标准的罐式集装箱除外。

7. 运输剧毒化学品、爆炸品、强腐蚀性危险货物的非罐式专用车辆,核定载质量不得超过10t,但符合国家有关标准的集装箱运输专用车辆除外。

8. 配备与运输的危险货物性质相适应的安全防护、环境保护和消防设施设备。

第二十一条　道路危险货物运输企业或者单位应当按照《道路运输车辆技术管理规定》中有关车辆管理的规定,维护、检测、使用和管理专用车辆,确保专用车辆技术状况良好。

第二十二条　设区的市级道路运输管理机构应当定期对专用车辆进行审验,每年审验一次。审验按照《道路运输车辆技术管理规定》进行,并增加以下审验项目：

(一)专用车辆投保危险货物承运人责任险情况；

(二)必需的应急处理器材、安全防护设施设备和专用车辆标志的配备情况；

(三)具有行驶记录功能的卫星定位装置的配备情况。

第二十三条　禁止使用报废的、擅自改装的、检测不合格的、车辆技术等级达不到一级

的和其他不符合国家规定的车辆从事道路危险货物运输。

除铰接列车、具有特殊装置的大型物件运输专用车辆外,严禁使用货车列车从事危险货物运输;倾卸式车辆只能运输散装硫磺、萘饼、粗蒽、煤焦沥青等危险货物。

禁止使用移动罐体(罐式集装箱除外)从事危险货物运输。

第二十四条 用于装卸危险货物的机械及工具的技术状况应当符合行业标准《汽车运输危险货物规则》(JT617)规定的技术要求。

第二十五条 罐式专用车辆的常压罐体应当符合国家标准《道路运输液体危险货物罐式车辆第1部分:金属常压罐体技术要求》(GB18564.1)、《道路运输液体危险货物罐式车辆第2部分:非金属常压罐体技术要求》(GB18564.2)等有关技术要求。

使用压力容器运输危险货物的,应当符合国家特种设备安全监督管理部门制订并公布的《移动式压力容器安全技术监察规程》(TSG R0005)等有关技术要求。

压力容器和罐式专用车辆应当在质量检验部门出具的压力容器或者罐体检验合格的有效期内承运危险货物。

第二十六条 道路危险货物运输企业或者单位对重复使用的危险货物包装物、容器,在重复使用前应当进行检查;发现存在安全隐患的,应当维修或者更换。

道路危险货物运输企业或者单位应当对检查情况作出记录,记录的保存期限不得少于2年。

8.《机动车维修管理规定》相关条款

《机动车维修管理规定》(交通运输部令2016年第37号)与车辆技术管理密切相关的条文摘录如下:

第十一条 申请从事汽车维修经营业务或者其他机动车维修经营业务的,应当符合下列条件:

(一)有与其经营业务相适应的维修车辆停车场和生产厂房。租用的场地应当有书面的租赁合同,且租赁期限不得少于1年。停车场和生产厂房面积按照国家标准《汽车维修业开业条件》(GB/T 16739)相关条款的规定执行。

(二)有与其经营业务相适应的设备、设施。所配备的计量设备应当符合国家有关技术标准要求,并经法定检定机构检定合格。从事汽车维修经营业务的设备、设施的具体要求按照国家标准《汽车维修业开业条件》(GB/T 16739)相关条款的规定执行;从事其他机动车维修经营业务的设备、设施的具体要求,参照国家标准《汽车维修业开业条件》(GB/T 16739)执行,但所配备设施、设备应与其维修车型相适应。

(三)有必要的技术人员:

1.从事一类和二类维修业务的应当各配备至少1名技术负责人员、质量检验人员、业务接待人员以及从事机修、电器、钣金、涂漆的维修技术人员。技术负责人员应当熟悉汽车或者其他机动车维修业务,并掌握汽车或者其他机动车维修及相关政策法规和技术规范;质量检验人员应当熟悉各类汽车或者其他机动车维修检测作业规范,掌握汽车或者其他机动车维修故障诊断和质量检验的相关技术,熟悉汽车或者其他机动车维修服务收费标准及相关政策法规和技术规范,并持有与承修车型种类相适应的机动车驾驶证;从事机修、电器、钣金、涂漆的维修技术人员应当熟悉所从事工种的维修技术和操作规范,并了解汽车或者其他机动车维修及相关政策法规。各类技术人员的配备要求按照《汽车维修业开业条件》(GB/T 16739)相关条款的规定执行。

2. 从事三类维修业务的,按照其经营项目分别配备相应的机修、电器、钣金、涂漆的维修技术人员;从事汽车综合小修、发动机维修、车身维修、电气系统维修、自动变速器维修的,还应当配备技术负责人员和质量检验人员。各类技术人员的配备要求按照国家标准《汽车维修业开业条件》(GB/T 16739)相关条款的规定执行。

(四)有健全的维修管理制度。包括质量管理制度、安全生产管理制度、车辆维修档案管理制度、人员培训制度、设备管理制度及配件管理制度。具体要求按照国家标准《汽车维修业开业条件》(GB/T16739)相关条款的规定执行。

(五)有必要的环境保护措施。具体要求按照国家标准《汽车维修业开业条件》(GB/T16739)相关条款的规定执行。

第十二条　从事危险货物运输车辆维修的汽车维修经营者,除具备汽车维修经营一类维修经营业务的开业条件外,还应当具备下列条件:

(一)有与其作业内容相适应的专用维修车间和设备、设施,并设置明显的指示性标志;

(二)有完善的突发事件应急预案,应急预案包括报告程序、应急指挥以及处置措施等内容;

(三)有相应的安全管理人员;

(四)有齐全的安全操作规程。

第三十一条　机动车维修经营者不得使用假冒伪劣配件维修机动车。

机动车维修配件实行追溯制度。机动车维修经营者应当记录配件采购、使用信息,查验产品合格证等相关证明,并按规定留存配件来源凭证。

托修方、维修经营者可以使用同质配件维修机动车。同质配件是指,产品质量等同或者高于装车零部件标准要求,且具有良好装车性能的配件。

机动车维修经营者对于换下的配件、总成,应当交托修方自行处理。

机动车维修经营者应当将原厂配件、同质配件和修复配件分别标识,明码标价,供用户选择。

第三十二条　机动车维修经营者对机动车进行二级维护、总成修理、整车修理的,应当实行维修前诊断检验、维修过程检验和竣工质量检验制度。

承担机动车维修竣工质量检验的机动车维修企业或机动车综合性能检测机构应当使用符合有关标准并在检定有效期内的设备,按照有关标准进行检测,如实提供检测结果证明,并对检测结果承担法律责任。

第三十三条　机动车维修竣工质量检验合格的,维修质量检验人员应当签发《机动车维修竣工出厂合格证》;未签发机动车维修竣工出厂合格证的机动车,不得交付使用,车主可以拒绝交费或接车。

第三十四条　机动车维修经营者应当建立机动车维修档案,并实行档案电子化管理。维修档案应当包括:维修合同(托修单)、维修项目、维修人员及维修结算清单等。对机动车进行二级维护、总成修理、整车修理的,维修档案还应当包括:质量检验单、质量检验人员、竣工出厂合格证(副本)等。

机动车维修经营者应当按照规定如实填报、及时上传承修机动车的维修电子数据记录至国家有关汽车电子健康档案系统。机动车生产厂家或者第三方开发、提供机动车维修服务管理系统的,应当向汽车电子健康档案系统开放相应数据接口。

机动车托修方有权查阅机动车维修档案。

第三十七条　机动车维修实行竣工出厂质量保证期制度。

汽车和危险货物运输车辆整车修理或总成修理质量保证期为车辆行驶 20000km 或者 100 日;二级维护质量保证期为车辆行驶 5000km 或者 30 日;一级维护、小修及专项修理质量保证期为车辆行驶 2000km 或者 10 日。

二、相关标准规范

(一)标准体系

标准是对重复性事物和概念所作的统一规定,以科学、技术和实践经验的综合成果为基础,经有关方面协商一致,由主管机构批准,以特定形式发布,作为共同遵守的准则和依据。随着汽车制造、交通运输行业社会化程度越来越高、技术要求越来越严格、分工越来越细、生产协作越来越广泛,需要研究建立完善的标准体系,保障汽车运行安全、节能、减排,规范和促进行业健康发展。

1. 标准的种类

(1)按适用范围分

分为 4 级:国家标准、行业标准、地方标准和企业标准。

①国家标准:国家标准是国务院标准化行政主管部门制订颁布的全国统一的标准,国家标准的代号为“GB...”。

②行业标准:由国家行业主管部门制订颁布的,如交通运输部行业标准代号为“JT...”。

③地方标准:由省(自治区、直辖市)标准化行政主管部门制订颁布的,在本地区范围内统一使用的标准,如北京地区代号为“DB11...”。

④企业标准:由企业制订的标准,并报当地标准化行政主管部门或行业主管部门备案,在本企业范围内使用,通常来讲企业标准应严于国家标准、行业标准和地方标准。

(2)按标准性质分

国家标准、行业标准分为强制性标准(如 GB…、JT…)和推荐性标准(如 GB/T…、JT/T…)。

国家为了保护社会利益和公众利益,保障人体健康,人身、财产安全的标准和法律、行政法规规定强制执行的标准是强制性标准,其他标准是推荐性标准。

省(自治区、直辖市)标准化行政主管部门制定的工业产品的安全、卫生要求的地方标准,在本行政区域内是强制性标准。

2. 体系架构

(1)道路运输标准体系

道路运输标准体系分为 5 个层次:基础标准、服务标准、技术标准、产品标准和相关标准,如图 1-10 所示。

第一层是基础类标准，是通用于道路旅客运输和道路货物运输的共性要求，主要包括术语与符号、分类与编码标准。

第二层是服务标准，包括企业、人员与培训、作业规范、服务质量和统计5个方面。

第三层是技术标准，按通用技术、旅客运输、货物运输3个类别再进行细分。通用技术是客运运输均适用的技术要求，包括车辆与安全、节能与环保、信息化等。旅客运输标准细分为班线客运、包车客运和旅游客运，货物运输细分为危货运输、冷链运输、大件运输和小件快运。这样的分类是考虑了客、货运输方式和行业管理的特点，突出不同客运方式和特殊类货物运输的个性要求，强调专业性的标准需求。

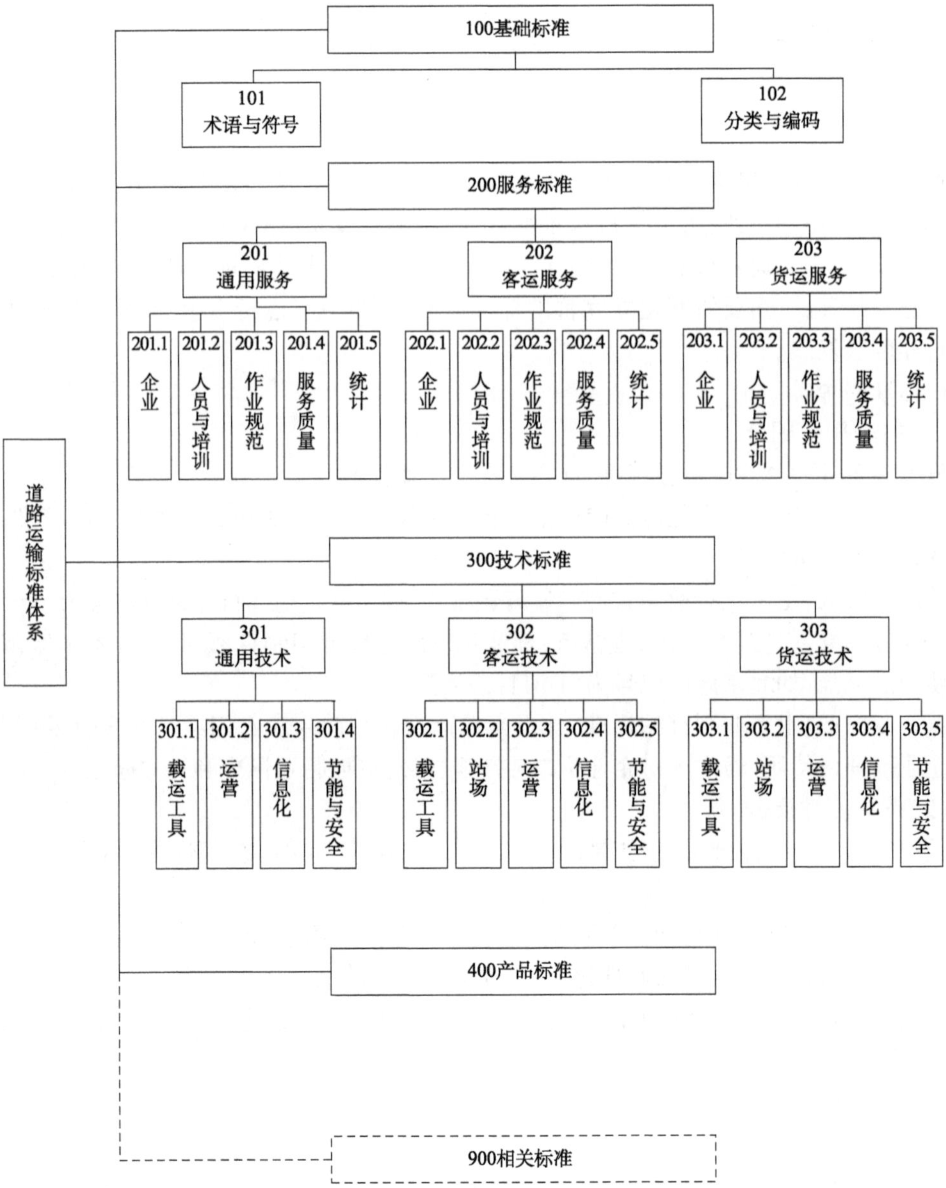

- 道路运输标准体系
  - 100基础标准
    - 101 术语与符号
    - 102 分类与编码
  - 200服务标准
    - 201 通用服务
      - 201.1 企业
      - 201.2 人员与培训
      - 201.3 作业规范
      - 201.4 服务质量
      - 201.5 统计
    - 202 客运服务
      - 202.1 企业
      - 202.2 人员与培训
      - 202.3 作业规范
      - 202.4 服务质量
      - 202.5 统计
    - 203 货运服务
      - 203.1 企业
      - 203.2 人员与培训
      - 203.3 作业规范
      - 203.4 服务质量
      - 203.5 统计
  - 300技术标准
    - 301 通用技术
      - 301.1 载运工具
      - 301.2 运营
      - 301.3 信息化
      - 301.4 节能与安全
    - 302 客运技术
      - 302.1 载运工具
      - 302.2 站场
      - 302.3 运营
      - 302.4 信息化
      - 302.5 节能与安全
    - 303 货运技术
      - 303.1 载运工具
      - 303.2 站场
      - 303.3 运营
      - 303.4 信息化
      - 303.5 节能与安全
  - 400产品标准
  - 900相关标准

图1-10　道路运输标准体系

第四层是产品标准，是道路运输的硬件基础，主要包括车辆、附属装备标准要求。

第五层是相关标准，是指与道路运输相关的车辆标准、智能运输标准、信息化标准、集装箱标准、危化品标准、物流标准、包装标准等，由其他相应的专业技术标委会归口管理。

(2)维修标准体系

汽车维修标准体系也分为 5 个层次，基础标准、服务标准、技术标准、产品标准和相关标准，如图 1-11 所示。

第一层基础标准，指适用于汽车维修基础通用标准，包括术语、分类和编码等基础通用性标准。

第二层是服务标准，包括企业、人员、定额、统计、服务、质量保证、环保和安全、信息化等标准。

第三层是技术标准，是以试验、检查、分析、抽样、统计、计算、测定、作业等各种方法为对象制定的标准。包括汽车维修工艺、规范标准和检测方法及试验评定等标准。

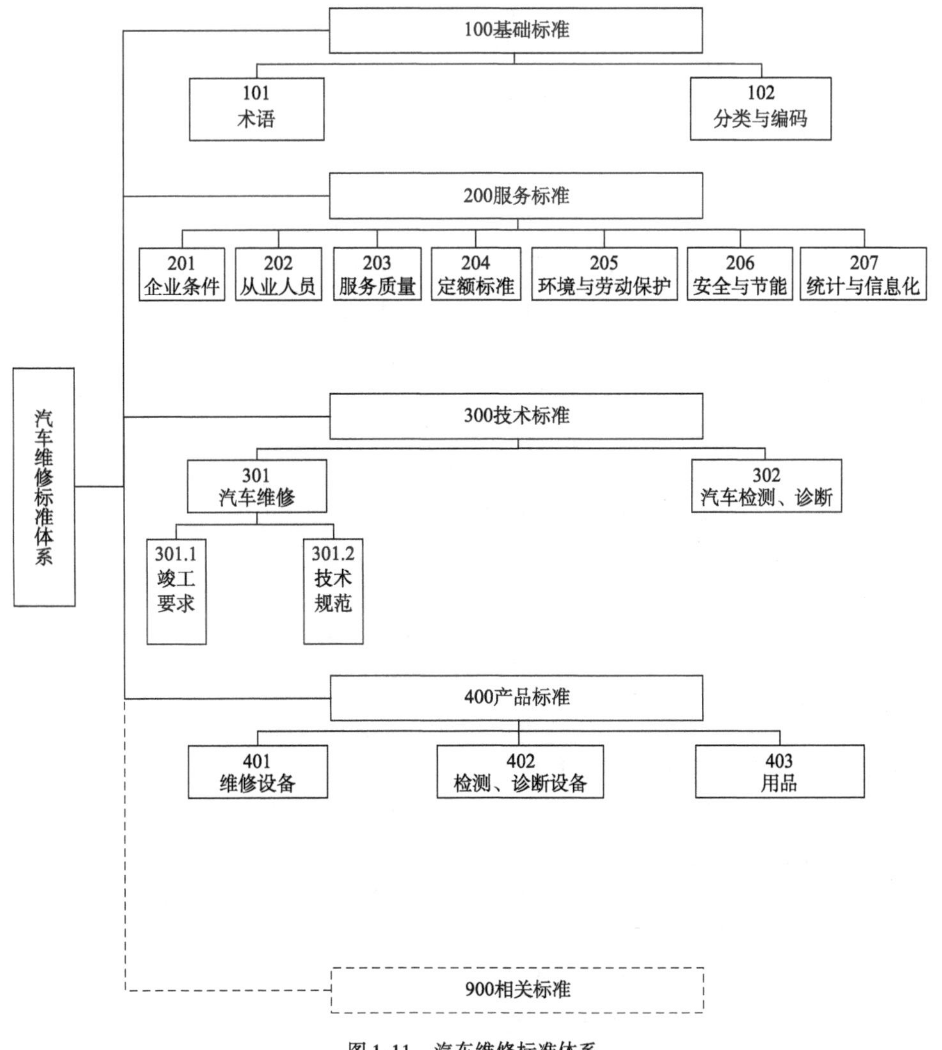

图 1-11　汽车维修标准体系

第四层是产品标准,适用于汽车维修设备和检测、诊断设备。包括产品规格、技术性能、试验方法、检验规则、包装、储存、运输等标准。

第五层为相关标准,包括汽车维修行业使用的非本标委会归口管理的标准。

(二)车辆技术管理相关的主要标准

1. 基础标准

《道路运输术语》(GB/T 8226)

《汽车维修术语》(GB/T 5624)

《运输货物分类和代码》(JT/T 19)

2. 服务标准

《公路运输能源消耗统计及分析方法》(GB/T 21393)

《汽车驾驶节能操作规范》(JT/T 807)

《营运客车安全例行检查技术规范》(JT/T 893)

《道路货物运输评价指标》(GB/T 20923)

《道路货物运输服务质量评定》(GB/T 20924)

《汽车货物运输质量主要考核指标》(JT/T 619)

《汽车维修业开业条件第 1 部分:汽车整车维修企业》(GB/T 16739.1)

《汽车维修业开业条件第 2 部分:汽车专项维修业户》(GB/T 16739.2)

《汽车综合性能检测站能力通用要求》(GB/T 17993)

《机动车维修从业人员从业资格条件》(GB/T 21338)

《汽车修理质量检查评定方法》(GB/T 15746)

《机动车维修服务规范》(JT/T 816)

《汽车售后服务客户满意度评价方法》(JT/T 900)

3. 技术标准

《机动车运行安全技术条件》(GB 7258)

《道路运输车辆综合性能要求和检验方法》(GB 18565)

《汽车动力性台架试验方法和评价指标》(GB/T 18276)

《道路运输车辆燃料消耗量检测评价方法》(GB/T 18566)

《营运车辆技术等级划分和评定要求》(JT/T 198)

《营运车辆行驶危险预警系统 技术要求和试验方法》(JT/T 883)

《营运车辆抗侧翻稳定性试验方法 稳态圆周试验》(JT/T 884)

《道路运输车辆卫星定位系统 车载终端技术要求》(JT/T 794)

《道路运输车辆卫星定位系统 平台技术要求》(JT/T 796)

《道路运输车辆卫星定位系统 终端通讯协议及数据格式》(JT/T 808)

《道路运输车辆卫星定位系统 平台数据交换》(JT/T 809)

《汽车节油技术评定方法》(GB/T 14951)

《汽车节油产品使用技术条件》(GB/T 25348)

《道路运输行业节能评价方法》(JT/T 856)

《道路运输企业节能评价方法》(JT/T 857)
《载货汽车运行燃料消耗量》(GB/T 4352)
《载客汽车运行燃料消耗量》(GB/T 4353)
《营运客车燃料消耗量限值及测量方法》(JT 711)
《营运货车燃料消耗量限值及测量方法》(JT 719)
《道路运输危险货物车辆标志》(GB 13392)
《道路甩挂运输车辆技术条件》(JT/T 789)
《道路甩挂运输装载与拴固技术要求》(JT/T 882)
《气瓶直立道路运输技术要求》(GB/T 30685)
《汽车运输危险货物规则》(JT 617)
《汽车运输、装卸危险货物作业规程》(JT 618)
《汽车大修竣工出厂技术条件　第1部分:载客汽车》(GB/T 3798.1)
《汽车大修竣工出厂技术条件　第2部分:载货汽车》(GB/T 3798.2)
《商用汽车发动机大修竣工出厂技术条件　第1部分:汽油发动机》(GB/T 3799.1)
《商用汽车发动机大修竣工出厂技术条件　第2部分:柴油发动机》(GB/T 3799.2)
《大客车车身修理技术条件》(GB/T 5336)
《汽车鼓式制动器修理技术条件》(GB/T 18274)
《汽车盘式制动器修理技术条件》(GB/T 18343)
《汽车维护、检测、诊断技术规范》(GB/T 18344)
《汽车发动机电子控制系统修理技术要求》(GB/T 19910)
《使用乙醇汽油车辆检查、维护技术规范》(GB/T 25349)
《使用乙醇汽油车辆燃油供给系统清洗工艺规范》(GB/T 25350)
《压缩天然气汽车维护技术规范》(GB/T 27876)
《液化石油气汽车维护技术规范》(GB/T 27877)
《汽车自动变速器维修通用技术条件》(JT/T 720)
《汽车空调制冷剂回收、净化、加注工艺规范》(JT/T 774)
《事故汽车修复技术规范》(JT/T 795)

4. 产品标准

《电喷汽车喷油嘴清洗液》(GB/T 23435)
《汽车风窗玻璃清洗液》(GB/T 23436)
《汽车上光蜡》(GB/T 23437)
《机动车发动机冷却液》(GB 29743)
《中负荷车辆齿轮油》(JT/T 224)
《滚筒式汽车车速表检验台》(GB/T 13563)
《滚筒反力式汽车制动检验台》(GB/T 13564)
《平板制动检验台》(GB/T 28529)
《汽车举升机》(JT/T 155)
《汽车喷烤漆房》(JT/T 324)

《汽车排气分析仪》(JT/T 386)

《汽车底盘测功机》(JT/T 445)

《汽车悬架装置检测台》(JT/T 448)

《四轮定位仪》(JT/T 505)

《不透光烟度计》(JT/T 506)

《汽车侧滑检验台》(JT/T 507)

《机动车前照灯检测仪》(JT/T 508)

《汽车故障电脑诊断仪》(JT/T 632)

《汽车悬架转向系间隙检查仪》(JT/T 633)

《轮胎拆装机》(JT/T 635)

《汽车车体校正机》(JT/T 639)

《汽车空调制冷剂回收、净化、加注设备》(JT/T 783)

5. 相关标准

《车用压燃式发动机和压燃式发动机汽车排气烟度排放限值及测量方法》(GB 3847)

《点燃式发动机汽车排气污染物排放限值及测量方法(双怠速法及简易工况法)》(GB 18285)

《柴油机油换油指标》(GB/T 7607)

《汽油机油换油指标》(GB/T 8028)

第三节　我国道路运输车辆技术管理制度

一、道路运输车辆燃料消耗量准入制度

为加强道路运输车辆用能管理,根据《节约能源法》和国家节能减排战略,交通运输部于2008年开始实行燃料消耗量准入制度,发布实施了《道路运输车辆燃料消耗量检测和监督管理办法》(2009年第11号令),要求全国新投入的、总质量超过3500千克的道路旅客运输车辆和货物运输车辆在燃料消耗量指标方面实行准入制度,对于燃料消耗量限值不达标的车辆不得用于营运。据此,交通运输行业建立了道路运输车辆能源消耗量准入制度。

车辆燃料消耗量主要依据《营运客车燃料消耗量限值及测量方法》(JT 711)和《营运货车燃料消耗量限值及测量方法》(JT 719)进行检测。对于符合标准要求的车型,交通运输部发布道路运输车辆燃料消耗量达标车型公告,由县级以上道路运输管理机构对达标车型车辆参数及配置进行核查,确保整车生产一致性。通过制度实施,引导整车生产厂不断提升产品研发和生产技术水平,全面降低道路运输车辆单车燃料消耗量,加快推进道路运输节能减排总体目标的实现。

二、客车类型划分及等级评定制度

营运客车类型划分及等级评定是交通部门实施营运客车管理,推进客车技术进步、优化

客车结构、制定合理运价的重要制度。1997 年，交通部制定了《营运客车类型划分及等级评定》(JT/T 325)，并发布实施了《营运客车类型划分及等级评定规则》，明确由交通部、省级交通主管部门或道路运输管理机构分别负责高级客车、中级客车的类型划分及等级评定工作，并向社会发布《客车类型划分及等级评定表》。2007 年 5 月，交通部下达了《关于加强营运客车类型划分及等级评定管理工作的通知》，要求严格在用营运客车等级审查和复核工作，为客运线路审批、客运企业资质评定和核定运价提供依据。

实施多年来，对于优化和调整车辆运力结构、提高车辆技术水平发挥了重要作用。一是规范了营运客车的标准要求。此前，对营运客车没有统一的技术要求，自称"豪华客车"、"高级客车"、"空调客车"比比皆是，任意增加座位、缩小座间距、改变卧铺形式等违规现象屡禁不止，严重损害旅客权益。标准出台后，对营运客车类型及等级有了统一要求，粘贴了等级标识，方便旅客选择，接受社会监督，维护了广大旅客的合法权益。二是加快了运力结构的调整步伐。运输管理机构依据评定结果开展客运线路审批、客运企业资质评定和核定运价等，引导运输市场结构调整，高速公路客运运力向高档次、高性能、智能化迈进，城间高速和国省干线客运以及旅游客运也积极采用高级客车。三是促进了客车产品的水平提升。ABS 装置、子午线轮胎、制动间隙自调装置和电控制动系统得到推广，座椅(卧铺)尺寸及间距、通道宽度、卫生间设施、空调成为高等级客车的必要条件，大功率低转速和大扭矩的发动机、盘式制动器、缓速器、空气悬架、CAN 总线技术、底盘集中润滑系统等，在高级客车中得到普遍应用，大幅提升了产品水平。

三、汽车维护制度

汽车维护制度是在理论与实践反复证明的基础上提出并由行政法规确立的一项车辆技术管理制度，通过维护，能及早发现问题，消除安全隐患，使车辆持续保持良好的工作状态，防止车辆"带病"运行。自 20 世纪 90 年代以来，我国对营运车辆实行强制维护，但随着我国经济体制改革的巨大变迁，道路运输业跨越式发展，原有的管理模式、监督检查方式不能很好适应当前车辆维护管理实际需要，严重困扰各地车辆维护工作的正常开展。

2016 年，《道路运输车辆技术管理规定》(交通运输部令 2016 年第 1 号)对维护制度进行了重大改革，将车辆维护的主动权交还运输经营者，由运输经营者自行确定维护周期，并自行组织实施，取消了强制上线进行二级维护竣工质量检验的规定，最大限度地提高经营者的安全责任意识。

车辆维护主要依据《汽车维护、检测、诊断技术规范》(GB/T 18344)、《压缩天然气汽车维护技术规范》(GB/T 27876)、《液化石油气汽车维护技术规范》(GB/T 27877)等标准进行。在维护作业方面，要求维护企业严格执行维护工艺规范，不得随意漏项、减项。在质量管理方面，严格执行维护前检验、过程检验和竣工检验，把握关键工位、工序质量控制，坚持人工检查与仪器设备检验相结合，确保车辆各项性能达标。

四、汽车综合性能检测及技术等级评定制度

汽车综合性能检测是交通运输主管部门按照《节约能源法》、《道路运输条例》、部门规

章、地方道路运输条例等法律法规，以及《国务院关于加强道路交通安全工作的意见》(国发〔2012〕30号)和《国务院办公厅印发贯彻落实国务院关于加强道路交通安全工作意见重点工作分工方案的通知》(国办函〔2012〕211号)等重要文件，依法履行营运车辆准入、监管和退出管理职责的重要方式和手段，是核发道路运输证的重要依据，具体工作由汽车综合性能检测站实施。

20世纪80年代中期，营运车辆技术管理在实施过程中遭遇了新的情况和问题，与法律法规、规章制度和技术标准的适应性矛盾日益突出，引发了交通事故和污染物排放等一系列社会问题，车辆技术恶化导致交通事故频繁发生，给社会和家庭带来了深重灾难和经济损失。为切实解决上述问题开始实施汽车综合性能检测，主要依据《营运车辆综合性能要求和检验方法》(GB 18565)、《道路运输车辆技术等级划分和评定要求》(JT/T 198)等标准，对营运车辆的安全性、动力性、经济性和可靠性进行检测与评价。通过汽车综合性能检测制度的实施，对引导我国商用车制造技术进步，提高装备质量水平，调整运输车辆运力结构等起到了积极的作用，有力地提高了交通安全水平，极大地降低了能源消耗和污染物排放。

五、货运汽车及汽车列车推荐车型制度

为加快道路货运车辆结构调整和技术进步，促进道路运输装备的现代化，鼓励节能降耗，保障货物运输安全、高效，根据国家有关法律法规和治理车辆超限超载工作要求，2005年，交通部印发《关于发布货运汽车及汽车列车推荐车型工作规则的通知》(交公路发〔2005〕170号)，据此确立了货运汽车及汽车列车车型推荐制度，引导货运车辆结构调整，加快发展大吨位及多轴运输车辆、专用运输车辆(含集散用小型专用车辆)和厢式运输车辆等现代化运输装备。

具体推荐车型主要针对集装箱运输车、厢式车、煤炭运输车和散装水泥运输车，要求其列入产品公告及通过3C认证，并符合《道路车辆外廓尺寸、轴荷及质量限值》(GB 1589)、《营运车辆综合性能要求和检验方法》(GB 18565)、《机动车运行安全技术条件》(GB 7258)和《货运挂车系列型谱》(GB/T 6420)等国家标准的规定。通过制度实施，从源头上遏制车辆超限超载，保障了运输安全，提高了运输效率，能较好地适应未来现代物流业发展需要。

第二章　道路运输企业车辆技术管理体系建设

管理制度是运输企业开展车辆技术管理活动的基础,运输企业作为安全生产的责任主体,既是车辆技术管理推进者,也是具体工作的落实者,要保证车辆技术管理工作取得实效,就必须结合企业实际,完善车辆技术管理工作机制,组建专业工作机构,明确管理职责和要求,才能保证车辆技术管理有章可循、有标可对,逐步实现规范化、标准化和制度化。

第一节　运输企业车辆技术管理工作内容

一、管理内涵及目的

所谓车辆技术管理是指依照国家法律法规、标准规范和企业规章制度,对车辆实行择优选配、正确使用、周期维护、视情修理、定期检测、适时更新的全过程管理所开展的一系列技术活动的总称。

车辆技术管理的基本任务是按照国家法律法规和标准规范的有关规定,以较少的费用消耗,提高车辆的使用性能,使之持续处于良好的技术状态,充分发挥车辆的利用效率,保障运输生产活动安全高效、优质环保和运力充足,使车辆能更好地为运输生产和人民生活服务,并获得最佳的综合效益,包括经济效益、社会效益和环境效益。

二、管理内容及原则

(一)车辆技术管理内容

车辆技术管理是一项系统、复杂的工作,涉及面广,工作内容较多。从车辆角度看,包括车辆购置、使用、维修、检测、更新直到报废的全过程管理;从经济角度来看,包括购车成本、节油、节胎、材料成本及维修费用的管理;从后勤保障角度来看,包括车辆可靠性、安全性、维修及时性等;从技术角度来看,包括对技术标准及工艺流程的制订、对维修制度的选择、对人员的技术教育以及对车辆的配置选型、新技术应用等内容。

运输企业车辆技术管理工作的效果不同于运输生产的收入,能在每天的运输经营中反映出来,技术管理的效益是潜在的,它缓慢的渗透在车辆技术性能的稳定中,最终将体现在技术装备最佳寿命周期和设备的综合效益上,通过车辆的安全性、完好率、运行率及使用成本等方面得到具体的体现。

具体来讲,车辆技术管理就是对车辆实行择优选配、正确使用、周期维护、视情修理、定期检测、适时更新的全过程管理。

1. 择优选配

指道路运输经营者应该根据本区域道路、气候、海拔高度、车辆燃料供给情况等综合因素，结合所购车辆用途、承担的主要运输任务及运输量，科学选择适合自己使用条件的车辆，优先选择技术先进、可靠性高、维修方便、节能环保的车辆。

首先，遵循依法经营的原则。道路运输经营者应依据相关法规和技术标准，选择燃料消耗量达标车型投入道路运输经营。在车辆选购时充分考虑所购车辆是否符合道路运输燃料消耗量达标要求，通过经销商、管理部门、汽车综合性能检测机构及相关网站等获取预购车型燃料消耗量达标信息，确保所购车辆满足相关要求。其次，道路运输经营者应根据经营范围、经营类别、营运线路长度，依据《营运客车类型划分及等级评定》(JT/T 325)，选购与所从事的道路旅客运输要求相对应的客车，避免盲目选购。再次，道路运输经营者应优先选择交通运输部推荐车型，从事甩挂运输的道路运输经营者应依据相关技术标准和规范选择推荐车型，确保甩挂运输的安全及效率。

2. 正确使用

指道路运输经营者按照国家和行业标准或规范，参考车辆出厂使用说明书、维修手册等技术资料，正确使用车辆，确保车辆技术效能得到最大限度发挥。道路运输车辆的正确使用涉及车辆的规范驾驶操作、燃料、润滑油(脂)的正确选择、轮胎的正确选用等。

正确使用包括道路运输车辆的管、用、养、修的各个方面。第一，要确保车辆驾驶操作规范性，确实严格按照车辆使用说明书的规定使用和操作车辆；第二，在高寒、湿雨、冰雪、高海拔、山区等特殊运行条件下，严格严格遵循车辆使用说明书及选购驾驶标准和规范的要求对车辆的燃料、润滑油(脂)、蓄电池、轮胎及应急物品进行管理和使用；第三，对车辆维护、修理及检测编制符合实际的作业计划，确实落实周期维护、视情修理和定期检测，始终保持车辆良好技术状况；第四，建立健全完善的技术经济考核指标体系和运行管理制度，科学合理考核和统计车辆各项技术经济指标，为安全生产提供高效服务。

3. 周期维护

指根据车辆类别、运行状况、行驶里程、道路条件、使用年限等因素有规律地组织的车辆维护作业，以保持车辆经常处于最佳运行技术状态，包括日常维护、一级维护和二级维护。

道路运输经营者应遵循《汽车维护、检测、诊断技术规范》(GB/T 18344)、《使用乙醇汽油车辆检查、维护技术规范》(GB/T 25349)、《压缩天然气汽车维护技术规范》(GB/T 27876)、《液化石油气汽车维护技术规范》(GB/T 27877)、《液化天然气汽车维护技术规范》(JT/T 1009)等国家和行业标准的规定，结合车辆出厂使用说明书、维修手册及车辆使用强度，由经营者自行编制科学、合理、实用的车辆维护计划，并负责组织实施。

4. 视情修理

指根据车辆进厂报修、诊断检测、综合分析后的技术评价，确定修理项目，按不同作业范围和作业深度进行修理。

视情修理是随着汽车高科技特征和汽车检测诊断技术的发展而提出的。要求道路运输经营者认真贯彻落实维护、检测、诊断制度，依据检测诊断和技术鉴定，确定维修项目，避免过度维修或延迟维修。“视情修理”体现了以下基本实质：一是改定性判断为定量判断，确定维修作业的方式由以车辆行驶里程为基础，改变为以车辆实际技术状况为基础；二是使用高科技检测手段，送修车辆的检测诊断和技术评定，是实现车辆视情维修的重要保证；三是体现了技术与经济相结合的原则，避免了拖延维修造成车况恶化，也防止了提前维修造成的浪费。

5. 定期检测和适时更新

定期检测是指道路运输经营者应该严格按照要求进行车辆综合性能检测。道路运输车辆使用时有一定的规律，同时与车辆的使用环境、操作和维护与修理有着密切联系。一是随着使用里程或时间的延长，部机件间的配合关系势必发生变化，进而影响车辆的技术经济指标，包括车辆的动力性、经济性和可靠性指标。二是通过定期检测来确定车辆具体技术状况，依据检测结果确定车辆维护或修理作业项目，实现车辆全寿命周期内的消耗指标最佳。三是道路运输行政许可要求道路运输车辆必须定期进行车辆技术等级评定，客车还需定期进行客车类型及等级划分复查，依据审验结果确定行政许可项目的延续。

车辆更新是以高效低耗、性能先进的车辆更换在用车辆。适时更新是运输车辆全过程管理不可或缺的环节，是提高车辆技术状况、降低运行消耗、增加经济效益的重要措施，以维持道路运输不断发展。车辆适时更新是技术与经济相结合原则的体现。

(二)车辆技术管理原则

车辆技术管理活动必须坚持经济与技术相结合的原则，具体体现在以下几方面：

(1)安全。牢固树立安全第一、预防为主、综合治理的方针，通过各种手段保持车辆技术状况良好，减少机械事故的发生，确保运输安全、高效。

(2)环保。贯彻落实国家有关法律法规，重视车辆尾气排放管理，通过维护、检测，及时发现尾气排放问题并予以解决，使车辆排放持续达标。

(3)经济。既要考虑车辆的购置费用，又要考虑车辆使用过程中维持运转的费用，以最经济的车辆和最低的运行消耗完成运输生产任务，使运输车辆获得最佳的经济效益。

(4)先进。车辆性能除了满足国家、行业相关标准基本要求之外，力求技术水平先进适用，车辆技术管理活动中，要重视科技创新工作，充分利用现代化信息技术，推广新技术、新产品、新工艺，提高车辆管理效率。

(5)适用。以满足运输生产需要为前提，根据运输任务、地理条件、气候条件、燃润料及维修配件供应等条件，对运输车辆实行择优选配、正确使用，发挥车辆使用效率。

三、管理科目及主要工作

(一)制度建设

依据国家、行业及地方颁布的相关法律、法规、规程、规章和标准，制订本企业车辆技术管理方面的规章、制度、规程、标准和办法，建立岗位责任制，明确车辆技术管理人员的职责和权限，使企业车辆技术管理的各项活动、工序及各个环节、岗位都规范化、制度化、标准化和科学化。

(二)车辆档案及车籍管理

依据相关法律法规对车辆使用周期内的注册登记、年度审核、流转(调动或转籍)变更、报废注销、更新计划等实施监督和管理，建立车辆技术档案，实时更新档案信息和数据记录。

(三)车辆选购管理

建立车辆采购管理制度，规划车辆类型和构成，协助运营、财务部门制定车辆新增或更新计划，参与车辆选型和技术论证，优化车辆配置，确保车辆达到国家标准要求，满足运输生产要求。

(四)车辆使用管理

制定车辆使用管理办法、能源消耗量管理办法、轮胎管理办法、驾驶规范操作等文件，确保规范使用和正确使用，督促做好车辆安全检查和日常维护工作；定期开展车辆燃料、润滑油、轮胎等消耗统计，协助做好车辆物料供应，包括燃料、轮胎、维修零部件和相关物资的集中采购、储运、保管等。

(五)车辆维修管理

制定车辆维修管理办法、标准规范及各项操作规程，按专业化、集约化原则，合理布设维修网点或选择维修企业，提高维修质量、能力，规范维修组织的日常运作，严格按照国家相关法律法规要求，开展维修生产组织、作业安全管理及生产过程的质量控制等。制订维护计划，贯彻落实国家的汽车维护制度，做好监督管理。

(六)车辆检测管理

按照国家法律法规及相关要求，制订车辆检测及年度审验管理办法、检测标准规范、实施细则等文件操作规程，提高检测质量、能力，提高车辆安全、排放水平，全面掌握车辆的技术状况。

(七)质量控制

制订车辆技术管理质量发展纲要、技术质量目标、控制标准及考核办法、细则等，落实质量管理计划，包括车辆维修质量管理；车辆技术检测管理；生产过程中测量、衡量、量值传递等计量作业的管理和控制；车辆尾气排放和生产过程的环境管理与治理；汽车维修从业人员和技术检验、检测人员的管理等。

(八)技术培训

制订技术管理干部、专业技术人员、维修工、驾驶员教育培训管理办法、计划，落实教育培训项目。

(九)技术应用

根据管理需求和技术发展趋势，按标准化原则，优化车辆技术配置和维修设备(设施)配备；制订车辆和设备(设施)使用、维护管理规范；研究和修订技术(工艺)标准。

(十)科技进步

包括科研项目的研究、试验,新技术、新工艺、新产品、新材料的应用与推广。

(十一)数据信息

建立车辆技术管理计算机信息网络系统,采集、收集、统计、分析和利用各项信息数据。

第二节　运输企业车辆技术管理机构建设

一、车辆技术管理组织构架

(一)机构设置

组织化管理是车辆技术管理的基础。调研发现,一些运输企业对车辆技术管理工作认识不充分,认为车辆技术管理只会增加企业的经营成本,不会产生经济效益。一些运输企业没有设置专门的技术管理机构,更有甚者取消了原来的车辆技术管理部门,从属于运输生产、安全管理部门。在车辆技术管理人员投入方面,普遍配备不足,业务水平较低。加之人才培养机制不健全,没有完善的后备技术管理力量的引进和培养中长期培训计划,导致企业管理岗位无人可用、无人胜用,严重地影响了我国车辆技术管理水平的提高。

为了更好地履行运输企业车辆技术管理主体责任,保证车辆技术管理制度能有效实施,运输企业要积极组建专业车辆技术管理机构。按照《道路运输企业车辆技术管理规范》(JT/T 1045)要求,以下企业需要设置专业技术机构。

(1)危险货物运输企业;

(2)拥有10辆(含)以上营运车辆的道路旅客运输企业;

(3)拥有30辆(含)以上营运车辆的普通货物运输企业。

(二)构架模式

目前,大多数运输企业的车辆技术管理实行"条、块"集合的目标责任管理。业务上,下一级机构应接受上一级机构的指导和监督,落实上一级机构下达的任务目标;行政上,应接受所在企业行政管理机构的领导,承担分解到本机构的责任目标。

车辆技术管理机构因企业规模不同有所差异。通常来说,规模比较大的集团公司实行"四级"管理,如图2-1a)所示;中小规模企业实行"三级"管理,如图2-1b)所示。但无论哪一种组织构架,车辆技术管理都应有企业领导直接参与,应设置技术负责人全面负责本单位车辆技术管理工作,通常由企业总工程师或副总经理担任,也可由法定代表人授权人员担任。

车辆技术管理机构设置要做到科学分工、管理层次清晰、职责权限明确、上传下达渠道畅通、资源配置合理,要有专门的工作场所和固定的办公设施,有分、子公司的还应设置车辆技术管理分支机构。车辆技术管理需要物资采购部门、安全管理部门、财务部门、维修机构等多个部门的支持配合,机构建设时,应明确各自职责和权限。

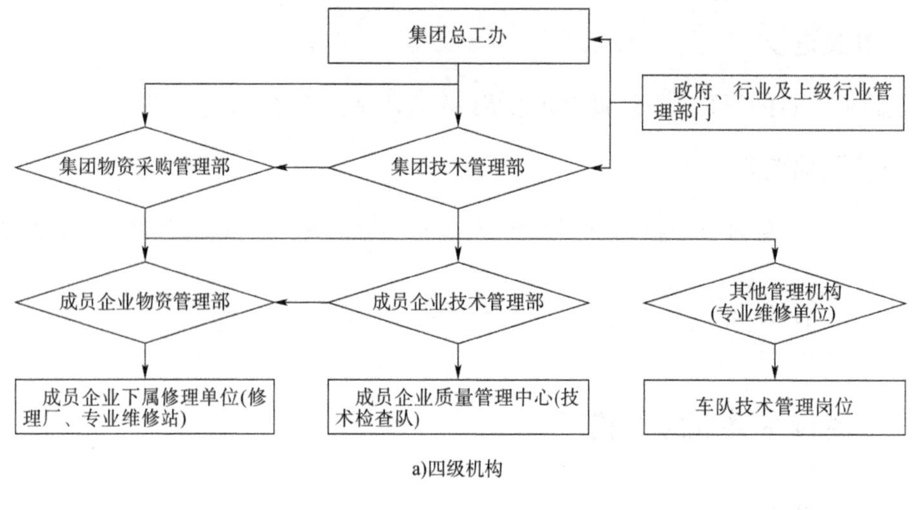

a)四级机构

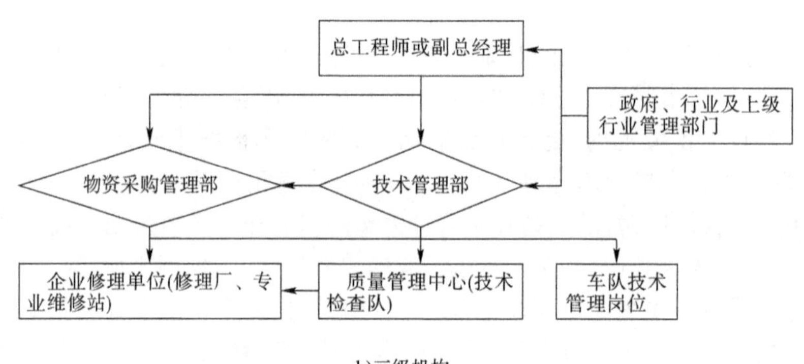

b)三级机构

图 2-1　车辆技术管理机构

二、车辆技术管理人员配置

(一)人员配备标准

运输企业要加强人才队伍建设,配齐配强管理力量,要根据车辆数量和经营类别配备与企业运输生产规模相适应的车辆技术管理人员。配备标准为:

(1)危险货物运输车辆、道路旅客运输车辆每 50 辆车配 1 人,不足 50 辆的应至少配 1 人;

(2)普通货物运输车辆每 100 辆车配 1 人,不足 100 辆的应至少配 1 人;

(3)若企业同时经营道路旅客运输、普通货物运输、危险货物运输两种及以上的,配备标准按照上述(1)、(2)分别测算;

(4)运输普通货物的挂车按普通货物运输车辆单计,运输危险货物的挂车按危险货物运输车辆单计。

(二)人员条件

技术负责人应熟悉与道路运输生产相关的政策法规、标准规范、车辆技术及管理知识,并具备以下条件之一：

(1)大专及以上学历；

(2)工程师及以上专业技术职称或技师及以上职业技能等级；

(3)3 年以上道路运输行业从业经历。

车辆技术管理人员应熟悉与道路运输生产相关的政策法规、标准规范和汽车构造、使用与维修等知识，并具备以下条件之一：

(1)中专及以上学历；

(2)助理工程师及以上专业技术职称或中级工及以上职业技能等级；

(3)2 年以上道路运输行业从业经历。

三、车辆技术管理工作职责

(一)集团公司技术管理

1. 规范化、制度化管理

根据国家、行业与地方行政管理部门有关车辆技术管理的方针、政策、法规、制度和标准，依据企业运输生产对技术保障的要求和公众对改善乘车环境的期望，组织编制、修订企业技术管理制度、标准，制定相应的工作计划和应急预案。

2. 宣传指导、协调落实

对内向关联管理部门和下属单位宣传国家、行业和地方行政管理部门颁布的相关法律、法规与企业制订的相关制度和标准，依据相应的工作计划和应急预案，指导、落实相应的工作任务和管理目标，组织开展技术、技能培训，提供技术支持和技术服务，协调解决分支机构技术管理中出现的问题；对外保持与政府管理部门以及协作企业的沟通协调。

3. 监督检查、管理考核

研究建立车辆技术管理考核体系，制订技术管理考核办法，制定车辆定期维护、车辆审验及各类检测(验)工作计划和作业流程，制订能源、材料、轮胎消耗的标准和定额，并监督实施和考核。总结、推广规范化、制度化建设的先进经验，对违反管理要求的行为提出整改和考核意见。

4. 信息管理、提升效率

建立和完善信息化管理网络，采用现代化管理手段及时收集各项技术数据和管理信息。定期召集专业会议，分析管理动态，推进措施落实，总结经验教训，奖优罚劣，组织开展与车辆技术管理有关的技术协作、技术交流、技术培训、技能竞赛等活动，推广现代化管理方法及新技术、新工艺、新产品、新设备，提高车辆技术管理水平和业务能力。

(二)分支机构技术管理

1. 贯彻、执行管理制度

贯彻执行国家和上级主管部门及集团公司制订的有关车辆技术管理的各项方针、政策、法规和规章制度条例，制订本单位技术管理制度、实施细则和考核办法，并推进实施。

2. 宣传指导、协调落实

对内向本单位关联管理部门和下属基层宣传贯彻政府、行业和地方行政管理部门颁布的相关法律、法规和集团制定的企业标准、管理制度和责任目标,制订本企业机务管理工作计划,负责对总公司下达的车辆维修、维护和保养计划任务的实施,向下属基层单位和修理单位提供业务指导、开展技能培训,协调解决生产过程中出现的问题;对外保持与政府管理部门、上级管理部门以及协作企业的沟通协调。

3. 监督检查、管理考核

依据上级下达的各项经济技术考核指标,制订本公司车辆技术管理方面的经济技术指标,并开展检查、评议和考核。及时总结、推广制度化、规范化建设的先进经验,对违反管理要求的行为监督整改并落实考核。

4. 信息管理、提升效率

建立和完善本单位技术管理信息化管理网络,及时收集各项技术数据与应用信息,按时完成技术机务管理报表;定期召开机务例会,传达上级精神,分析技术机务工作动态,总结经验教训,奖优罚劣,提高本单位技术管理效率与水平。

(三)基层单位(车队)技术管理

抓好车辆"管、用"环节,使营运车辆保持良好技术状况,控制车辆使用成本:

(1)督促驾驶员规范操作和日常维护,并做好相关记录;

(2)计划维护车辆的送修和竣工车辆验收;

(3)定期组织车辆审验;

(4)开展燃油消耗量、轮胎、维修成本单车核算;

(5)定期统计、上报各项数据,反映车辆技术管理存在的主要问题。

第三节　运输企业车辆技术管理工作制度

俗话说"没有规矩,不成方圆",对于车辆技术管理同样如此。目前,许多运输企业的车辆技术管理力量薄弱,组织松散,制度缺失。运输企业要严格按照国家有关法律法规和方针政策,加快建立科学合理、具体实在、切实可行的管理制度,使车辆管理有章可循,形成事前、事中、事后单位和个人自觉遵守、主动落实、齐抓共管的良好制度,从而降低运行车辆故障率和维修费用,确保车辆安全技术性能可靠,提高车辆使用效率。

一、人员教育与培训制度

运输企业要重视车辆技术管理人员的岗前培训、在岗培训和继续教育,要建立车辆技术管理培训制度,明确培训组织部门及工作职责、培训内容、培训形式、学时要求和培训考核等内容。教育和培训要有针对性、实用性、计划性和多样性,要针对不同类型的人员及层次,区别不同的内容和形式。

(1)培训对象要有针对性。要包括本单位车辆技术管理员、驾驶员,有内设维修机构和检测机构的,还应包括维修、检验人员等。

(2)培训内容要有实用性。要包括相关法律法规、规章制度、标准规范、操作规程及车辆检验、维护、使用、安全和节能驾驶知识。

对驾驶员,要重点培训车辆日常检查、维护常识、常见故障判断及应急处理等知识;对维修人员,要重点培训新车型、新技术、新工艺等知识,特别是对基本原理、维修要求、新检测设备使用等;对技术管理人员,要重点培训新技术、新设备、新产品原理及应用,以及车辆技术发展趋势、方向和管理水平提高等知识。

(3)培训时间要有计划性。要在每年年初制订当年的培训计划,明确培训时间、培训方式、师资要求和必要的经费预算等内容,要确保培能按期实施。培训时间一般要在 20 个学时。

(4)培训方式要有多样性。要结合企业实际,因地制宜、因材施教,外培与内训相结合,室内培训和现场培训相结合。培训形式可以是技术讲座、事故案例分析、车辆技术管理的法规条例讲解、先进管理模式的调研参观和各种技术比武活动等,可以由本单位人员宣讲,也可邀请行业专家或外单位人员开展经验交流,可以结合本单位安全教育、专项技能培训和重大活动一并进行。

(5)培训效果要可考核。培训要讲究效果,不能只是讲形式、走过场,要制定科学合理的考评体系,对培训内容进行考核,以确保使每个参培人员均有实际收获,得到实质性的提高,经培训考核合格后方能上岗。

二、车辆采购管理制度

目前,一些运输企业在新车选型时往往存在盲目性,片面追求大型化、高档化、造型现代化,这种现象在客运市场表现尤为突出,大家争热线、弃冷线,增加了运输成本,这种现象同样导致了货运市场车型结构与运力结构的不适应,造成普通运力过剩,特种运力不足;中型车过多,小型车不足等问题,不能有效满足市场需求。

为了保证所选车型能满足运输生产要求,运输企业选购运输车辆一定要科学、规范,要多调研、多论证,选购成熟的车型,千万不能只求价廉。

运输企业要建立完善车辆采购管理制度,明确技术、运营、财务等相关部门的工作职责。车辆采购要有计划性,要根据运输任务需求,提出车辆新增或更新的采购计划;要根据车辆的用途、运量、运距和道路、气候及燃料供应等条件,进行充分的技术论证,重点论证拟选车型的容载量、动力性、安全性、环保性、经济性、通过性、可靠性及维修方便性等;要按照本单位车辆采购流程严格控制每个质量环节,签订采购合同。

三、车辆能源消耗管理制度

车辆能源消耗量在运输成本中占有较大比重,一般占 1/3,甚至更高。因此,加强燃料管理、堵塞漏洞、降低消耗对于降低企业成本至关重要。

运输企业都要严格按照国家节能方针和政策,从制度入手对能耗实行精细化管理。要建立和完善能源管理制度,明确管理部门及职责、采购管理、供应管理与结算、燃料质量管理与储存、燃料消耗管理等内容和要求,车属单位应制订燃料统计考核管理办法,应根据车辆类型、使用条件、载质(客)量和能源类别等,依据相关标准合理制定能源消耗定额指标,加强燃料消耗的日常管理,不断完善燃料消耗的奖励、考核制度。要建立车辆能源消耗管理台账,逐月记录车辆的行驶里程、能源消耗量和载客(货)量等基础数据,定期统计分析车辆能源消耗量盈亏情况,并根据考核结果实施奖惩。

四、车辆轮胎管理制度

轮胎是关系车辆安全行驶、节约能源、降低运输成本的重要部件。运输企业应贯彻"预防为主"的方针对轮胎实行综合管理,即从轮胎的计划、选购、装运、验收、保管、使用、保养、翻修、报废、新技术应用、奖惩等方面进行全过程管理,使轮胎在使用过程中安全可靠和在整个寿命周期内实现最佳的经济效益。

运输企业要建立轮胎管理制度,明确管理部门及职责、采购、仓储、领用、维修、报废、定额指标和统计考核。要遵循择优选配、正确使用、周期维护、视情修理、适时报废的原则实施轮胎管理;要建立轮胎管理台账,准确记录轮胎的厂牌、规格、胎号、换装日期及维修、报废信息,定期登记实际行驶里程、累计行驶里程;要根据车辆类型、使用条件和轮胎性能等,合理制定轮胎行驶里程定额指标,定期统计考核。

五、车辆维护管理制度

运输企业要贯彻国家车辆维护制度,要依据规定制订本单位的车辆维修管理办法,内容包括维护管理部门及职责、作业分类、质量管理、定额指标和统计考核要求。企业内设修理厂的还应包括安全管理、维修车间及班组管理、工具管理、计量器具管理等。

要依据国家相关标准以及车辆维修手册、使用说明书等技术文件,结合车辆类别、运用状况、行驶里程、道路条件、使用年限等因素,合理确定车辆维护周期(用维护间隔时间或间隔里程表示),科学确定维护作业项目。要根据车辆维护周期要求,制订车辆维护计划,并按期组织实施,并做好维修记录。

要正确选择维修企业,加强维修质量管理。内设维修机构的运输企业,要制订车辆维护规范和细则,确保维护质量达标,要根据车辆类型和使用条件等,合理制定车辆维修费用定额指标,定期统计考核。要加强维护执行情况的监督检查,要建立台账,对抽查中发现的问题应及时处理。

六、车辆检测评定管理制度

运输企业要建立车辆检测评定管理制度,内容应包括部门及职责、检测类别、检测站资质条件、检测合同管理等。企业内设检测站的还应包括安全管理、质量管理、计量器具管理等内容和要求。

汽车综合性能检测机构必须符合国家或地方有关能力要求,取得计量认证证书。鼓励运输企业以招投标的方式自主选择检测机构,企业内设检测站的应有技术负责人审核、最高管理者授权批准。要合理制定检测计划(包括安全检测、环保检测、综合性能检测、专项检验等),并定期实施。逾期未进行车辆技术检验或年度审验不合格的车辆不能安排运输任务。

七、车辆技术档案管理制度

车辆技术档案是指车辆从新车购置到报废整个运行过程中记载车辆基本情况、主要性能、运行使用、检测、维修和机械事故等内容的车辆资料历史档案。车辆技术档案是掌握车辆技术状况,进行分析研究,及时采取技术措施的依据,是适时安排车辆维护和编制维修计划的基础。

运输企业要建立车辆技术档案管理制度,内容包括档案管理部门及职责、建档、保存、更新和转出。档案内容包括车辆基本信息、技术等级评定和客车类型等级评定记录、修理与二级维护记录、主要部件更换情况、车辆变更记录、行驶里程记录、交通事故记录等。

车辆技术档案应逐车建立、专人负责、分级管理。基层运输单位负责技术档案的填写、保管和资料分析,各级车辆技术管理部门负责检查督促。档案管理员应妥善保管技术档案,未经许可,不得随意转借和复印。档案的借阅必须办理规定手续,借阅者对档案的完整、清洁负责。档案记载应做到及时、完整和准确。所谓“及时”是指档案中规定的内容要按时记载,不得拖延;所谓“完整”是要按规定内容和项目要求填写,一项不漏,不留空白;所谓“准确”,就是真实可靠,不得随意涂改、伪造。

八、车辆技术管理考核制度

运输企业要应建立车辆技术管理考核制度,明确内容包括考核部门及职责、考核周期、考核内容、考核方法和奖惩措施。

车辆技术管理考核原则上每年1次,考核范围应包括本单位分、子公司及车辆技术管理相关部门。考核内容应包括机构设置及人员配备情况、人员培训情况、制度建设及执行情况、技术档案管理情况、年度技术质量目标完成情况等。

要制订车辆技术管理考核的标准或细则,在每年初制订当年车辆技术管理的技术质量目标,并层层分解到具体部门和岗位。对开展车辆技术进步,安全管理、节能减排工作成绩显著的单位和个人应予以表彰或奖励;对不重视车辆技术管理工作的单位和个人应予以批评教育或处罚。

第三章　车辆选型与采购

车辆是现代化道路运输业发展的物质技术基础，是运输企业的主要生产设备和关键要素。道路运输企业应根据运输市场情况，以及当地的社会运力、油料供应、运量、运距和道路、气候等社会和自然条件，择优选择符合交通运输发展要求的车辆，并做好车辆投用前的技术准备工作，充分发挥车辆的效能，提高运输单位的经济效益。

第一节　车辆采购流程及要求

一、车辆选配原则

（一）生产适用

生产适用是指因地制宜选购车辆，有三层含义。一是选购的车辆要符合企业生产需要和线路运输经营的要求。一般来说，客运企业在车辆购置前，在审批线路报告中已经基本明确了车辆等级、车辆类型、车辆数量及日班次数等车辆经营要求。选购车辆之前首先要充分考虑这些因素，避免盲目采购，造成车辆闲置；同时要制定企业车辆发展规划，做到有计划地购置车辆，避免盲目增加运力，保持运力与运量的基本平衡。二是选购的车辆要充分考虑车辆的使用条件，避免购置的车辆“用不了”，或者不能充分发挥其效能，造成不必要的浪费。三是选购的车辆要能调整运力结构，合理选配不同的车辆类型，保持各类车辆（如大型、中型、小型车，高级、豪华车与中档普通车）的最佳比例关系。

（二）技术先进

技术先进是指车辆的可靠性、安全性、耐用性、节能性、环保性以及动力性等技术性能良好，并在时效性方面能满足技术发展要求，而不是盲目追求“高、大、精、尖、新”。汽车应具有防止或减少道路交通事故的能力和发生事故后汽车本身减轻人员伤亡或货物受损的保护能力，满足相关标准对制动、转向、照明、信号、后视镜、下视镜、遮阳板、刮水器、防雾除霜装置、牵引连接装置、侧面和后面的防护装置、安全带、安全出口、灭火器和安全架等装置的全部要求；同时，车辆类型应符合国家、行业节能和环保要求，可通过比较配置相当的同类车型的燃料经济性、排放性进行选购。

（三）经济合理

经济合理是指既要考虑车辆的购置费用，又要考虑车辆使用过程中维持运转的费用，即选配寿命周期总费用最低的车辆。要根据投放线路的道路条件、客流特点及运价等因素，确定合适的车辆价位及档次，做到技术与经济相结合，充分考虑企业的经济承受能力和投资回报率。不能一味追求高档次客车，由于投资太大，影响投资回报率，也不能只选择低价位、低档次的车辆，造成技术性能达不到运输服务的要求，影响运输生产经营。应选择技术性能可靠、稳定的产品，在此基础上选择性价比高的车型。往往可以购买运输市场占有率较多的车型，对厂家推出的新车型，要谨慎选购，做好充分的调研工作。

(四)维修方便

汽车在使用过程中，不可避免地要发生故障或损坏，为了恢复其工作能力，需对汽车进行不同程度的维修，因此，车辆选型应考虑维修方便性。一是整车厂承诺的质保期和质保项目；二是维修配件价格及供应及时性；三是维修技术难度以及整车厂提供的技术支持能力；四是维修工时费；五是故障发生率和故障间隔里程。车辆技术水平越先进，设备越复杂，对维护及修理的设备和人员水平要求就越高，需专门的检测诊断设备才能进行维护与修理，在选购车辆时，除考虑满足性能及使用需要外，还应结合自身的使用、管理水平，以及本地区、本企业配套的维修企业的设备及技术水平，确定所选车型。

二、车辆采购流程

车辆采购包括计划申报、选型、采购和交付验收四个阶段。基本流程如图 3-1 所示。

(一)计划申报及审批

1. 计划申报

车辆采购计划一般由车辆使用单位提出，各成员企业应依据单位规定的车辆报废标准与运能需求编制下一年度车辆购置计划，随附可行性分析资料，明确车辆数量、车型、长度或吨位、客位数、类型等级、燃料性质、运行线路、投资回收期、量本利等情况分析。

2. 计划审批

车辆采购计划一般实行一次性申报，二次审批制度。各成员企业应将购置计划报由单位车辆技术管理、运营及财务等部门汇总、审核，形成单位车辆年度购置计划，并上报总经理室核准后，由单位技术管理部门组织落实。

3. 计划外购置或计划内调整

当年未列入计划的新增或更新车辆，原则上不得购置。特殊情况，确需在计划外再行购置或原购置计划确需调整的，车辆使用单位应提出书面申请，报总经理室批准后方可实施。

(二)车辆选型及审批

技术管理部门应根据审批后的车辆年度购置计划，制订采购实施方案，提出采购技术要求，并报企业负责人核准，未经核准的采购方案不得实施。

采购实施方案核准后，车辆技术管理部门应组织相关部门或使用单位，根据所承担运输任务的性质、运量、运距和道路、气候及燃料供应情况等条件，对车辆的适应性、安全性、可靠性、经济性、环保性及维修方便性等进行技术论证，并对拟选车型的使用、维修情况进行调研考察，重点考察车辆完好率、小修频率、维修费用、燃料消耗量等指标。

鼓励企业采取招投标方式进行车辆采购，原则上购置车辆应在中标的车型及品牌中选择。中标车型到期或需选择新车型的，应按单位车辆集中采购招投标管理相关规定，重新进行招标。

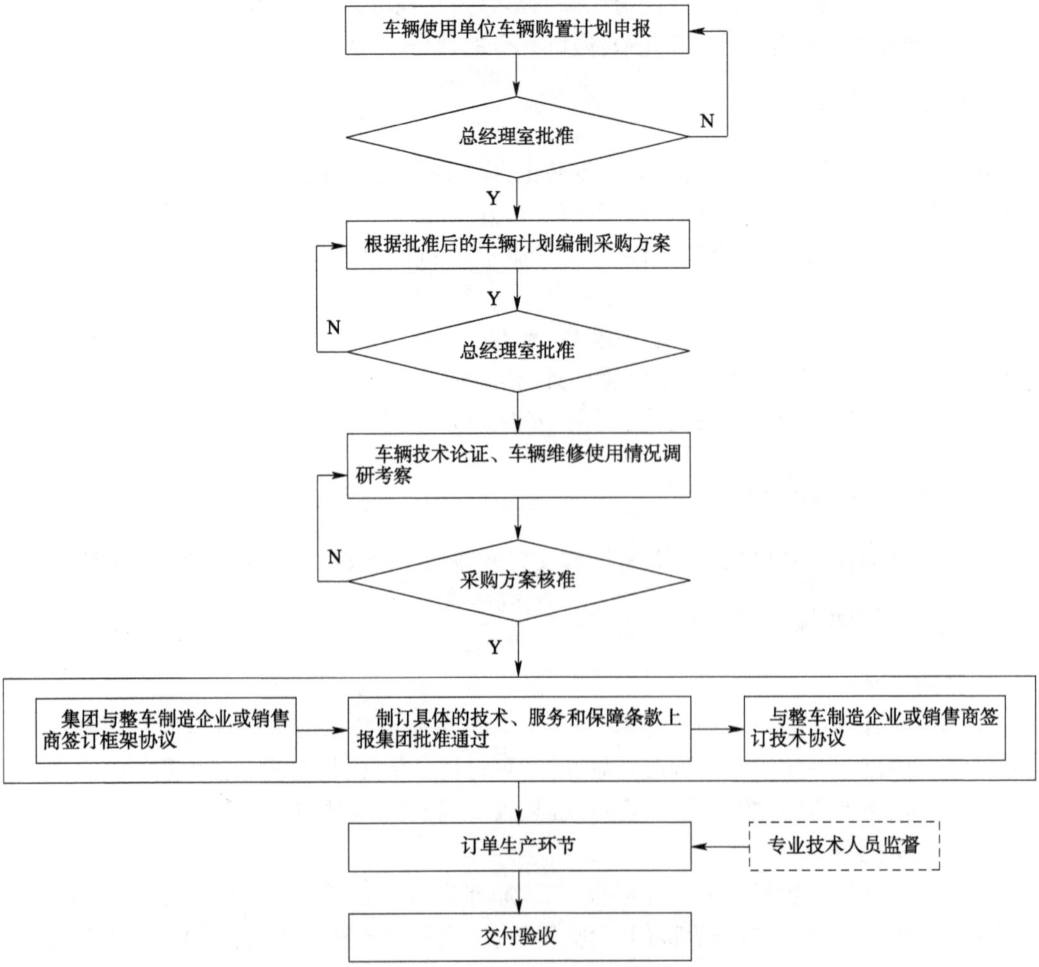

车辆使用单位车辆购置计划申报

总经理室批准（Y／N）

根据批准后的车辆计划编制采购方案

总经理室批准（Y／N）

车辆技术论证、车辆维修使用情况调研考察

采购方案核准（Y／N）

集团与整车制造企业或销售商签订框架协议

制订具体的技术、服务和保障条款上报集团批准通过

与整车制造企业或销售商签订技术协议

订单生产环节

专业技术人员监督

交付验收

图 3-1　运输企业车辆采购流程

(三) 车辆采购

采购实施方案核准后，按照招投标程序启动采购事宜(已通过招标程序确定的车型除外)，提出车辆的主要配置及性能要求，与整车制造企业或销售商签订采购框架协议(技术、质保和售后服务)。

技术管理部门应根据上述框架协议，与成员企业、制造企业或整车销售商研究、确定具体的技术、服务和保障条款报集团审核。审核通过后，由技术管理部门、成员企业按集团审核通过的内容与整车制造企业或销售商签订技术协议。

财务部门应根据上述采购框架协议与技术协议核定车辆价格，并分别与成员企业、整车制造企业或销售商签订购车合同。

（四）交付验收

新车接收应按照购车合同、技术协议验收，并清点附件、随车工具和车辆有关资料（车辆出厂合格证明、发动机、车架拓印件、技术参数表等）。

新购车辆存在重大质量问题的，可拒绝接收，并要求制造企业进行整改，整改合格后，再行接收。

三、车辆选型注意事项

汽车在设计时，都根据不同运行条件赋予了不同的使用性能。车辆采购时，企业要根据车辆的用途和使用环境要求，对车辆进行充分的考察和论证，重点考虑以下因素：

（1）道路条件。道路的通行能力、承载质量、坡度大小、路面质量和转弯半径等，均影响车辆的运行。因此，要注意所配置的车辆技术参数是否适应所要行驶的道路条件，否则会影响企业的运输效率。

（2）运输任务性质。要按照企业的发展规划和运输任务的运量、运距、需求和现有车型配比、吨（座）位利用率、实载率等情况，合理确定车型配比，充分发挥车辆的使用效率。力求大型、中型、小型车，高级、中档、普通车，通用车和专用车的构成比例合理。

（3）车辆类型。车辆购置前，应向当地运输管理部门咨询，确定拟购置车型燃料消耗量限值、客车类型等级符合相关要求。

（4）海拔和气候条件。经常在寒冷地区行驶的车辆应选择冷启动能力强，蓄电池容量大，发动机、发电机功率较大的车型，并配备防寒、保温、防滑等附属装置。高海拔地区，要考虑车辆发动机的进气量、动力性等指标。

（5）技术特性。要考虑车辆的动力性、经济性、可靠性、汽车操纵轻便性和维修性等方面的指标及特点。

（6）购置价格和可靠性。使用性能基本相同的汽车，有的价格低，但可靠性较差，使用中维修费直接支出较多；而有的价格虽高，但故障率较低、可靠性较高、维修费用低。

（7）燃料供应情况。要考虑当地的燃料供应情况及燃料品质特征，天然气汽车要特别考虑加气的便利性和气源质量等因素。

（8）售后服务情况。包括技术培训、技术服务和配件供应情况，尤其是进口车辆更为重要。可在订货合同中提出售后服务的具体要求，以求得法律上的保证。

第二节　车辆选型技术要求

运输企业在新车型选择时，应组织人员对拟选车型进行技术论证，除了应满足国家车辆登记注册的有关要求外，还应满足我国道路运输车辆管理的法规及标准的要求。

一、整车参数

（一）外廓尺寸

整车尺寸主要包括：外廓尺寸、轴距、轮距、前悬、后悬等，如图 3-2 所示。

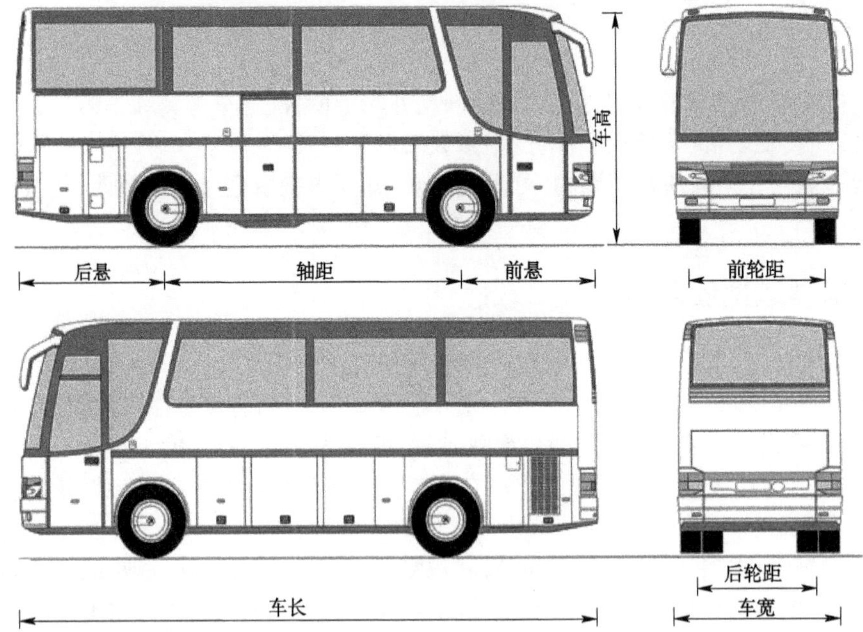

图 3-2 整车主要尺寸示意图

通常所说的外廓尺寸是指车辆的长、宽、高。

(1)车长:指垂直于车辆纵向对称平面并分别抵靠在车辆的最外端突出部位的两垂面之间的距离;

(2)车宽:指平行于车辆纵向对称平面并分别抵靠在车辆的两侧固定突出部位(不包括后视镜、侧位灯、示廓灯、转向指示灯、可拆卸装饰线条、挠性挡泥板、折叠式踏板、防滑链以及轮胎与地面接触部分的变形等)的两平面之间的距离;

(3)车高:指在车辆空载时,车辆支撑地面与车辆最高突出部位相抵靠的水平面之间的距离,车辆的所有固定部件均应包括在此两平面内。在测量车辆高时,顶窗、换气装置等应处于关闭状态。

外廓尺寸超标对行驶安全会带来不安全因素,必须加以严格限制。例如,有些车辆因超高,在通过隧道或桥洞时,车辆上部与隧道或桥洞顶部相撞,造成交通事故。

目前,《道路车辆外廓尺寸、轴荷及质量限值》GB 1589 已完成修订工作,标准名称修改为《汽车、挂车及汽车列车外廓尺寸、轴荷及质量限值》,标准规定栏板式、仓栅式、平板式、自卸式货车及其半挂车外廓尺寸的最大限值见表 3-1,其他汽车、挂车及汽车列车外廓尺寸的最大限值见表 3-2。

同时,标准对车辆外廓尺寸还有如下其他要求:

①车辆间接视野装置单侧外伸量不应超出车辆宽度 250mm。

②车辆的顶窗、换气装置等处于开启状态时不应超出车辆高度 300mm。

③汽车的后轴与牵引杆挂车的前轴之间的距离不应小于 3000mm(牵引中置轴挂车除外)。

对半挂牵引车和半挂车的要求:

①半挂车前回转半径不应大于 2040mm。

②半挂车牵引销中心轴线到半挂车车辆长度最后端的水平距离不应大于 12000mm。

③运送标准集装箱的半挂牵引车鞍座空载时高度（牵引主销中心位置的高度）应满足以下要求：运送高度为 2591mm 标准集装箱的半挂牵引车，不应超过 1320mm；运送高度为 2896mm 标准集装箱的半挂牵引车，不应超过 1110mm。

栏板式、仓栅式、平板式、自卸式货车及其半挂车外廓尺寸的最大限值（单位：mm）　表 3-1

车辆类型			长　度	宽　度	高　度
仓栅式货车 栏板式货车 平板式货车 自卸式货车	二轴	最大设计总质量≤3500kg	6000	2550	4000
		最大设计总质量>3500kg，且≤8000kg	7000		
		最大设计总质量>8000kg，且≤12000kg	8000		
		最大设计总质量>12000kg	9000		
	三轴	最大设计总质量<20000kg	11000		
		最大设计总质量>20000kg	12000		
	双转向轴的四轴汽车		12000		
仓栅式半挂车 栏板式半挂车 平板式半挂车 自卸式半挂车	一轴		8600		
	二轴		10000		
	三轴		13000		

其他汽车、挂车及汽车列车外廓尺寸的最大限值（单位：mm）　表 3-2

车辆类型			长　度	宽　度	高　度
汽车	三轮汽车		4600	1600	2000
	低速货车		6000	2000	2500
	货车及半挂牵引车		12000	2550	4000
	乘用车及客车	乘用车及二轴客车	12000	2550	4000
		三轴客车	13700		
		单铰接客车	18000		
挂车	半挂车		13720	2550	4000
	中置轴（车辆运输）挂车		12000		
	其他挂车		8000		
汽车列车	铰接列车		16620	2550	4000
	货车列车		20000		
	中置轴车辆运输列车		22000		

注：1. 当采用转向盘转向，由传动轴传递动力，具有驾驶室且驾驶员座椅后设计有物品放置空间时，车长、车宽、车高的限值分别为 5200mm、1800mm、2200mm；

2. 不具有载货功能的专项作业车不设置车长最大限值；

3. 冷藏车宽度最大限值为 2600mm，汽车起重机、沙漠车、低平板专用半挂车及其列车车宽最大限值为 3000mm；

4. 定线行驶的双层城市客车高度最大限值为 4200mm；

5. 驱动形式为 6×4、6×2 的半挂牵引车与半挂车组成的铰接列车车长最大限值为 17220mm；

6. 长头铰接列车长度限值为 18100mm。

（二）车辆后悬

后悬是指通过车辆最后车轮轴线的垂面与抵靠在车辆最后端（包括牵引装置、车牌和固定在车辆后部的任何刚性部件)并垂直于车辆的纵向对称平面的垂面之间的距离。

车辆后悬长度主要取决于货厢的长度、轴距。后悬不宜过长,否则上坡时容易刮地;当车辆转弯时,车辆的通道宽度过大,容易引起交通事故。客车及封闭式车厢(或罐体)的汽车及挂车后悬应小于等于轴距的65%。专用作业车在保证安全的情况下,后悬可按客车后悬要求核算,其他车辆后悬应小于等于轴距的55%。车辆长度小于16000mm的发动机后置的铰接客车,在保证安全的情况下,后悬可不超过轴距的70%。汽车及挂车的后悬均应小于等于3500mm(中置轴车辆运输挂车除外)。

(三)质量参数

1. 整备质量

整备质量是指装备有车身、全部电气设备和车辆正常行驶所需要辅助设备的完整车辆的质量,还包括固定的或可拆装的铰接侧栏板、机械的或已加注油液的液力举升装置和自卸车箱、连接装置、固定的作业装置、冷却液、燃料(不少于油箱容量的90%)、备用轮胎、灭火器、标准备件、随车工具等部分的质量。

整备质量一般在车辆出厂合格证或使用说明书等技术文件中标明。

2. 轴载质量

轴载质量分为最大设计轴荷和最大允许轴荷。

(1)最大设计轴荷是制造厂考虑到材料强度、轮胎的承载能力等因素而核定出的轴载质量。一般在车辆使用说明书等技术文件中标明。

(2)最大允许轴荷是行政主管部门规定的最大轴荷。汽车及挂车单轴、二轴组及三轴组的最大允许轴荷限值见表3-3。

汽车及挂车单轴、二轴组及三轴组的最大允许轴荷限值(单位:kg)　　表3-3

类型			最大允许轴荷限值①
单轴	每侧单轮胎		7000②
	每侧双轮胎	非驱动轴	10000③
		驱动轴	11500
二轴组	二轴的轴距<1000mm		11500④
	二轴的轴距≥1000mm,且<1300mm		16000
	二轴的轴距≥1300mm,且<1800mm		18000⑤
	二轴的轴距≥1800mm		20000⑥
三轴组	相邻两轴之间距离≤1300mm		21000
	相邻两轴之间距离>1300mm,且≤1400mm		24000

注:①汽车起重机、混凝土泵车、消防车、清障车、油田专项作业车不设置最大允许轴荷最大限值;

②安装名义断面宽度不小于285(公制系列)或13.00(英制系列)轮胎的车轴,其最大允许轴荷不应超过规定的各轮胎符合之和,且最大限值为10000kg;

③装备空气悬架时最大允许轴荷的最大限值为11500kg;

④二轴挂车的轴距<1000mm时,最大允许轴荷限值为11000kg;

⑤驱动轴为每轴每侧双轮胎且装备空气悬架时,最大允许轴荷的最大限值为19000kg;

⑥二轴的轴距≥1800mm限值仅适用于二轴半挂车。

3. 总质量

总质量是指汽车装备齐全,并按规定装满客(包括驾驶员)、货时的质量。一般是以发动机的标定质量、厂定最大轴载质量、轮胎的承载能力、车厢面积及正式批准的技术文件进行核算后,从中取最小值核定。

最大总质量分为最大设计总质量和最大允许总质量。

(1)最大设计总质量是制造厂根据特定的使用条件,考虑到材料强度、轮胎承载能力等因素而核定出的质量,一般在车辆使用说明书或维修手册中给出。

(2)最大允许总质量是主管部门根据运行条件规定的总质量。汽车、挂车及汽车列车的最大允许总质量限值见表3-4。

汽车、挂车及汽车列车总质量限值(单位:kg) 表3-4

车辆类型			最大允许总质量限值①
汽车		三轮汽车	2000②
		乘用车	4500
		二轴客车、货车及半挂牵引车	18000③
		三轴客车、货车及半挂牵引车	25000④
		单铰接客车	28000
		双转向轴四轴货车	31000④
挂车	半挂车	一轴半挂车	18000
		二轴半挂车	35000
		三轴半挂车	40000
	其他挂车	二轴挂车,每轴每侧为单轮胎	12000
		二轴挂车,一轴每侧为单轮胎、另一轴每侧为双轮胎	16000
		二轴挂车,每轴每侧为双轮胎	20000
汽车列车		具有三轴的汽车列车	27000
		具有四轴的汽车列车	35000⑤
		具有五轴的汽车列车	43000
		具有六轴的汽车列车	49000

注:①汽车起重机、混凝土泵车、消防车、清障车、油田专项作业车最大允许总质量最大限值为55000kg;

②当采用转向盘转向,由传动轴传递动力,具有驾驶室且驾驶员座椅后设计有物品放置空间时,最大允许总质量最大限值为3000kg;

③对于设计最高车速小于70km/h的四轮货车,最大允许总质量的最大限值为4500kg;

④当驱动轴为每轴每侧双轮胎且装备空气悬架时,最大允许总质量的最大限值增加1000kg;

⑤驱动轴为每轴每侧双轮胎并装备空气悬架且半挂车的两轴之间的距离 d≥1800mm 的铰接列车,最大允许总质量的最大限值为37000kg。

4. 质量利用

运输企业在车辆选型时,除了要选择满足上述标准限值规定车辆,还要根据运输任务需求充分考虑载货汽车的整备质量利用系数。

$$整备质量利用系数=汽车装载质量/车厢容积\quad (t/m^3) \tag{3-1}$$

整备质量利用系数表征了汽车整备质量与装载质量之间的关系,是衡量现代载货汽车制造技术进步的重要标志之一。除了不断完善汽车结构和制造技术外，降低汽车整备质量的主要途径是利用轻型材料，特别是应用高强度、质量轻的高强度铝合金和复合材料汽。

整备质量利用系数随装载质量的增加而提高，轻型货车约为1.1，中型货车约为1.35，重型货车为1.3~1.7。平头货车的整备质量利用系数一般比长头汽车高。由货车变形的自卸车，因改装后整备质量的增加，整备质量利用系数比基本型汽车的低。

二、结构要求

(一)客车

除满足《营运客车类型划分及等级评定》(JT/T 325)的要求外，还应满足以下条件：

(1)上部结构强度应符合《客车上部结构强度要求及试验方法》(GB/T 17578)的规定；

(2)座椅及其车辆固定件的强度应符合《客车座椅及其车辆固定件的强度》(GB 13057)的规定；

(3)所有应急出口应在车内用清晰的符号或文字标明，每个应急控制器处或附近应有标志并注明操作方法。封闭式客车的每个应急窗邻近处应设置玻璃破碎装置。若为应急锤，取下时应能通过声响信号实现报警，玻璃破碎装置的配置应符合相关规定。

(二)货车

(1)驾驶室强度和安装强度应满足《商用车驾驶室乘员保护》(GB 26512)的要求。

(2)应在驾驶室(区)两侧喷涂总质量(半挂牵引车为最大允许牵引质量)。其中，栏板货车和自卸车还应在驾驶室两侧喷涂栏板高度，栏板挂车应在车厢两侧喷涂栏板高度。罐式汽车和罐式挂车还应在罐体上喷涂罐体容积和允许装运货物的种类。

(3)牵引车与挂车连接装置的结构应能确保相互牢固的连接，应装有防止车辆在行驶中因振动和撞击导致连接脱开的安全装置。

(4)牵引车与其挂车之间的气动连接，对气压制动系统，连接挂车的气动接头必须是双管路或多管路。

(5)汽车列车应装有挂车与牵引车意外脱离时的挂车自行制动装置。挂车与牵引车意外脱离后，挂车应能自行制动，且牵引车的制动仍然有效。

(6)甩挂运输车辆的结构应符合《道路甩挂运输车辆技术条件》(JT/T 789)的要求。

(三)危货运输车

(1)车辆结构应符合《危险货物运输车辆结构要求》(GB 21668)。

(2)危险货物运输车辆的标志应符合《道路运输危险货物车辆标志》(GB 13392)的要求。

(3)运输爆炸品和剧毒化学品车辆以及运输液体危险货物罐式车辆的标志和标识应符合《道路运输爆炸品和剧毒化学品车辆安全技术条件》(GB 20300)、《道路运输液体危险货物罐式车辆第1部分:金属常压罐体技术要求》(GB18564.1)、《道路运输液体危险货物罐式车辆第2部分:非金属常压罐体技术要求》(GB18564.2)的相关要求。

三、主要配置要求

（一）防抱制动装置

ABS 用于汽车制动时防止车轮抱死拖滑，以提高汽车制动过程中的方向稳定性、转向控制能力和缩短制动距离，充分发挥汽车的制动效能，如图 3-3 所示。具有以下优点：

（1）制动时保持方向稳定性，防止产生侧滑和跑偏。

（2）制动时保持转向控制能力。

（3）缩短制动距离。

（4）减少轮胎磨损。

（5）减少驾驶员紧张情绪。

M_2、M_3类客车、N_2和不超过四轴的 N_3类货车、危险货物运输车、O_3和 O_4类挂车以及乘用车应安装符合《机动车和挂车防抱制动性能和试验方法》（GB/T 13594）规定的防抱制动装置，并配备防抱制动装置失效时用于报警的信号装置。

注：M_2、M_3、N_2、N_3、O_3 和 O_4 是指《机动车辆及挂车分类》（GB/T 15089）定义的汽车和挂车，以下同。

（二）盘式制动器

与鼓式制动器相比，盘式制动器热稳定性好和水稳定性好的特点，结构简单，维修方便，易实现制动间隙自动调整。为了保证安全，要求车长大于 9m 的客车（按名义尺寸，以下同）和危险货物运输车，其前轮应装有盘式制动器，如图 3-4 所示。

图 3-3　ABS 装置

图 3-4　盘式制动器

（三）缓速器

在车辆主制动系统工作前，缓速器能承担 80% 左右的制动能量，能有效减轻车轮制动器的负荷，从而减少制动蹄片、摩擦块的磨损，提高行车安全性。要求车长大于 9m 的客车、N_3类货车、危险货物运输车应装有缓速器或其他辅助制动装置，如图 3-5 所示。

图 3-5　缓速器

目前，运用较多的缓速器主要有电涡流缓速器和液力缓速器，两者差异见表 3-5。

电涡流缓速器和液力缓速器的性能差异性　　表 3-5

序　号	项　目	电涡流缓速器	液力缓速器
1	制动力矩	大	最大
2	耗电量	大	少
3	反应速度	快	慢
4	温度	高	低
5	冷却方式	风冷	水冷
6	其他特点	质量大，结构简单	质量轻，结构复杂，价格高

图 3-6　制动器自调装置

(四)制动器自调装置

M_2、M_3类客车、N_2和N_3类货车、O_3和O_4类半挂车、乘用车以及危险货物运输车，其所有的行车制动器应装有制动间隙自动调整装置。如图 3-6 所示。

(五)低气压报警装置及限压装置

采用气压制动的车辆应装有气压显示装置、限压装置，并可实现报警功能。气压制动系应安装保持压缩空气干燥或油水分离的装置。

(六)安全带

客车、货车及乘用车的所有座椅均应装备符合《机动车乘员用安全带、约束系统、儿童约束系统和 ISOFIX 儿童约束系统》(GB 14166)要求的安全带，其固定点应符合《汽车安全带安装固定点、ISOFIX 固定点系统及上拉带固定点》(GB 14167)的要求。

(七)轮胎

车长大于 9m 的客车和危险货物运输车应装用子午线轮胎，卧铺客车应装用无内胎子午线轮胎。

(八)卫星定位系统

旅游客车、包车客车、三类及以上班线客车、危险货物运输车辆、N_3类载货汽车和半挂牵引车应装有具有行驶记录功能并的卫星定位系统车载终端。

(九)限速装置和超速报警

客车和危险货物运输车应具有限速功能，否则应配备符合《车辆车速限制系统技术要求》(GB/T 24545)要求的限速装置。三轴及三轴以上的货车应具有超速报警功能(具有限速功能和限速装置且符合规定的除外)，能通过视觉或声觉信号报警。限速功能、限速装置和超速报警调定的最大速度应符合有关规定。

(十)暖风装置

客车在设计和制造上应保证发动机或采暖装置的排气不会进入客厢,封闭式客车应有通风换气装置。

(十一)转向助力装置

转向轴最大设计轴质量大于4000kg时,应装有转向助力装置。

四、防火要求

(一)内饰材料

客车和货车的驾驶室和乘员舱所用的内饰材料应采用符合《汽车内饰材料的燃烧特性》(GB 8410)规定的阻燃材料。其中,客车内饰材料的燃烧速度应不大于70mm/min。

(二)线束及隔热材料

客车发动机舱内和其他热源附近的线束应采用耐温不低于125℃的阻燃电线,其他部位的线束应采用耐温不低于100℃的阻燃电线,波纹管阻燃等级应达到《塑料燃烧性能试验方法　水平法和垂直法》(GB/T 2408)规定的V－0级。线束穿孔洞时应装设阻燃耐磨绝缘套管。

装备电涡流缓速器的客车和货车(含危险货物运输车),缓速器的安装部位上方应装有隔热板或具阻燃性的隔热材料。

(三)燃料供给系统

(1)燃料箱的加注口和通气口不得对着排气管的开口方向,且应距排气管的出气口端300mm以上,否则应设置有效的隔热装置;

(2)燃料箱的加注口和通气口应距裸露的电气接头及外部可能产生火花的电气开关200mm以上;

(3)车长大于6m的客车,燃料箱加注口和通气口应距排气管的任一部位300mm以上;

(4)车辆燃料箱各部分不得前伸至前置汽油发动机的前端面。车长大于6m的客车,燃料箱距客车前端面应不小于600mm,距客车后端面应不小于300mm。发动机后置的公路客车和旅游客车,其燃料箱的前端面应位于前轴之后;

(5)气体燃料车辆,钢瓶安装位置应远离热源,必要时应采取隔热措施。在任何情况下,钢瓶及其所有高压管路和高压接头与发动机排气管和传动轴的任何部位之间的距离应不小于100;当钢瓶及其所有高压管路和高压接头与发动机排气管的距离在100～200mm之间时,应设置固定可靠的隔热装置;

(6)气体燃料车辆,钢瓶与车辆后轮廓边缘的距离应不小于200mm。钢瓶安装在车辆车架下时,钢瓶下方和后方应采取有效防护措施且钢瓶及其附件不得布置在车辆前轴之前。

(四)灭火装置

1. 灭火器

客车乘员舱内和货车:驾驶室内应配置手提式灭火器,单具灭火器的灭火性能应不低于《手提式灭火器　第1部分:性能和结构要求》(GB 4351.1)规定的2A级和55B级。对于客车,仅有一个灭火器时,应设置在驾驶员附近。当有多个灭火器时,应在客厢内按前、后或前、中、后分布,其中一个应靠近驾驶员座椅。

道路运输爆炸品和剧毒化学品车辆:应配备与装运介质性能相适应的灭火器或有效的灭火装置,灭火器的数量、放置位置及固定应符合《道路运输爆炸品和剧毒化学品车辆安全技术条件》(GB 20300)的相关规定。排气管应装在罐体(箱体)前端面之前、不高于车辆纵梁上平面的区域。隔热和熄灭火星的装置完好。

2. 发动机舱自动灭火装置

发动机后置的客车,其发动机舱内应装备发动机舱自动灭火装置(电动汽车除外)。灭火装置启动时应能通过声觉信号向驾驶员报警。

五、主要性能要求

(一)动力性

汽车的动力性是指汽车在运行中的最大加速能力、最高车速和最大爬坡能力,是汽车最基本的使用性能。汽车运输效率的高低在很大程度上取决于汽车的动力性。

评价汽车动力性的指标很多,比如,最高车速、加速性能、最大爬坡度、汽车的比功率、动力因数、发动机输出功率、驱动比功率、驱动轮输出功率等。在不同的情况下可以使用不同的评价指标来检测评价汽车的动力性。

1. 最高车速

最高车速指在水平良好的路面(混凝土或沥青)上汽车能达到的最高行驶车速。

它是汽车动力性的3个评价指标之一,仅仅反映汽车本身具有的极限能力,并不反映汽车实际行驶中的平均速度。

最高车速是按照《汽车最高车速试验方法》(GB/T 12544)测定的。客车(不包括乘用车)不得低于表3-6的规定,货车不得低于表3-7的规定。

客车动力性评价指标及限值　　表3-6

类　型		车长(L)	最高车速(km/h)
特大型	高级	12m < L≤13.7m	≥110
	中级		≥100
	普通级		≥90
大型	高级	9m < L≤12m	≥110
	中级		≥100
	普通级		≥90

续上表

类　　型		车长（L）	最高车速(km/h)
中型	高级	6m＜L≤9m	≥110
	中级		≥100
	普通级		≥90
小型	高级	L≤6m	≥105
	中级		≥95
	普通级		≥85

注：具有最高车速限速装置的客车应在最高车速限速装置不起作用的条件下检验。

货车动力性评价指标及限值　　表3-7

类　　型		最大总质量 G(kg)	最高车速(km/h)
N_1类货车		G≤3500	≥85
N_2类货车		3500＜G≤6000	≥85
		6000＜G≤12000	≥90
N_3类货车	半挂牵引车	—	≥90
	自卸汽车	—	≥80
	其他车辆	—	≥90

注：1. 具有最高车速限速装置的货车应在最高车速限速装置不起作用的条件下检验；

2. 半挂牵引车的最高车速是指牵引车在最大准牵引总质量状态下测得的汽车列车的数据。运送不可拆解物体的低平板专用半挂车及其他特殊用途的汽车列车除外。

对于纯电动汽车、燃料电池电动汽车以及串联式混合动力电动汽车来说，最高车速是指电机调速所能达到的最高转速。因此，调速电机的最高转速指标决定了汽车的最高车速。

2. 比功率

比功率是汽车发动机的额定功率(p_e)与汽车总质量(m_t)的比值。

它是衡量汽车动力性能的一个综合指标，表明车辆单位总质量所具有的发动机的额定功率，其大小直接影响到车辆的燃料经济性。

汽车列车的比功率是汽车列车发动机(即牵引车发动机)的额定功率 p_e 与汽车列车总质量(m_t)的比值。即：

$$p_d = p_e / m_t \tag{3-2}$$

式中：p_d——汽车列车的比功率，kW/t；

p_e——汽车列车发动机功率，kW；

m_t——汽车列车最大总质量，t。

汽车列车的比功率应符合表3-8的要求。

汽车列车比功率限值　　表3-8

最大总质量(t)	$G<18$	$18\leq G<43$	$43\leq G<49$
比功率(kW/t)	≥6.88	≥4.30 + 46.00/G	≥5.40

(二)燃料经济性

燃料经济性是指汽车以最低燃料消耗量完成单位运输工作的能力。它反映了汽车为完成一定的运输任务或交通任务所消耗的能量。在我国,通常用百公里油耗来(单位为 L/100km)评价汽车燃料经济性的指标。

燃料经济性与发动机的燃油消耗特性、汽车结构参数和汽车动力传动系统匹配情况等密切相关。其中发动机的经济性直接影响整车的燃油经济性,其他结构参数对燃油经济性也有非常重要的影响,如风阻系数、滚动阻力系数、轮胎规格以及变速器、主减速器的传动比等。

交通运输部对燃油消耗量实行严格的准入管理,主要依据《营运客车燃料消耗量限值及测量方法》(JT 711)和《营运货车燃料消耗量限值及测量方法》(JT 719)的要求,对客、货车的燃料消耗量进行严格的试验检测,试验条件要求如下:

(1)路面为干燥、清洁、平坦(纵向坡度不大于0.1%)的混凝土或沥青路面;

(2)测量区段的直线长度不少于500m;

(3)大气温度0℃ ~30℃;

(4)风速不大于3m/s;

(5)客、货车的空载试验车速分别为60km/h、50km/h;

(6)客、货车的满载试验车速如表3-9所示。

满载等速燃料消耗量试验车速 表3-9

车辆种类		试验车速(km/h)							
		30	40	50	60	70	80	90	100
客车	高级车	—	—	√	√	√	√	√	√
	中级、普通级	—	√	√	√	√	√	—	—
货车	自卸汽车(单车)	√	√	√	√	√	—	—	—
	其他货车	—	√	√	√	√	√	—	—

每次试验的平均车速与规定试验车速之差不得超过2km/h,瞬时车速与规定车速之差不超过3km/h。

综合燃料消耗量的计算公式为:

$$Q=\sum_{i}^{n}(\overline{Q_{0i}}\times k_i) \tag{3-3}$$

式中:Q——综合燃料消耗量,L/100km;

$\overline{Q_{0i}}$——在第 i 个车速下经校正后的满载等速燃料消耗量,L/100km;

k_i——在第 i 个车速下的满载等速燃料消耗量权重系数。

检测合格的车辆,由交通运输部定期向社会发布道路运输车辆燃料消耗量达标车型的公告。主要公告产品型号(车辆型号)、产品名称、商标、车辆生产企业等信息。

因此,运输企业在新车型选择前,首先应向当地运输管理管理部门进行咨询,或登录交通运输部网站查询,确保购置车型燃料消耗量在达标车型的公告范围内,且与《道路运输车辆燃料消耗量达标车型表》规定的车型参数及配置信息相符。

(三)制动性能

1. 冷态制动效能

1)客车和货车

乘用车的行车制动系冷态制动效能应符合《乘用车制动系统技术要求和试验方法》(GB

21670)的要求;M_2、M_3 类客车和 N 类货车的行车制动系冷态制动效能应符合《汽车制动系统结构、性能和试验方法》(GB 12676)的要求。

2)挂车

O_3、O_4类挂车行车制动时,作用于被制动车轮周缘上的制动力之和与各车轮静载荷总和之比,全挂车,空载和满载时:不小于 50%;半挂车,空载和满载时:不小于 45%。

2. 热态制动效能

1)客车和货车

乘用车的行车制动系热态制动效能应符合《乘用车制动系统技术要求和试验方法》(GB 21670)的要求,M_2、M_3 类客车和 N 类货车的行车制动系热态制动效能应符合《汽车制动系统结构、性能和试验方法》(GB 12676)的要求。

2)挂车

O_3、O_4 类挂车的行车制动系热态制动效能应符合《汽车制动系统结构、性能和试验方法》(GB 12676)的要求。

3)汽车列车

(1)制动性能。牵引车和挂车的制动性能均应符合表 3-10 的要求。

台架检验制动性能要求 表 3-10

车辆类型		整车制动率(%)		轴制动率(%)		制动不平衡率(%)
		空载	满载	前轴①	后轴①	
M_1 类乘用车		≥60	≥50	≥60②	≥20②	前轴≤24 后轴≤30 或 10④
M_2、M_3 类客车		≥60	≥50	≥60②	≥50③	
N_1 类货车		≥60	≥50	≥60②	≥20②	
N_2、N_3 类货车		≥60	≥50	≥60②	≥50③	
牵引车		≥60	≥50	≥60	≥50	
O_3、O_4 类挂车	全挂车	—	—	≥55⑤	≥55⑤	
	半挂车	—	—	—	≥55⑤	

注:①前轴是指位于机动车(单车)纵向中心线中心位置以前的轴,除前轴之外的其他轴均为后轴;第二转向桥视为前轴;挂车的所有车轴均视为后轴。

②空载和满载状态下测试均应满足此要求。

③满载测试时不做要求,空载用平板制动检验台检验时应大于等于 35%;总质量大于 3500kg 的客车,空载用滚筒反力式制动检验台检验时应大于等于 40%,用平板制动检验台检验时应大于等于 30%。

④对于后轴,当轴制动率大于等于该轴轴荷 60% 时,不平衡率不大于 30%;当轴制动率小于该轴轴荷 60% 时,不平衡率不大于该轴轴荷的 10%。

⑤满载状态下测试时应大于等于 45%。

(2)制动时序。汽车列车的制动时序应满足:挂车各轴的制动动作应不滞后于牵引车各轴的制动动作,汽车列车的制动协调时间不大于 0.80s。

(3)制动力分配。在满载条件下,汽车列车制动力的分配应满足:仅使用牵引车(挂车)制动器时产生的制动减速度与使用牵引车和挂车全部制动器时产生的制动减速度的比值不应小于牵引车(挂车)质量与汽车列车质量比值的 95%。

3. 连续制动能力

储气筒的容量应保证在调压阀调定的最高气压下，且在不继续充气的情况下，机动车在连续五次踩到底的全行程制动后，气压不低于起步气压。

采用气压制动的挂车应有一个或多个由牵引车供气的储气筒，并能满足在切断储气筒供气管路情况下，牵引车的行车制动装置做八次全行程制动后，挂车储气筒供给工作部件的压力不低于首次制动时压力的50%。

(四)排放性

汽车大气污染主要有3个排放源：

(1)发动机排气管排出的发动机燃烧废气，汽油车的主要污染物成分是CO，HC和NO_x，柴油车除了这3种有害物外还排放大量的颗粒物(PM)和烟度；

(2)曲轴箱排放物，由发动机在压缩及燃烧过程中未燃的碳氢化合物由燃烧室漏向曲轴箱再排向大气而产生，主要是HC；

(3)燃料蒸发排放物，由发动机供油喷射系统的化油器和燃油箱的燃料蒸发而产生，主要是HC。

客、货运输车辆污染物限值应符合国家相关"汽车产品公告"试验标准的规定。

(五)行驶稳定性

1. 客车

在满载条件下沿特定曲线匀速行驶，当车辆质心处的最大向心加速度达到0.4g的稳定状态时，车辆不发生侧翻或侧滑。

2. 货车

(1)对N_2、N_3类货车，在满载条件下沿特定曲线匀速行驶，车辆质心处的向心加速度达到0.35g时，车辆不发生侧翻或侧滑，危险货物运输专用车辆以及罐式车辆应达到0.4g。

(2)对半挂牵引车，在空载、水平静止条件下，向左侧和右侧的最大侧倾稳定角不应小于35°。测量方法按照《汽车静侧翻稳定性台架试验方法》(GB/T 14172)规定的汽车静侧翻稳定性台架试验方法进行。

(3)对O_3、O_4类挂车，满载时同一车轴轮胎接地点外侧间距与质心高度的比值应不超过0.9。

第三节　新车验收及投入使用前期准备

一、新车验收

新车购置后应严格按购车合同(协议)和使用说明书的要求，对照车辆清单或装箱单进行检查与验收，仔细核对信息和配置，检查车辆性能，清点随车工具及附件等。重点检查汽车是否有缺件、损坏及制造质量等问题，如发现问题，应及时解决。

(一)信息核对

核对车辆型号、厂牌、出厂编号、车身(底盘)出厂编号以及发动机型号、出厂编号、排量、功率等信息是否与铭牌、使用说明书、购车合同(协议)等文件规定相符。

(二)配置核查

常规性装备、临时性装备应与《道路运输车辆燃料消耗量准入车型表》和技术合同等文件规定相符。要委托检测机构对车型参数及配置信息进行核查。核查项目及方法见表3-11。

燃料消耗量达标车型核查项目及方法 表3-11

序 号	核查项目	核查方法
1	车辆型号	车辆铭牌和行驶证上标称的型号
2	载客人数(含驾驶员)	实查客车座椅(卧铺)的总数量,含驾驶员和导游座椅
3	外形尺寸	按国家标准《汽车主要尺寸测量方法》(GB/T 12673)的规定实测
4	整备质量	实测
5	总质量	车辆铭牌上标称的质量
6	发动机型号	发动机铭牌上标称的型号
7	底盘型号	底盘铭牌上标称的型号
8	驱动形式	实查,如:4×2、4×4、6×2、6×4、8×4等
9	轮胎规格	实查
10	货箱栏板内尺寸或容积	普通栏板车、厢式车、仓栅车、蓬式车、自卸车等实测尺寸,罐式车按罐体铭牌核查容积
11	牵引座最大允许承载质量	半挂牵引车铭牌和《整车出厂合格证》上标称的鞍座最大允许总质量
12	准拖挂车总质量	半挂车牵引车《行驶证》和车辆铭牌上标称的准牵引总质量

(三)外观及运行检查

重点检查发动机的起动性能、怠速运转性能、运转状况及整车的起步加速情况、挡位操作情况、转向轻便性、制动稳定性等。并认真清点备胎、灭火器、千斤顶、三角警示牌、扳手、钥匙及其他标明的各项附件。检查项目可参照表3-12进行。

新车验收检查项目表 表3-12

序号	检查项目		检查结果	备注
1	外观	检查车身是否周正,是否有异常损伤情况	是□ 否□	
2		检查车身及附件是否齐全完好	是□ 否□	
3		检查车门和车窗是否开启正常	是□ 否□	
4		检查灯光系统是否工作正常	是□ 否□	
5		检查轮胎气压是否正常,轮胎螺母(栓)是否紧固	是□ 否□	

续上表

序号	检 查 项 目		检 查 结 果	备 注
6	发动机部分	检查机油是否足够	是☐ 否☐	
7		检查冷却液及防冻液是否足够	是☐ 否☐	
8		检查冷却风扇是否工作正常	是☐ 否☐	
9		检查制动、离合器、辅助转向等液压系统油量是否足够	是☐ 否☐	
10		检查变速器油量是否足够	是☐ 否☐	
11		检查风窗玻璃清洗液是否足够	是☐ 否☐	
12		检查蓄电池电压是否正常	是☐ 否☐	
13		检查点火系统是否工作正常	是☐ 否☐	
14		检查加速踏板是否正常工作	是☐ 否☐	
15		检查发动机怠速是否稳定、有异响	是☐ 否☐	
16		发动机停转或停车后,检查发动机各部是否有漏油、漏水	是☐ 否☐	
17	整车性能	转向盘是否转动灵活,操纵方便	是☐ 否☐	
18		离合器工作状况是否正常	是☐ 否☐	
19		滑行性能是否正常	是☐ 否☐	
20		制动性能是否有效	是☐ 否☐	
21		高速行驶稳定性是否正常	是☐ 否☐	
22	车内部分	检查电动窗、后视镜、门锁等的工作情况是否正常	是☐ 否☐	
23		检查仪表盘是否完好无损	是☐ 否☐	
24		检查座椅是否齐全有效	是☐ 否☐	
25		检查刮水器系统是否工作正常	是☐ 否☐	
26		检查空调系统是否工作正常	是☐ 否☐	
27		检查安全带是否配备齐全,功能是否有效	是☐ 否☐	
28		检查制动踏板、离合器踏板位置是否正确	是☐ 否☐	
29		检查驻车制动手柄位置、变速器挡位是否正确	是☐ 否☐	
30	附件清点	备胎、灭火器、三角警示牌、千斤顶、扳手	有☐ 无☐	
31		钥匙	有☐ 无☐	
32		其他标明的各项附件	有☐ 无☐	

二、建立车辆技术档案

运输企业原则上在办理完车辆注册登记和营运手续后 5 个工作日内要建立车辆技术档案,新车未建档或档案不完整,不允许运行。车辆技术档案格式见表 3-13 ~ 表 3-19。

车辆基本信息表 表3-13

<table>
<tr><td rowspan="10">基本情况</td><td colspan="5">车辆号牌信息</td><td rowspan="10">粘贴初次或变更《道路运输证》时，车辆正面偏右侧45度角的3寸彩色照片</td></tr>
<tr><td></td><td>车牌号码</td><td>颜色</td><td colspan="2">注册(变更)日期</td></tr>
<tr><td>首次核发</td><td></td><td></td><td colspan="2"></td></tr>
<tr><td>牌号变更1</td><td></td><td></td><td colspan="2"></td></tr>
<tr><td>牌号变更2</td><td></td><td></td><td colspan="2"></td></tr>
<tr><td colspan="5">道路运输证信息</td></tr>
<tr><td></td><td>业户名称</td><td>道路运输证号</td><td>经营范围</td><td>发证日期</td></tr>
<tr><td>初次登记</td><td></td><td></td><td></td><td></td></tr>
<tr><td>名称变更1</td><td></td><td></td><td></td><td></td></tr>
<tr><td>名称变更2</td><td></td><td></td><td></td><td></td></tr>
<tr><td rowspan="12">车辆配置及主要技术参数</td><td>车辆类型</td><td></td><td>厂牌型号</td><td></td><td>制造厂名</td><td></td></tr>
<tr><td>出厂日期</td><td></td><td>国产/进口</td><td></td><td>VIN(或车架)号</td><td></td></tr>
<tr><td>底盘型号</td><td></td><td>车辆外廓尺寸</td><td>mm</td><td>货箱内尺寸或容积</td><td></td></tr>
<tr><td>总质量</td><td>kg</td><td>整备质量</td><td>kg</td><td>准牵引质量</td><td>kg</td></tr>
<tr><td>核定载质量</td><td>kg</td><td>核定载客</td><td>人</td><td>发动机型号</td><td></td></tr>
<tr><td>发动机号码</td><td></td><td>发动机排量</td><td>L</td><td>发动机净功率</td><td>kW</td></tr>
<tr><td>排放标准</td><td></td><td>电池类型</td><td></td><td>驱动电机型号</td><td></td></tr>
<tr><td>电机功率</td><td></td><td>动力类型</td><td></td><td>车轴数量</td><td></td></tr>
<tr><td>轴距</td><td>mm</td><td>轮胎数/规格</td><td>/</td><td>行车制动方式</td><td>气/液/气-液</td></tr>
<tr><td>制动器形式</td><td>前轮：盘/鼓式
后轮：盘/鼓式</td><td>ABS</td><td>有/无</td><td>变速器形式</td><td>手动/自动
/手自一体</td></tr>
<tr><td>缓速器</td><td>有/无</td><td>空调系统</td><td>有/无</td><td>卫星定位装置</td><td>有/无</td></tr>
<tr><td>备注</td><td colspan="6"></td></tr>
</table>

注：1. 货箱内尺寸或容积：普通栏板车、厢式车、仓栅车、自卸车等填写货箱内尺寸，罐式车填写容积；

2. 电池类型、驱动电机型号和电机功率：纯电动汽车填写，其他车辆不用填写；

3. 排放标准：指国Ⅲ、国Ⅳ、国Ⅴ或其他排放阶段，纯电动车不用填写；

4. 动力类型：指汽油、柴油、纯电动、LNG、CNG、LPG或其他类型；

5. 请填写或选择有关信息，符合的请在选择项上以"√"表示。

车辆检测和评定登记表 表3-14

序号	检测/评定类别	检测/评定单位	检测/评定日期	检测有效期	报告编号	备注	登记人员
1							
2							
3							
4							
…							

注：1. 检测/评定类别指车辆安全技术检验、环保检验和综合性能检测(含技术等级评定和客车类型等级评定)；

2. 车辆技术等级评定、客车类型等级评定(复核)应在备注栏中予以注明技术等级、类型等级。

车辆维护和修理登记表　　表 3-15

序号	维修日期	累计行驶里程(km)	维修类别	修理内容	维修单位	合格证编号	登记人员
1							
2							
3							
4							
…							

注:维修类别指一级维护、二级维护、小修、大修或总成修理。

车辆主要部件更换登记表　　表 3-16

序号	更换日期	部件名称	型号规格	生产厂名称	部件编码	维修单位	登记人员
1							
2							
3							
4							
…							

注:主要登记发动机、离合器、车箱、驾驶室、转向器、变速器、前桥、后桥、车架及轮胎等部件的更换情况。

车辆变更登记表　　表 3-17

序号	变更日期	变 更 原 因	变 更 事 项	登记人员
1				
2				
3				
4				
…				

注:变更事项指车辆停驶、封存、启封使用、报废等变更情况,不包括车主名称、道路运输证号和车牌号的变更。

车辆行驶里程登记表　　表 3-18

序号	登记日期	当月行驶里程(km)	累计行驶里程(km)	登记人员
1				
2				
3				
4				
…				

注:行驶里程按月进行登记。

车辆机损事故登记表　　表 3-19

序号	事故时间	事故地点	事故性质	事故责任	车辆损坏情况	登记人员
1						
2						
3						
4						
…						

注：1. 事故性质指《生产安全事故报告和调查处理条例》规定的特别重大事故、重大事故、较大事故或一般事故；
2. 事故责任指全部责任、主要责任、同等责任、次要责任或无责任。

三、技术培训

新车投入使用前，车辆使用单位应组织驾驶员和维修工进行技术培训。驾驶员应熟悉了解该车型的使用性能、技术要求和日常维护知识，并能按照使用说明书要求进行操作，经考核合格后方能上岗。同时，应根据不同车型的季节特点，组织驾驶员学习机械安全，及防火、防潮、防冻、防滑等相关知识，正确使用好车辆；维修工应掌握车辆结构原理、技术性能、检测和维修方法等知识，并接受整车制造厂的专业培训。

四、配备附加装备

按照相关标准要求配备必要的附加装备和安全防护装置。在特殊运行条件下使用时，应根据需要配备保温、预热、防滑、牵引等临时性装备。

五、走合维护及其他相关事宜

(一)汽车在走合期内的使用特点

汽车走合是使汽车各配合机件通过逐渐磨合，达到良好配合的过程。汽车走合期内具有如下使用特点：

(1)零件磨损剧烈。

(2)润滑油易变质。

(3)连接件易松动。

(4)行驶故障多。

(5)油耗量高，经济性差。

(二)汽车走合期的使用规定

(1)保证走合里程。以汽车制造厂的规定为准，通常为 1000 ~ 2500km。

(2)减载。一般载货汽车按载重标准减载 20% ~ 35%。

(3)限速。通常发动机转速不超过额定转速的 70% 为宜。

(4)正确驾驶。合理控制车速，避免过大振动、冲击或急加速、急减速和急制动，严格控制水温，经常检查变速器、驱动桥和轮毂的温度。尽量选择质量比较好的行车路面，避免紧急制动，减少车身和动力系统的负荷。

(5)选用优质燃料、润滑油。

(6)加强维护。严格按照整车厂时间间隔或里程间隔要求做好维护工作。

(三)走合维护要求

走合前，应进行全面检查，并根据制造厂的规定进行清洁、润滑、紧固以及必要的调整。走合前维护要点：

(1)检查各部位的连接及紧固情况。

(2)检查冷却系是否有漏水现象。

(3)检查发动机、空气滤清器、变速器、后桥、转向器、制动器及各种助力装置的油液数量和质量，视情添加或更换，并检查各部位有无漏油现象。

(4)检查变速器各挡位接合情况。

(5)检查转向机构各部位有无松旷和发卡现象。

(6)检查和调整轮胎气压。

(7)检查制动有无跑偏和发咬等异常现象，若不符合要求应查明原因及时排除故障。

(8)检查灯光、电气和仪表工作状况。

走合中期维护要点：

(1)清洗发动机润滑系，更换滤芯。

(2)检查传动系各部件是否有发热或异响，若有异常应查明原因，予以调整或修理。

(3)检查制动管路的密封性，必要时加以调整和紧固。

(4)检查调整离合器踏板自由行程。

(5)按照汽车制造厂规定的里程检查或更换润滑油，如发现润滑油杂质过多或变质严重，还应缩短更换里程。

走合后维护要点：

(1)清洗润滑油道和集滤器，更换润滑油及“三滤”滤芯。

(2)清除燃烧室内的积炭。

(3)按规定紧固汽缸盖螺栓。

(4)按照汽车制造厂规定的里程检查或更换变速器、驱动桥、转向器的润滑油。

(5)紧固前后悬挂螺栓(满载时进行)。

(6)检查和调整制动系统。

(7)检查调整离合器踏板自由行程。

(8)检查、紧固和调整转向机构。

(9)按规定力矩检查底盘和传动部分的各部分连接。

(10)检查并紧固车身、车箱各部分的连接。

第四章　车辆安全与节能使用

车辆使用管理直接关系到运输安全,同时也影响到企业的经济效益和市场竞争力。相对于普通私家车而言,营运汽车具有使用强度大、运行环境复杂、年均行驶里程长的特点,只有加强使用管理,规范操作、正确使用、合理维护,才能保证车况良好。因此,运输企业应高度重视车辆的使用管理工作,制定适合本企业实际情况的行车安全保证制度和相关操作规程,以达到安全与节能使用、维持车辆技术性能的目的,最大限度地发挥汽车的使用性能,提高车辆运用效率。

第一节　车辆装载方法及要求

汽车在设计时各项性能指标都必须与其装载条件相适应,如果不按照规定装载,不仅会降低汽车的使用寿命,还会影响到汽车的安全行驶特性。汽车在运营过程中必须按照相关规定进行装载。装载质量应当符合车辆核定的载质量,载物的长、宽、高均不得违反装载要求。

一、客车装载要求

(一)车辆载人的规定

公路载客汽车不得超过核定的载客人数,但按照规定免票的儿童除外。在载客人数已满的情况下,按照规定免票的儿童不得超过核定载客人数的10%。

公路载客汽车乘员数按照以下方法核定,取其最小值。

(1)按成员质量核载:按照《客车装载质量计算方法》(GB/T 12428)确定。

(2)按坐垫宽核定:长条座椅按坐垫宽每400mm核定1人,单人座椅坐垫宽大于等于400mm时核定1人。

(3)按卧铺铺位核定:卧铺客车的每个铺位核定1人,驾驶人座椅核定1人,乘客座椅(包括车组人员座椅)不核定乘坐人数。

(二)车辆载物的规定

载客汽车除车身外部的行李架和内置的行李舱外,不得载货。载客汽车行李架载货,从车顶起高度不得超过0.5m,从地面起高度不得超过4m。

(三)牵引挂车的规定

小型载客汽车只允许牵引旅居挂车或总质量700kg以下的挂车,挂车不得载人;大型、中型载客汽车不得牵引挂车。

二、货车装载要求

(一)装载质量要求

货物装载要充分利用车辆的载质量和容积,汽车、挂车及汽车列车的最大允许总质量不得超过各车轴最大允许轴荷之和,且不得超过规定的最大设计总质量限值。禁止货运车辆违反国家有关规定超限、超载运输。

根据《关于在全国开展车辆超限超载治理工作的实施方案》(交公路发〔2004〕219号)的要求,所有车辆在装载时,既不能超过下列第1至5种情形规定的超限标准,又不能超过下列第6种情形规定的超载标准:

(1)二轴车辆,其车货总质量超过20t的。

(2)三轴车辆,其车货总质量超过30t的(双联轴按照二个轴计算,三联轴按照三个轴计算,下同)。

(3)四轴车辆,其车货总质量超过40t的。

(4)五轴车辆,其车货总质量超过50t的。

(5)六轴及以上车辆,其车货总质量超过55t的。

(6)虽未超过上述五种标准,但车辆装载质量超过行驶证核定载质量的。

装载完毕后,货车装载质量应使用计量衡器确定。不具备条件的,可按货物外包装的质量标记、件数或者按装载高度、货物密度计算确定。

(二)装载质量分布要求

1. 重心水平位置的要求

载货质量分布不均可能会出现部分较重物件超过最大允许轴承重的情况,造成车轴或钢板弹簧断裂、轮胎异常磨损、爆胎以及影响车辆的正常操控。比如,转向轴负载太重,会使车辆转向操作困难,而且会损坏转向轴和轮胎。但如果转向轴负载太轻,转向轴相应的附着力就会变差,转向轮就容易打滑。

货物装载时,要注意使货物质量尽可能均匀地分布于载货平面,且沿车辆纵向中心线均衡顺装,较重的物件尽量放置于货载平面的中部。若货物种类较杂,则应明确各物件的质量,平均分配装载质量。

装车后,货物重心的投影应尽可能位于货车地板纵、横中心线的交叉点上。特殊情况必须偏离时,横向偏离量不得超过100 mm;纵向偏离时,各车轴所承受的货物质量不得超过规定的轴荷限值,且各车轴承受质量之差不得过大。货物装载分布如图4-1所示。

2. 重心竖直位置的要求

车辆重心高度对安全行车来说也非常重要,重心越高意味着稳定性、安全性越低,特别是在转弯或者为躲避危险情况而急转向时容易造成翻车。

《道路交通安全法实施条例》明确规定:重型、中型载货汽车,半挂车载物,高度从地面起不得超过4m,载运集装箱的车辆不得超过4.2m,其他载货的汽车载物,高度从地面起不得超过2.5m。

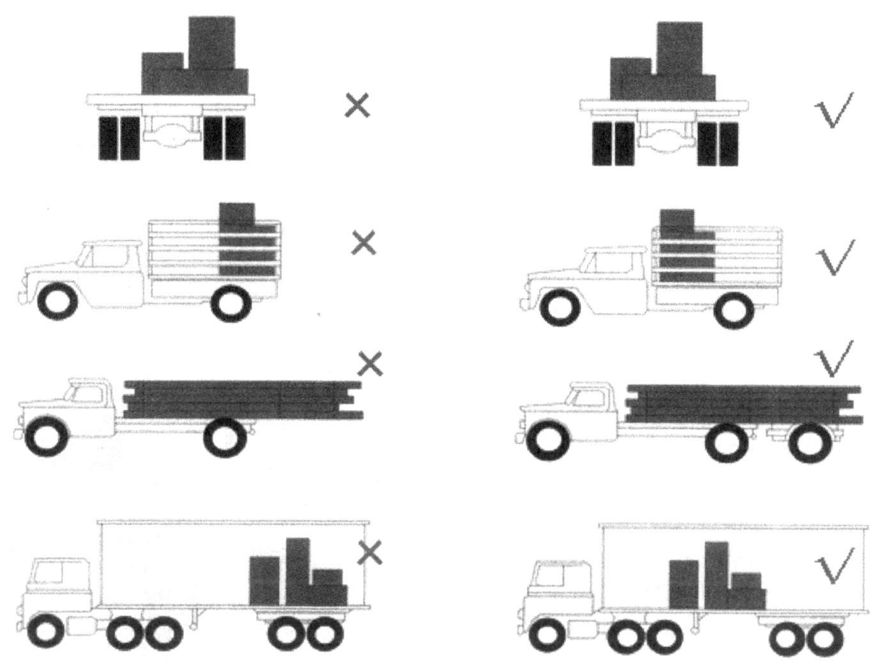

图 4-1　货物装载示意图

因此,装载货物时,应尽量使车辆的重心位置降低,通常来说,重心高度必须保证在车辆装载规定高度的 1/2 以下为宜。如果重心偏高,可以采取配重措施以降低其高度,但装载总质量(包括配重)不得超过车辆最大允许载质量。

货物装载后,整车重心可按照下式计算:

$$H=\frac{h_0Q_0+h_1Q_1+\cdots+h_iQ_i}{Q_0+Q_1+\cdots+Q_i} \tag{4-1}$$

式中: H——整车中心高度,mm;

h_0——空车重心高度,mm;

Q_0——车辆空载自重,kg;

$h_1,\cdots,h_i$——装车各件货物中心距地高度,mm;

$Q_1,\cdots,Q_i$——各件货物质量,kg。

总之,货物装载应均衡合理、稳定地分布在车箱底板上,不超载、不偏载、不集重,能够经受正常装卸作业以及运行过程中产生的各种力的作用,保证在运输全过程中,不发生移动、滚动、倾覆、倒塌或坠落等情况。

三、甩挂运输车辆装载要求

对于甩挂运输车辆,货物装载还应满足如下要求:

(1)货物宜靠车厢整层摆放,充满车厢整个承载平面,不同高度的货物应交错摆放。货物宜横向紧密摆放,质量相近的货物宜并排摆放。密度、质量较大的货物应优先置于下层位置,袋装货物扎口应朝向内侧。

(2)栏板式半挂车内的货物质心高度不宜超过侧栏板高度,装载后的货物在长、宽、高方向上不应超出半挂车车体。对于未标记外形尺寸、质量以及质心位置的托盘单元货载,装载前应测量其外形尺寸、质量,估算质心位置后确定摆放位置。

(3)载荷质量应符合车辆轴荷分配的相关要求,载荷分布应满足图4-2的要求。

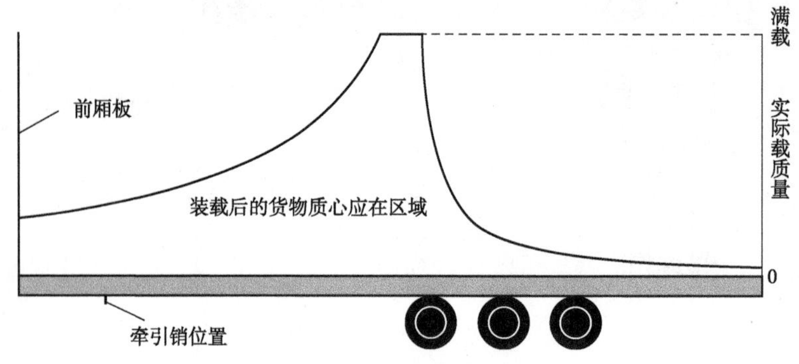

图4-2 某半挂车载荷布置规划图

(4)货物多层摆放但上层不能摆满时,宜将货物分区摆放,优先放置在靠近前厢板和(或)龙门架以及车轴前方附近位置。

(5)非托盘单元货载装载时,应根据其特点确定摆放位置。

(6)零散包装货物、轻泡货物与托盘单元货载混合运输时,轻泡货物宜放置于靠近车厢前厢板处,托盘单元货载宜置于靠近车厢厢门处。

(7)装载前应设计装载方案,估算货物总质量及质心位置,确保装载后的货物质心落在载荷布置规划图中的曲线下方。

四、拖挂运输要求

拖挂运输具有运输效率高、运输成本低,道路资源利用率高的优点,但拖挂运输也必须符合相关的安全管理规定。拖挂时应该注意以下几点:

(1)载货汽车、半挂牵引车拖带挂车时,只准许拖挂一辆。

(2)大型、中型载客汽车,低速载货汽车以及其他机动车不得牵引挂车。

(3)载货汽车所牵引挂车的载质量不得超过载货汽车本身的载质量。

(4)挂车的制动器、标杆灯、制动灯、转向灯、尾灯齐全。

(5)技术状况不良和走合期的汽车,不应拖挂。

(6)拖车空载不得拖带重载挂车。

(7)路况差的地方不宜拖挂。

五、故障汽车牵引要求

车辆遇故障、抛锚或交通事故不能正常行驶,需要拖曳的车辆,要遵守以下牵引规定:

(1)被牵引的汽车除驾驶员外不得载人,不得拖带挂车。

(2)被牵引的汽车宽度不得大于牵引汽车的宽度。

(3)使用软连接牵引装置时,牵引车与被牵引车之间的距离应当大于4m小于10m。

(4)对制动失效的被牵引车,应当使用硬连接牵引装置牵引。

(5)牵引车和被牵引车应当开启危险报警闪光灯。

(6)汽车吊车和轮式专用机械车不得牵引车辆。

(7)转向或者照明、信号装置失效的故障汽车,应当使用专用清障车拖曳。

六、超载运输的危害性

超载运输不仅对车辆、道路以及交通秩序产生影响,而且增加了交通事故发生的概率,加重了事故损害后果,极易造成灾祸性人员伤亡和财产损失。超载危害的最直接表现就是底盘变形、车辆正常性能被破坏,会导致轮胎爆胎、钢板弹簧折断、半轴断裂、制动失灵等现象。超载车辆在运输过程中会因为车辆运行过程中的颠簸、制动、转弯,出现货物散落遗撒现象,使其成为后面来车行车安全的最大威胁,这也使道路险情和安全隐患增多,从而极易诱发道路运输交通事故。

(一)超载对汽车寿命的影响

1. 对发动机使用寿命的影响

汽车超载后,发动机处于超负载工作状态,节气门开度长时间处于最大状态,进入汽缸的混合气量增多,燃烧后发出的热量增加,使汽缸壁、活塞、燃烧室和气门的温度和压力均大为增加,使它们的工作条件恶化,故障增多,可靠性下降。在炎热的季节行驶时,汽车低挡运行时间加长,发动机温度升高,使润滑油黏度下降,润滑条件变坏,因而增加曲轴连杆零件的磨损。另外,发动机经常在重负荷下工作,较高的气体压力将加速曲轴连杆颈和主轴颈以及轴承的磨损。汽车超载后,单位里程的发动机曲轴转数增加较多,可使发动机加快磨损,随着曲轴转数的增加,对发动机某些机件的磨损也发生影响,如分电器的融合、火花塞电极磨损加快。

2. 对传动系使用寿命的影响

汽车超载后,汽车总质量增大,起步阻力增大,空车起步时,离合器接合延续时间为0.5~25s,汽车超载后则在55s以上,甚至更长。因此,易引起离合器摩擦片温度升高,磨损加快;汽车超载也增加了车辆变速器、传动轴、主减速器和差速器内部齿轮传递的功率和转矩,超过了齿轮正常啮合能力范围,因此加剧了齿轮的异常磨损;由于汽车超载后,中间挡行驶时间加长,变速器中间挡的磨损较显著。

3. 对行驶系使用寿命的影响

汽车超载后,在不平坦的道路上行驶时,会增加行驶系的交变载荷,使车架纵、横梁承受的应力增大,通常会导致车架产生裂隙或紧固部位松动。冲击力也会使钢板的转矩和纵向推力增加,易引起后悬架连接螺栓松动,甚至钢板弹簧折断。此外,汽车超载后驱动力增加,使驱动轮打滑次数增多,轮胎磨损加重,易造成轮胎早期损坏,甚至可能会引起爆胎,引发交通事故。

4. 对汽车制动系使用寿命的影响

汽车超载后总质量增加,制动距离增大,制动器使用条件恶化,制动强度增加,从而会导致制动鼓、制动摩擦片的使用寿命降低,情节严重的会因为制动器温升过快,使制动鼓、制动蹄片和摩擦片材质变性甚至烧蚀。

(二)超载对汽车性能的影响

1.对动力性的影响

汽车超载后,汽车总质量增大,对汽车动力性影响很大。众所周知,汽车的后备功率愈大,汽车的动力性愈好。当汽车超载后,汽车后备功率不足已明显表现出来。另外,除空气阻力外,其他行驶阻力也都与汽车的总质量成正比,而动力因素与汽车总质量成反比,因此超载愈大,动力性就愈差,汽车行驶的平均速度也愈下降。

2.对制动性的影响

车辆超载运行,制动时将更多的动能转化为制动器摩擦片的热能,制动器摩擦片表面的温度会急剧上升,最高时可达到500~600℃。相关研究表明,当汽车超载200%时,制动器温升速度比核定载质量时快1.44倍,超载400%时,温升速度比核定载质量时快2.33倍。

频繁制动情况下会使制动器温升加剧,很容易出现制动热衰退现象,制动摩擦片的摩擦系数、制动力会随之下降,导致制动效能降低甚至失效,特别是在山区长下坡路段尤为明显。

制动器温度与摩擦系数、制动力的关系,见图4-3和图4-4。

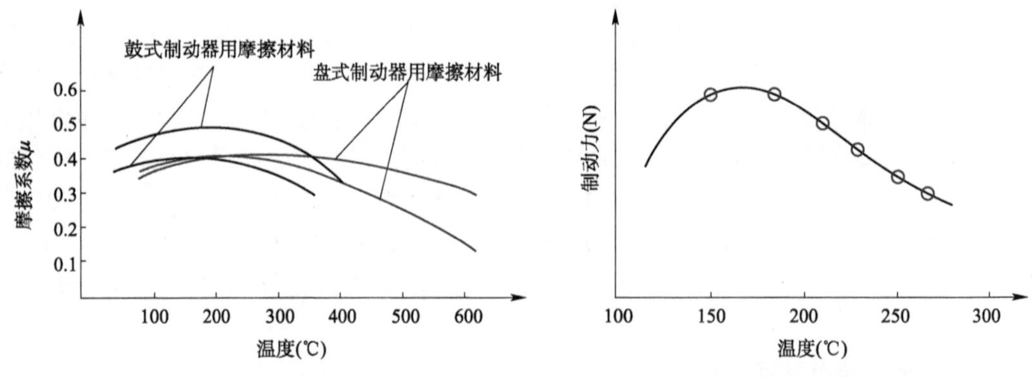

图4-3 制动器温度对摩擦系数的影响　　图4-4 制动器温度对制动力的影响

此外,超载会增加制动距离。超载增加了车辆惯性,制动距离会增长,紧急制动情况下,安全风险就越大。以5t双轴货车为例,以30km/h的制动初速度制动,超载量每增加1t,制动距离会增加1m以上。

3.对操纵稳定性的影响

汽车在行驶中,转向轮的稳定性是靠前轮定位参数来实现的,要想保证汽车具有良好的转向特性,必须要使用合适的轮胎,前后轴载荷分配合理,保证转向系的刚度,必要时还要保证适当的侧倾转向效果,因为过多转向会使汽车失去稳定性,故汽车都应具有适度的不足转向特性。超载常常会破坏上述保证稳定性的因素,从而破坏了汽车的转向特性。

目前,大多数货车都采用钢板弹簧非独立悬架结构。这种悬架结构的侧倾转向特性与钢板弹簧的弧高密切相关,而弧高又与钢板弹簧的载荷直接相关。因此,超载对汽车的侧倾转向特性影响较大。此外,前钢板弹簧的刚度较小,极易变形,通常为额定载荷下钢板弹簧趋于平直以保证悬架系统的运动特性对转向特性的调节效果,但超载使得这种调节效果消失。由于前钢板弹簧与前支架是位置固定的铰链连接,而后支架是与自由摆动的吊耳连接,因此,钢板弹簧变形后,其后端便随吊耳后移。前梁上平面向前转过一定的角度,这样就相当于主销后倾角减小，使得路面作用于车轮的稳定力矩减少，车轮易产生摆振。

4.对汽车排放性能的影响

超载车辆为了取得较大的牵引动力，常用低挡猛踩加速踏板行驶，会导致发动机负荷增大，发动机持续处于高温状态，进气温度较高，则混合气随温度升高而变浓，使得燃烧不充分，排气污染物浓度增大。当汽车超载后，汽车所受交变载荷过大，易引起齿轮、轮胎、车厢等噪声加大，危害环境。

第二节　车辆日常安全检查及实施规范

车辆日常"三检制"是驾驶员的基本职责。所谓车辆"三检制"是指驾驶员在车辆出车前、行驶中、收车后对车辆技术状况进行检查，以保证车辆技术性能时时受控。每项内容、每个环节都要检查到位，避免因车辆技术状况不良而影响行车安全或埋下事故隐患，每次检查，驾驶员应做好检查记录，发现问题和异常情况要及时报告。

一、汽、柴油车日常安全检查

(一)出车前检查

1.外观检查项目及方法

起动发动机前，驾驶员应确认驻车制动器操纵杆处于拉紧状态，然后按逆时针方向环绕汽车一周，检查汽车外表及外露部件的状况，检查项目及要求见表4-1所示。

外观检查项目及要求　　表4-1

检查项目	技术要求	操作要点	客车	货车	汽车列车
风窗玻璃	清洁、无裂痕、无破损	检视	√	√	√
车灯和反光器	齐全、完好、无破损	两人配合查阅灯光	√	√	√
转向横、直拉杆及球销	拉杆无裂纹和损伤，球销不松旷	检视，两人配合检查，必要时借助手锤轻轻敲击	√	√	√
行李舱及舱门	无松动，能正常开启和关闭	检视	√	×	×
蓄电池	液量符合要求、无漏液，电极接线柱固定牢靠，无腐蚀	检视	√	√	√
传动轴螺栓	齐全、无松动	检视，必要时借助手锤轻轻敲击	√	√	√
悬架系统	无断裂、无错位，挠度正常	检视，必要时借助手锤轻轻敲击	√	√	√
U型螺栓	齐全、无松动	检视，必要时借助手锤轻轻敲击	√	√	√
轮胎	气压标准、花纹深度符合标准、胎冠无严重磨损、胎侧无割裂伤	凭经验检视，必要时用气压表和深度尺测量	√	√	√

续上表

检查项目	技术要求	操作要点	客车	货车	汽车列车
轮胎螺栓	齐全、无松动	检视,必要时借助手锤轻轻敲击	√	√	√
备胎	齐全、无松动、无破损,气压标准	检视,必要时借助手锤轻轻敲击	√	√	√
轮毂	无裂纹、无变形	检视	√	√	√
制动管路	无漏气(液)	检视、听察	√	√	√
贮气筒	紧固、无漏气,放水开关完好	检视,查阅放水开关	√	√	√
燃油箱及油箱盖	紧固、箱盖完好、无渗漏、油量充足	检视	√	√	√
鞍座、牵引销、锁止机构	机件齐全、润滑良好、保险可靠,且鞍座与牵引销尺寸匹配	检视	×	×	√
牵引车与挂车连接制动管路和电路	连接正确、可靠,无断裂、无漏气、无老化	检视	×	×	√
侧、后防护装置	完好	检视	×	√	√
侧、后车箱栏板	完好、挂钩牢靠	检视	×	√	√
货物装载、固定	无偏载、无超高,固定牢靠,覆盖严实	检视	×	√	√
号牌	完好、清晰	检视	√	√	√

注:√——项目适用于该车型,×——项目不适用于该车型,下同。

2. 发动机舱检查项目及方法

在起动发动机前,打开发动机罩,对发动机舱内的检查项目及要求见表4-2。

发动机舱检查项目及要求 表4-2

检查项目	技术要求	操作要点	客车	货车	汽车列车
散热器及冷却液	无泄漏、冷却水量充足,液面在max、min刻度之间	检视	√	√	√
风扇传动带	松紧适当,无起皮、无脱壳、无破损	检视	√	√	√
润滑油	色清、无杂质、油量符合要求	检视,经验判断	√	√	√
制动液	充足,液面在max、min刻度之间	检视	√	√	√
风窗玻璃清洗液	液量充足,液面在max、min刻度之间	检视	√	√	√
可见线束	无松脱、破裂、老化	检视	√	√	√

3. 驾驶室及客车车厢检查项目及方法

在起动发动机前,驾驶员对驾驶室及客车车厢内的检查项目及要求见表4-3。

驾驶室内部检查项目及要求　　表 4-3

检查项目	技术要求	操作要点	客车	货车	汽车列车
安全带	能正常调节长度、锁止，无破损	检视安全带的卷收器、带锁扣作用	√	√	√
仪表	齐全、有效、指示准确	检视仪表	√	√	√
内、外后视镜	完好、清晰、调整得当	检视	√	√	√
车门	齐全、开启灵活、可靠	检视	√	√	√
转向盘	转向灵活，无卡滞、无窜动；最大自由转动量应不超过四指宽度	凭经验判断	√	√	√
制动踏板	踏板下无异物，自由行程符合要求	凭经验判断（自由行程一般不大于 15mm）	√	√	√
离合器踏板	踏板下无异物，自由行程符合要求	自由行程为 20 ~ 40mm	√	√	√
加速踏板	踏板下无异物	检视	√	√	√
驻车制动器操纵杆	拉紧、放松等有效	经验判断（一般不超过 5 齿，驻车有效）	√	√	√
变速器操纵杆	无松旷、有效	检视	√	√	√
缓速器操纵装置	有效	检视	√	√	√
灭火器	齐全、有效、便于取用	检视，查验灭火器有效期	√	√	√
危险警告标志	齐全	检视	√	√	√
安全锤	齐全、固定、便于取用	检视	√	×	×
行李架、扶手	完好、牢固	检视	√	×	×
应急门	齐全、开启灵活、可靠	检视	√	×	×
座椅	齐全、完好	检视	√	×	×
地板	平整、清洁、无破损	检视	√	×	×

4. 发动机起动后的检查项目及方法

起动发动机后，驾驶员在驾驶室内检查的项目及要求见表 4-4。

驾驶室内部检查项目及要求（起动发动机后）　　表 4-4

检查项目	技术要求	操作要点	客车	货车	汽车列车
发动机运转情况	运转平稳、无异响	启动发动机，察听发动机在怠速、急加速中有无不良的声响	√	√	√
冷却液温度	起动发动机数秒后，水温逐渐上升	检视	√	√	√
气制动打气压力	在规定时间内达到起步气压，逐渐上升到正常范围	检视	√	√	√
ABS 系统	ABS 系统指示灯亮起，并熄灭	检视	√	√	√
	对于挂车，左后方黄色信号灯不亮	检视	×	×	√
各种报警灯	均熄灭	检视	√	√	√

续上表

检查项目	技术要求	操作要点	客车	货车	汽车列车
刮水器	完好、有效,洗涤液能正常喷出,刮片能回到起始位置	检查刮水器动作及刮片停止位置	√	√	√
灯光	齐全、有效	两人配合检视各种灯光信号	√	√	√
喇叭	齐全、有效	检查	√	√	√
车载终端	完好、有效	检视(若未装配,则不检此项)	√	√	√

(二)行车途中检查

车辆运行过程中,驾驶员要随时看车上各种仪表,听察发动机的运转情况及底盘工作情况,辨识车辆是否出现异常状况。如出现下列情形,应立即在安全路段停车检查,并做好行车检查记录。

(1)仪表报警灯亮起时。

(2)车辆制动、转向、传动系统有异常或异响、异味时。

(3)操纵困难、车身跳动或颤抖、发动机水温异常时。

(4)发动机动力突然下降时。

(5)气压表(气制动)压力陡降或制动不良时。

(6)轮胎漏气或爆破。

(7)其他异常情况。

检查发现的问题应及时解决和排除,防止重大机件、火灾事故的发生,无法现场解决的,应主动及时报告或寻求救援。对检查仔细或处置得当而避免重大机械事故发生的驾驶员,应予奖励;对发现异常仍盲目、侥幸行驶的驾驶员,无论其是否构成事故,均应严肃处理。

中途停车休息时,驾驶员应逆时针绕行一周,检查汽车重点安全部件的状况,检查项目及要求见表4-5。

行车途中的检查项目及要求 表4-5

检查项目	技术要求	操作要点	客车	货车	汽车列车
汽车尾气	尾气为无色或者略带白色	检视	√	√	√
轮胎	气压标准、花纹深度符合标准、胎冠无严重磨损、胎侧无割裂伤	凭经验检视或用气压表和深度尺测量(必要时)	√	√	√
散热器	无泄漏	检视	√	√	√
燃油箱/盖	箱盖完好,无渗漏	检视	√	√	√
油底壳	无渗漏	检视	√	√	√
驱动桥壳	无渗漏	检视	√	√	√
轮胎螺栓	齐全、无松动	检视,必要时借助手锤轻轻敲击	√	√	√
半轴螺栓	齐全、无松动	检视,必要时借助手锤轻轻敲击	√	√	√
传动轴螺栓	齐全、无松动	检视,必要时借助手锤轻轻敲击	√	√	√
悬架系统	无断裂、无错位,挠度正常	检视,必要时借助手锤轻轻敲击	√	√	√
U型螺栓	齐全、无松动	检视,必要时借助手锤轻轻敲击	√	√	√
货物固定、覆盖	固定牢固,覆盖严实	检视	×	×	√

(三)收车后检查

收车后,驾驶员应检查汽车外露部件、车内安全设施及设备的状况,排除贮气筒积水及油污,剔除胎面嵌石,做好车辆例行保养和清洁工作,及时报修车辆故障,并认真填写车辆行驶记录,如实反映行车途中的安全问题,必要时报告车属单位和相关部门。具体检查项目及要求见表4-6。

收车后的检查项目及要求 表4-6

检查项目	技术要求	操作要点	大型客车	普通货车	汽车列车
轮胎	气压标准、花纹深度符合标准、胎冠无严重磨损、胎侧无割裂伤	凭经验检视或用气压表和深度尺测量(必要时)	√	√	√
散热器及冷却液	无泄漏,液面在max、min刻度之间	检视	√	√	√
燃油箱及油箱盖	箱盖完好,无渗漏	检视	√	√	√
油底壳	无渗漏	检视	√	√	√
驱动桥壳	无渗漏	检视	√	√	√
发动机皮带	松紧适当,无起皮、无脱壳、无破损	检视	√	√	√
轮胎螺栓	齐全、无松动	检视,必要时借助手锤轻轻敲击	√	√	√
半轴螺栓	齐全、无松动	检视,必要时借助手锤轻轻敲击	√	√	√
传动轴螺栓	齐全、无松动	检视,必要时借助手锤轻轻敲击	√	√	√
悬架系统	无断裂、无错位,挠度正常	检视,必要时借助手锤轻轻敲击	√	√	√
U型螺栓	齐全、无松动	检视,必要时借助手锤轻轻敲击	√	√	√
安全锤	齐全、标志明显	检视	√	×	×
行李架/扶手	完好、牢固	检视	√	×	×
座椅及安全带	齐全、完好	检视	√	×	×

二、CNG汽车日常安全检查

(一)出车前检查

CNG汽车专用装置出车前特殊检查项目内容见表4-7。

CNG汽车专用装置出车前检查项目及要求 表4-7

序号	作业项目	操作要点	技术要求
1	压力表	检视	压力表显示正常;降至规定值以下应立即加充CNG
2	管路	检视	各管件无漏水、漏气现象
3	发动机散热器	检视、补给	散热器冷却液充足
4	气瓶及固定支架	检视	固定牢靠、无损伤

(二)行车途中检查

CNG汽车专用装置行车中特殊检查项目内容见表4-8。

CNG 汽车专用装置行车中检查项目及要求　　表 4-8

序号	作业项目	操作要点	技术要求
1	压力表	检视	仪表显示正常
2	系统工作状况	检视。当发现 CNG 专用装置有过热、过冷、有异味时,应立即在安全路段停车关闭储气瓶截止阀,并及时报修	系统工作正常

(三)收车后检查

CNG 汽车专用装置收车后特殊检查项目内容见表 4-9。

CNG 汽车专用装置收车后检查项目及要求　　表 4-9

序号	作业项目	操作要点	技术要求	备注
1	车辆电源	检查	应关闭车辆电源	含出车前检查
2	阀门	检查	关闭各阀门	
3	气瓶仓与乘客厢隔板	检视	气瓶仓与乘客厢隔板无破损	

三、LNG 汽车日常安全检查

(一)出车前检查

出车前应首先观察 LNG 剩余量,并与前次收车记录相比,应无异常变化;LNG 剩余量低于规定值时,应立即加注。LNG 汽车专用装置出车前特殊检查项目内容见表 4-10。

LNG 汽车专用装置检查项目及要求　　表 4-10

序号	检查项目	操作要求	作业内容
1	气瓶及固定支架	检视	(1)气瓶表面无严重划伤、凹凸、裂纹等缺陷,以及异常冒汗或结霜; (2)气瓶、固定支架、紧固带等,应连接牢固
2	加液口、回气口	检视	(1)加液口、回气口应固定牢靠,保持清洁、无泄漏; (2)防尘盖应可靠有效
3	管路、卡箍	检视	(1)管路及接头密封完好; (2)管路、卡箍及螺母连接牢固; (3)管路与车辆其他部件无碰擦现象
4	安全阀	检视	安全阀连接牢固可靠,密封完好
5	截止阀、单向阀、过流阀、调压阀、低压电磁阀	检视	(1)各阀门表面清洁,密封完好; (2)各阀门连接牢固可靠
6	压力表、液位计	检视	(1)压力表、液位计指示正常; (2)压力表密封完好; (3)压力表安装牢靠
7	汽化器及循环水路、缓冲罐	检视	(1)汽化器、缓冲罐应保持清洁、安装牢固、无泄漏; (2)循环水路应无弯折、无泄漏
8	LNG 汽车标志	检视	LNG 汽车专用标志完好

(二)行车途中检查

车辆运行途中,驾驶员应随时观察车辆各系统的工作状况,若发现下列现象之一,应关闭出液截止阀,及时报修。

(1)管路有异响。

(2)气压变化异常。

(3)气瓶、管路或汽化器异常结霜。

(4)燃气泄漏报警。

(5)发动机动力陡降等。

(三)收车后检查

收车后检查应包括出车前检查的全部项目内容,同时还应检查气瓶专用装置防护罩是否处于关闭状态。收车后应关闭电器总开关和发动机,视情关闭气瓶截止阀,确定天然气供气系统无泄漏,查看并记录气表压力读数和液位量数值,待气瓶压力正常后方能离开。

夜间停车,应选择通风阴凉处,不宜停放在封闭的车库内。选择远离火源和热源处停车。

(四)LNG 车安全应急措施

1. 发生天然气泄漏的应急措施

如果发生轻微的天然气泄漏,应立即停车,关闭点火开关,将发动机熄火,开启应急灯。检查泄漏部位,并立即关闭储气瓶上的手动截止阀。

如因天然气管道破裂、卡套松脱造成天然气泄漏时,应立即靠边停车,开启应急灯,迅速关闭手动气瓶截止阀,切断电源;同时疏散人员,隔离现场,隔离火源。待泄漏气体扩散,对供气系统进行检查,确保无着火隐患后,方可将车转移到维修厂进行检查和维修。

2. 发生 LNG 车自燃时的应急措施

如果 LNG 车发生自燃,应立即靠边停车,迅速按动仪表台上灭火弹起动按钮,迅速关闭点火开关,切断电源,迅速关闭气瓶截止阀;同时疏散人员,隔离现场。

使用干粉灭火器进行灭火。严禁用水喷向泄漏的 LNG,这会引起 LNG 的大量蒸发而加大火势。

3. 发生碰撞、着火时的应急措施

如发生交通事故,应立即停车,开启应急灯,检查气路是否受损;如受损应关闭点火开关,切断电源,关闭气瓶截止阀,同时疏散人员,隔离现场,隔离火源,保护现场。

如着火,应立即停车,立即按动仪表台上灭火弹起动按钮,关闭点火开关和气瓶截止阀,同时疏散人员,隔离现场,保护现场。

用干粉灭火器进行灭火。

如气瓶截止阀无法关闭。立即疏散人员,隔离火源,保护现场,严禁烟火,尽快向有关部门报告,以便应急处理。

4. 高速公路上车辆抛锚的处置

LNG 车在高速公路上抛锚,必须在车后方 150m 以外做好警示标志,快速把旅客转移到高速公路护栏外侧,并做好相关防范措施,防止次生事故的发生,并报警施救。

切记不得在高速公路停车检修。

四、纯电动汽车日常安全检查

(一)出车前检查

出车前,电动系统专用装置特殊检查项目内容见表4-11。

电动系统专用装置日常检查要求 表4-11

<table>
<tr><th>序号</th><th colspan="2">作业项目</th><th>操作要点</th><th>技术要求</th></tr>
<tr><td>1</td><td colspan="2">仪表</td><td>检查仪表工作状态</td><td>(1)仪表工作正常,字迹清晰或指示准确;
(2)信号装置报警功能正常</td></tr>
<tr><td>2</td><td colspan="2">驱动电动机离合器</td><td>(1)检查离合器工作状况;
(2)检查离合器电控系统</td><td>(1)离合器应分离彻底,不发抖、不打滑;
(2)离合器电控系统表面清洁,线路插件应连接良好</td></tr>
<tr><td rowspan="4">3</td><td rowspan="4">动力蓄电池组或超级电容组</td><td>壳体</td><td>(1)检查外观;
(2)检查紧固情况</td><td>(1)壳体应清洁、干燥、完好、无损坏;
(2)壳体固定支架应牢固,无松动</td></tr>
<tr><td>散热系统</td><td>(1)检查风扇工作状况;
(2)检查进风软管状况及固定情况;
(3)清洁防尘网</td><td>(1)风扇应工作正常,无老化、损坏;
(2)壳体进风软管应无破裂、凹痕,卡箍牢固;
(3)防尘网应清洁,无杂物</td></tr>
<tr><td>预热系统</td><td>(1)检查工作状况;
(2)检查外观;</td><td>(1)预热系统应工作正常;
(2)表面应清洁、干燥、完好、无损坏</td></tr>
<tr><td>管理系统</td><td>(1)检查模块插件固定情况;
(2)检查系统工作状况</td><td>(1)模块插件应插接牢固、无腐蚀;
(2)管理系统数据显示应正常</td></tr>
<tr><td rowspan="2">4</td><td rowspan="2">低压电气控制系统</td><td>低压电气控制器</td><td>(1)检查工作状况;
(2)检查固定情况;
(3)用风枪或毛刷进行清洁</td><td>(1)控制器应工作正常;
(2)控制器应连接规范、安装牢固;
(3)散热器、电线插头等应清洁、干燥</td></tr>
<tr><td>冷却风扇</td><td>(1)检查线路连接情况;
(2)检查固定情况;
(3)清洁外观</td><td>(1)线路插件应连接良好;
(2)风扇机体应牢固;
(3)风扇表面应保持清洁</td></tr>
<tr><td rowspan="2">5</td><td rowspan="2">高压电气控制系统</td><td>驱动电动机</td><td>(1)清洁外观;
(2)检查线路连接情况;
(3)检查固定情况;
(4)检查工作状况;
(5)检查冷却系统</td><td>(1)电机表面应清洁、干燥;
(2)线路插件应连接良好;
(3)电机安装支架及减振垫应完好、牢固;
(4)电机运行时,应无异常振动和噪声;
(5)电机冷却系统应工作正常,无泄漏,冷却液充足</td></tr>
<tr><td>发电机</td><td>(1)清洁外观;
(2)检查线路连接情况;
(3)检查固定情况;
(4)检查工作状况;
(5)检查冷却系统;
(6)检查皮带工作状况</td><td>(1)电机表面应清洁、干燥;
(2)线路插件应连接良好;
(3)电机安装支架及减振垫应完好、牢固;
(4)电机运行时,应无异常振动和噪声;
(5)电机冷却系统应工作正常,无异常温度变化;
(6)电机皮带应无松弛、老化现象</td></tr>
</table>

续上表

序号	作业项目		操作要点	技术要求
5	高压电气控制系统	高压电气控制器	(1)检查工作状况; (2)检查固定情况并紧固; (3)用风枪或毛刷进行清洁	(1)控制器应工作正常; (2)控制器应连接规范、安装牢固、接地良好、插头紧固; (3)散热器、电线插头应清洁、干燥,控制器仓进、出风道应保持通畅
		主开关	检查工作状况	主开关功能正常,通、断状态良好
		断路器	(1)检查断路器规格; (2)检查固定情况	(1)断路器规格应符合要求; (2)断路器应接线牢固,无松动
		变频器	(1)检查固定情况; (2)清洁外观	(1)变频器应接线牢固; (2)变频器应保持清洁、干燥
6	线束及充电插孔		(1)检查工作状况; (2)检查固定情况; (3)清洁充电插孔	(1)电线、电缆应无松散、破损、老化现象,且绝缘性能良好; (2)线束捆扎合理,安装牢固; (3)充电插孔应清洁,并接插牢固

检查时发现仪表显示屏上出现故障报警信息,应及时报修。检查时发现动力蓄电池组(或超级电容组)不足,应及时充电。检查完毕应关闭设备舱门。

(二)行车途中检查

车辆运行途中,驾驶员应注意观察车辆仪表显示屏的工作状况,发现故障报警信息应及时报修。

(三)收车后检查

收车后检查应包括出车前检查的全部项目内容,检查时发现动力蓄电池组(或超级电容组)剩余电量不足,应及时充电。检查设备舱门应处于关闭状态,舱门锁应完好、有效。

第三节　车辆安全驾驶与节能操作

驾驶员作为“人-车-路”道路运输体系中的重要组成部分,其驾驶行为直接关系到道路运输安全与节能减排。相关统计数据表明,驾驶员安全意识薄弱、交通违法行为和不规范驾驶操作都是引发交通事故的重要原因。有相关研究表明,驾驶员驾驶习惯对汽车的燃油消耗量影响范围达30%,即使是同在专业运输车队的驾驶员中,不同驾驶习惯也会导致汽车燃油消耗量相差2%~12%。因此,全面提升驾驶员队伍的操作水平和驾驶技能,对确保汽车安全运行、降低运行消耗、减少环境污染都有非常重要的意义。

一、一般条件下的安全驾驶与节能操作

(一)发动机起动及预热操作

汽车在起动发动机时,应将变速器置于空挡位置(自动变速器应置“P”或“N”挡),踩下

离合器踏板(自动变速器汽车踩下制动踏板),打开点火开关至起动位置,发动机顺利起动后立即松开,点火开关在起动位置不得超过10s,启动过程中不应踩加速踏板。

环境温度低于5℃时,需开启预热装置配合启动的,应先开启发动机预热系统,预热指示灯亮约3min后,再进行起动。若发动机不能稳定运行,可停止发动机运行3min后,再重复上述操作(电控发动机有自动预热功能)。国III以上的柴油发动机起动前,应先将点火开关置于通电状态,经5~10s的系统自检后,再行起动。

发动机起动后,应进行车辆预热。通常来说,非增压发动机起动后,保持发动机怠速运转不超过1min再起步,增压发动机怠速运转时间可适当延长(不得超过5min为宜),使增压器轴承和旋转机件得到充分的润滑;在冬季气温较低时,发动机预热时间应适当延长,使发动机冷却液温度达到40℃左右再起步。怠速预热期间,驾驶员不要踩加速踏板使发动机高速空转。

在发动机预热、汽车起步后,应先以20~40km/h速度行驶1~2km,使车辆底盘得到充分预热后再以正常速度行驶;在冬季温度较低时,低速行驶的距离应适当延长至3~4km。

(二)起步操作

车辆起步时,应首先开启左转向灯,观察周边交通情况,确认安全后方能起步。

平路起步时,对手动变速器的汽车,驾驶员要掌握好松抬离合器踏板和踩加速踏板的要领:

(1)左脚完全踩下离合器踏板,将变速器操纵杆置于"1"挡(部分大型车辆轻载时,可置于"2"挡)。

(2)松开驻车制动,左脚先稍快松抬离合器踏板,待离合器处于半联动位置时(传动机件稍有振抖、发动机声音略有变化),右脚轻踩加速踏板,同时左脚再缓抬离合器踏板,直至汽车平稳起步后,左脚移离离合器踏板。

自动变速器汽车,驾驶员应将变速器操纵杆置于"D"挡,松开驻车制动,右脚轻踩加速踏板,汽车平稳起步。

手动变速器汽车,上坡起步时,驾驶员操作驻车制动器、离合器踏板和加速踏板的动作要相互配合得当:

(1)左脚完全踩下离合器踏板,将变速器操纵杆置于"1"挡;

(2)拉紧驻车制动,右脚轻踩加速踏板提高发动机转速(坡度越大,需提高的转速越高),这时松抬离合器踏板到半联动位置;

(3)当听到发动机声音发生变化时,缓缓放松驻车制动,同时逐渐踩下加速踏板和缓抬离合器踏板,直至汽车平稳起步后,左脚移离离合器踏板。

自动变速器汽车,驾驶员应将变速器操纵杆置于"D"挡或爬坡挡;右脚逐渐踩下加速踏板的同时,放松驻车制动,汽车平稳起步。

(三)换挡操作

驾驶员应根据发动机动力、行车速度、道路条件、道路环境等选择合适的挡位,通常来说,汽车起步、上坡、通过障碍及交通情况复杂路段,应使用低速挡;汽车通过弯路、桥梁、一般坡道等路段,应使用中速挡;道路条件好、车流量少的路段,应尽可能使用高速挡。手动变速器挡位选择应遵循以下原则：

（1）尽量选择高挡位，使发动机在经济转速（一般汽油发动机经济转速为2000～2500r/min；柴油发动机经济转速为1200～1500r/min）区域内的较低转速下运转；

（2）当踩加速踏板加速不明显或发动机的转速高于经济转速区域时，及时选择升挡；

（3）发动机的转速低于经济转速区域、发动机声音变得沉闷或者车体出现抖动时，迅速选择降挡。

手动换挡时，应动作迅速，减少空挡转速损失，操作要求如下：

（1）汽车换挡变速踩下离合器踏板时，应及时抬起加速踏板；当抬起离合器踏板，离合器尚未完全接合时，不要急踩、猛踩加速踏板，否则发动机会高速空转，浪费燃料。

（2）升挡时，应自低挡位逐级换入高挡位，做到及时、准确。

（3）降挡时，可根据预期行驶速度、发动机保持在经济转速区域内运转等，越级换入合适的低挡，做到及时、准确。

（4）变换挡位时，不应低头看挡，不应出现齿轮撞击、越级升挡等情形。

（四）加速操作

加速的方式有两种，包括急加速和缓加速。急加速比缓加速时的燃油会增加30%以上，且会造成机械结合部冲击力增大，加快磨损程度，不利安全行车。

汽车在平路行驶过程中，驾驶员踩下加速踏板的最大限度应不超过加速踏板最大行程的3/4；汽车在上坡道路行驶过程中加速，如果已踩下加速踏板最大行程的3/4而发动机转速不能相应增加，驾驶员应迅速变换低一级挡位后重新加速行驶。

驾驶员踩下加速踏板的速度，以发动机的声音增高较柔和、转速平稳增加为宜。当发动机出现“闷”的吼声，说明加速过量，应稍抬加速踏板。加速踏板由初始位置踩至3/4行程位置的时间应控制在3～4s。

（五）减速操作

发现危险情形需要减速时，驾驶员可以采取以下减速操作方法：

（1）平路行驶预见到危险时，驾驶员将右脚迅速从加速踏板上移开，充分利用发动机阻力减速。电控发动机带有自动断油功能，带挡滑行比空挡滑行时更为省油，而且更为安全，因此滑行减速必须是带挡滑行，禁止使用空挡滑行和使用发动机熄火滑行减速。

（2）遇见到前方有障碍、转弯、会车、红灯等需要减速的情况时，抬起加速踏板，离合器保持结合状态，变速器保持在原档位，发动机保持在点火状态，依靠发动机对汽车的阻滞力减速滑行，必要时用行车制动器制动增加减速强度。

（3）在长而陡的下坡道行驶时，驾驶员应抬起加速踏板，使离合器保持接合状态，发动机不熄火，变速器操纵杆置于合适的挡位（坡度越大，挂挡位越低），根据速度情况使用行车制动器间歇制动控制车速。安装有缓速器的车辆，应充分利用缓速器减速。

（4）遇到紧急情况时，驾驶员应采用先急后松的方法进行制动，就是先急速踩下制动踏板，然后根据发生情况点的距离慢慢调整制动踏板，调节制动力。待情况解除后，换入合适的挡位后，再踩下加速踏板正常行驶。

(六)车速控制操作

汽车在正常行驶时,要根据道路状况、车辆载荷情况控制好车速,变速器应尽量置于最高挡位,保持在发动机经济转速区域内较低转速下等速行驶。

在预定速度下,保持好该状态时的加速踏板位置,使汽车等速行驶,尽量避免加速踏板位置来回变化。车速相对预期的速度上下变化,汽车油耗会增加。

汽车行驶的速度不超过道路通行的有关限速规定。车辆超过经济车速后,车速越快,车辆受到的空气阻力会急剧增大,燃油消耗量随之增加,而且超速行驶还会影响行车的安全。

遇到交通高峰时,尽可能"缓速行驶",这样比反复的"停车、起步"更省油。加速或减速时,尽量采用柔和的操作方式,避免急加速或急减速。

车辆行驶中遇有下列情形之一,最高行驶速度不得超过30km/h:

(1)进出非机动车道,通过铁路道口、急弯路、窄路、窄桥时。

(2)掉头、转弯、下坡时。

(3)遇雾、雨、雪、沙尘、冰雹、能见度在50m以内时。

(4)牵引发生故障的机动车时。

(七)转向操作

在汽车行驶过程中,驾驶员应尽量保持直线行驶,不频繁变更车道或来回转动转向盘。

转向时,应提前降低车速,提前50~150m开启转向灯(至少闪烁3次),避免突然变向或急转弯等。

变更车道时,驾驶员应在确认与前后左右的汽车处在安全距离的情况下,提前开启转向灯,夜间应变换使用远、近光灯,再次确认安全后,平稳地转动转向盘以较大的行车轨迹缓加速驶向另一车道。

(八)预见性驾驶操作

在城市内道路驾车,驾驶员要提前规划好出行路线,尽量错开车流高峰时段,避开繁华街道、学校、医院、平交路口等交通拥堵路段。长途行车时,驾驶员要选择公路等级高及距离短的行车路线,并有备用行车路线。

当遇到要主动减速或者预见性停车的情况时(如预见前方有障碍物、通过交叉路口、下坡、会车、预定地点靠边停车等),驾驶员要判断距离、车速,提前松抬加速踏板,依靠发动机对汽车的阻滞力减速滑行,必要时用行车制动器制动增加减速强度。

遇见上坡路段时,驾驶员要提前预测坡度、坡长,判断需用的挡位及速度,在坡前500m处轻微加速,在坡路时保持加速踏板位置,尽量靠汽车惯性冲到坡顶。感觉车辆无法冲到坡顶时,驾驶员要迅速降挡,保持发动机动力上坡,避免坡路途中停车或熄火。重载上陡坡时,驾驶员要提前换入低挡位,避免中途换挡。

保持适当的车距,可以使驾驶员有更多的反应时间,车辆更平稳的行驶,是安全、节能驾驶的基本前提。在普通公路上,跟车距离一般应大于汽车3s驶过的距离;在高速公路上,跟车距离一般应大于汽车4s驶过的距离。

(九)停车熄火操作

装配非增压发动机的汽车在路口停车等待通过、上下乘客、装卸货物等需要停车超过60s时,最好将发动机熄火;装配非增压发动机的汽车经过高速或爬长坡行驶后,应怠速运转30s以上后再熄火;装配增压发动机的汽车在高速行车后,不应立即熄火,应保持发动机怠速运转3min以上,待发动机充分冷却后再熄火。

车辆停驶时,应先关闭制冷空调,再熄灭发动机。停车时,应注意以下事项:

(1)要准确判断车辆停放的位置,尽量做到一次停车到位,减少停车时的移车次数。

(2)避免在上坡、积水、结冰或松软的路段上停车。

(3)手动变速器汽车,应将发动机熄火,将变速器操纵杆置于“1”挡(下坡路段停车时,应将变速器操纵杆置入“R”挡),拉紧驻车制动;自动变速器汽车,应将发动机熄火,将变速器操纵杆置于“P”挡,拉紧驻车制动。

(4)坡路停车时,应将车辆前轮适当转向安全的一侧(路肩、路侧山体),并用三角木垫在成斜对角的两侧轮胎下(上坡垫在轮胎的后侧,下坡垫在轮胎的前侧)。

(5)冬季中途停车时,尽量避免汽车发动机迎风停放。

(6)车辆停止使用的,应关闭电源总开关。

二、特殊路段条件安全驾驶操作

(一)通过桥梁时的操作

(1)车辆通过桥梁时,应注意桥头附近交通标志,遵守其规定,且与前车保持一定的安全距离,降低行车速度。

(2)遇到窄桥时,应尽量避免在桥头换挡、制动、会车和停车。

(3)通过漫水桥、便桥、浮桥以及一些简易桥梁时,应当停车观察,确认安全后,在引导下低速通过。必须让车上所有乘员下车步行通过,避免发生意外事故。

(4)通过有冰雹、泥泞的桥梁时,过桥前应对桥面情况进行勘查,必要时桥面铺垫一些防滑物品,而后选择桥面中间缓慢通过。

(二)通过隧道、涵洞时的操作

(1)通过隧道、涵洞前,应观察交通标志和标线的规定,重点注意检查装载高度是否在规定的范围之内;并按照标志要求提前降低车速,在距隧道入口50m处,应开启近光灯、示廓灯,按照标志要求鸣喇叭。

(2)驶入和驶出隧道、涵洞时,应预见到明、暗适应的危险,不要加速行驶。

(3)通过双车道隧道时,应靠右行驶,注意用灯光与来车交会,稳速通过,切忌抢行。

(4)在隧道、涵洞内与前车保持合适的跟车距离,不得随意停车。

(三)坡道路段行驶时的操作

(1)上陡坡路(观察到陡坡标志)时,驶入坡前提前换入合适的低挡位,在坡路时保持加速踏板位置；当发动机提供的动力不足时，应迅速降挡；驶近坡顶时，稍抬起加速踏板，控制上坡车速。

(2)下短而平缓的坡道时，应提前预测坡度、坡长。应抬起加速踏板，离合器保持接合状态，发动机不熄火；应根据速度情况使用行车制动器间歇制动控制车速。

(3)下长而陡的坡道(观察到连续下坡标志)时，应抬起加速踏板，离合器保持接合状态，发动机不熄火；应将变速器操纵杆置于合适的挡位(坡度越大，挂挡位越低)；应根据速度情况使用行车制动器间歇制动控制车速；装备有缓速器等辅助制动装置的汽车，应充分利用辅助制动装置减速。

(四)弯道路段行驶时的操作

通过弯道(观察到急弯路标志)时，应按以下要求操作：

(1)进入弯道之前，应根据弯道的状况提前降至合适的速度，观察弯道内的情况。

(2)通过右弯路段时，视线应以右侧路肩为参照，适当靠近道路中心线行驶转弯通过。

(3)通过左弯路段时，视线应以道路中心线为参照，靠近道路的右侧行驶转弯通过。

(4)在弯道内，应根据曲线的弯度及时转动转向盘，靠右行驶，不应借对向车道行驶。

(五)冰雪路面行驶时的操作

(1)需装上防滑链，平稳操作，会车时不要太靠近，要选择安全地段，提前避让，必要时停车让行；不要猛抬或急踩踏板，尽量利用发动机的牵阻作用减速。

(2)上坡时，应提前换入低速挡，上坡中避免换挡；下坡时，应尽量利用发动机的牵阻作用控制车速，必须使用行车制动器时，应在不踏离合器踏板的情况下，间断轻踏制动踏板。

(3)路面被雪覆盖后，应循车辙行驶，并利用道路两侧的树木、电杆和交通标志等判断行驶路线，握稳转向盘，尽量选择路中央或积雪较浅的地方慢行，如行车时间较长，要佩带有色眼镜，以防雪光伤眼。

(4)严寒天气需长时间停放车辆，应选择无冰雪的路面停车，必要时可清除车轮下的冰雪，以免轮胎与地面冻结在一起。如车胎冰结，则须挖开轮胎周围冻结的冰雪和冰土再行驶，切勿强行起步，以免损伤轮胎和传动机件。

(六)乡村土路行驶时的操作

(1)控制车速。雨天在有积水和泥泞的路段行车时，要稳住加速踏板，用中低挡通过。通过溜滑地段时，不得加减挡位变速和紧急制动。

(2)选择路面。路面上有坑洼、乱石时，应小心避让。在通过松软、泥泞积水路段时，应谨慎慢行，必要时下车观察，判明情况后方可缓缓通过。新开通的土路，若路面有车辙，应尽量沿着车辙行驶，不可盲目冒险。

(3)安全会车。跟车不得太近，以免前车扬起的灰尘或溅起的泥水遮挡视线。遇会车时，应注意观察路面，特别是久雨后不要太靠近路肩，必要时停车避让。

(4)预防侧滑。当前轮侧滑时，应稳住加速踏板，纠正方向。当后轮侧滑时，应将转向盘向侧滑方向转动,待后轮摆正后再驶回路中。遇下坡中后轮侧滑时,可适当点一下加速踏板,提高车速,待侧滑消除后再按原车速行驶。

三、紧急情况下安全驾驶操作

(一)车辆抛锚时的操作

(1)车辆抛锚时应保持镇定,尽可能将抛锚车辆移至道路或远离道路的右边允许停车的合适位置。如在高速公路上,尽量设法让车辆离开高速公路。

(2)按规定开启危险报警闪光灯,并在车后 50 ~ 100m 处设置警告标志,夜间还应同时开启示廓灯和后位灯。

(3)如在隧道中抛锚,应立即报告并寻求支援。

(二)车辆爆胎时的操作

(1)当轮胎发生爆胎时,应沉着冷静,避免急打转向或采取紧急制动。

(2)当已经察觉爆胎时,应尽力紧握转向盘,极力控制车辆直线行驶,如果已经产生转向,不要硬性校正转向盘。

(3)在控制住方向的情况下,轻踩制动踏板,不要过于紧张而采取紧急制动,应使车辆缓慢减速,待车速降到适当的时候,稳稳地将车辆停住。

(三)制动失灵时的操作

(1)在低速行驶的情况下,拉动驻车制动器操纵杆,同时打开危险报警闪光灯,并鸣笛警示其他过往车辆。

(2)在高速行驶的情况下,迅速换至低挡位,同时寻找安全的行驶路线,打开危险报警闪光灯,必要时利用路边的树木、栏杆等牢固的障碍物擦挂车体,使车辆减速。

(四)上坡溜滑时的操作

汽车在上坡中一旦失控下滑时,应尽力使用驻车制动和行车制动使汽车迅速停车。如果停不住,地形又复杂,应把车尾靠向路旁的障碍物或人工构造物以阻止车辆溜滑。

(五)汽车失火时的操作

(1)立即靠右停车熄火并迅速打开车门组织乘客撤离到安全地带,必要时指导乘客打碎车窗玻璃尽快逃生。

(2)找准火源点,运用灭火器灭火,并迅速报警。

(3)做好失火车辆油箱的防火防爆工作。若汽车失火危及周围群众或引起更大灾害时,应想办法将车辆驶至安全区域。

(4)对于 CNG、LNG 汽车应及时关闭所有与气、液相通的阀门。当阀门无法关闭或泄漏处无法堵塞时,切不可用水直接喷淋液体泄漏处,推荐使用干粉灭火器。

第四节　特殊条件下车辆安全与节能使用

一、低温条件车辆使用

(一)低温条件对汽车使用的影响

1. 发动机油黏度增大,发动机起动困难

由润滑油的黏温性所决定,低温条件下发动机油黏度增大,会导致曲轴转动阻力矩增大,曲轴转速降低,达不到起动转速。由于发动机的结构和试验条件不同,对发动机润滑油低温起动性试验结果颇不一致。如图4-5所示,黏度指数(*VI*)为100的SAE10W号发动机油起动的最低温度为-22~-27℃;SAE20W号发动机油起动的最低温度为-13~-22℃。单从发动机油因素来考虑,一般认为能使发动机起动的最大黏度为8000 mm^2/s。

2. 燃料雾化性变差,发动机起动困难

随着气温的降低,汽油的黏度和相对密度会增加,难以雾化,如图4-6所示。通常,当气温由40℃下降到-10℃时,汽油黏度会增加76%,相对密度会增加6%,使得汽油的流动性变差,又因为汽油在低温时表面张力增大,使其在油道中进气流速降低。另外,由于低温时发动机零件的吸热作用的影响,使混合气温度低,也影响燃料的雾化。

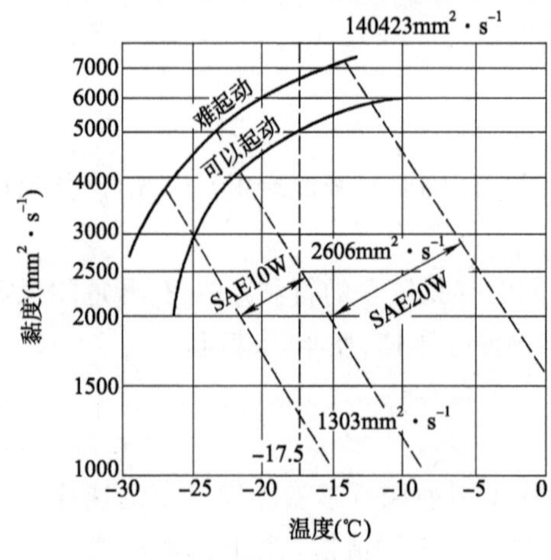

图4-5　发动机油的黏温性(*VI*=100)和最低起动气温的关系

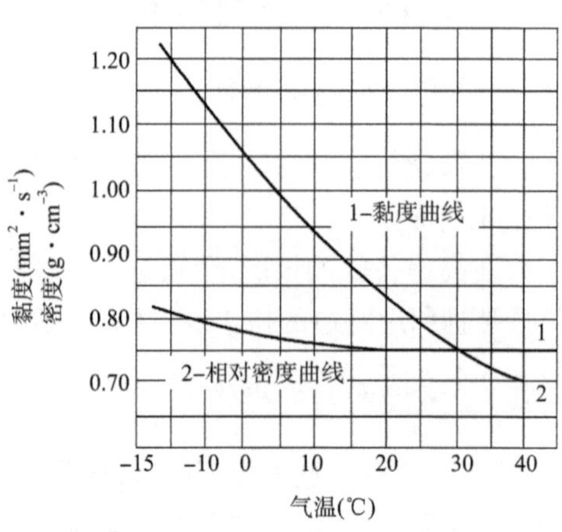

图4-6　汽油的相对密度、黏度与气温的关系

柴油机为压燃式,轻柴油的雾化性和汽缸压缩终点温度对其起动性影响很大。低温使轻柴油的黏度明显增大,引起雾化不良。低温还使汽缸压缩终点温度降低。为使柴油机容易起动,汽缸压缩终点温度应比轻柴油的自燃点高得多,而低温起动时曲轴转速低,难以达到这一要求,使柴油机起动更困难。

3. 蓄电池工作能力下降,发动机起动困难

对于蓄电池内电阻来说,电解液的电阻将随着温度的降低而显著增加,在温度降低时,隔板孔隙会缩小使硫酸通过困难,相当于电阻增大。同时,起动时电流很大。因此在低温情况下,端电压明显下降。另外,由于低温下电解液的黏度大,硫酸难以渗入极板内层,致使极板上的活性物质不能充分利用。所以蓄电池容量会随温度降低而显著减小。当气温从18℃降至-20℃时，温度每降低1℃，蓄电池容量就减少1%，使起动机功率大幅下降，火花塞跳火能量小。低温对蓄电池工作能力的影响如图4-7所示。

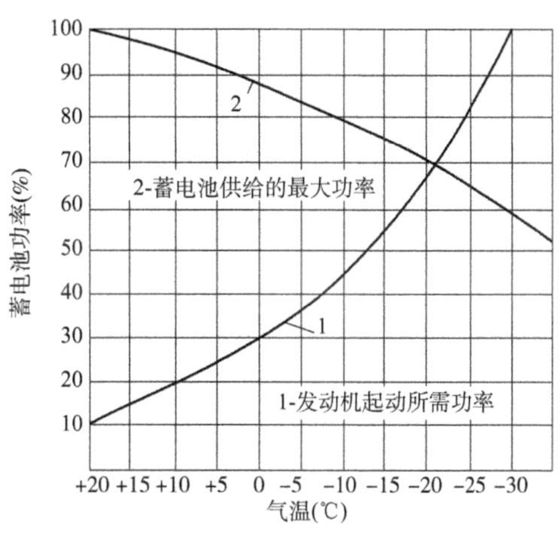

图4-7 低温对蓄电池工作能力的影响

4. 加剧总成磨损

汽车在低温条件下使用时，磨损强度增加。影响程度与结构特性和所用润滑油的黏温性等有关。有关资料表明，对于发动机一次起动的磨损值(特别是冷发动机)，相当于汽车在使用条件下，行驶8.6~72.5km的磨损值。

在低温条件下，车辆齿轮油的黏度也随温度降低而增大，当温度下降到一定程度后，向轴承供油的时间急剧增长，因此使齿轮、轴承等零件磨损加剧，甚至损坏。

5. 零件易损坏

在低温条件下，金属材料力学性能会发生变化，耐冲击载荷的强度下降，高碳钢等材质的零部件易变脆；轮胎等橡胶件会丧失弹性，受冲击载荷作用时易破裂，塑料制品在低温下易变脆出现裂纹。

6. 燃料消耗增加

由于低温燃料黏度增大，使发动机热状况不良，同时，由于润滑不良而使零件转动阻力增加。试验证明，气温在5℃以下，对汽车运行燃料消耗量便产生较大的影响，气温每降低10℃，燃料消耗增加3%~5%。

7. 行驶条件变差

由于冰雪路面附着系数小，汽车行驶易侧滑，制动稳定性会显著降低，增加了驾驶的心理负担和不安全因素。通常来说，冰雪道路车辆的制动距离是干燥路面的4~5倍，见表4-12。

不同附着系数状态下的理论制动距离(单位:m)　　表4-12

制动初速度(km/h)	干燥沥青路面	压实沥青雪面	融雪沥青路面	结冰沥青路面
30	4.7	10.1	14.2	17.7
40	8.4	18.0	25.2	31.5
50	13.1	28.1	39.4	49.2

在冰雪弯道路面上，由于横向附着系数变小，车辆的转向能力变差，会导致车辆侧滑。表4-13列出了车辆在不同弯道半径的临界安全车速。

不同弯道半径理论临界安全车速(单位:km/h)　　表4-13

弯道半径(m)	干燥沥青路面	压实沥青雪面	融雪沥青路面	结冰沥青路面
40	17.1	11.7	9.9	8.9
60	21.0	14.3	12.1	10.8
80	24.2	16.6	14.0	12.5
100	27.1	18.5	15.7	14.0

因此，车辆在冰雪路面行驶时，要合理控制好车速，严禁急加速、急减速和紧急制动。《道路交通安全法实施条例》规定，冰雪道路行驶车速最高为30km/h。

(二)低温条件下汽车使用防护措施

1.正确选择冬季燃料

柴油机应选择凝点低的轻柴油(根据当地气温条件确定柴油标号)，《车用柴油(V)》(GB 19147—2013)按凝点将车用柴油分为六个牌号，如表4-14所示。

不同牌号车用柴油的适用温度范围 表4-14

柴油牌号	5号	0号	-10号	-20号	-35号	-50号
适用最低温度范围(℃)	8	4	-5	-14	-29	-44

选用柴油牌号必须以保证柴油冷滤点高于使用环境的最低气温为原则，根据不同地区、气温和季节，选用不同牌号的柴油。

2.对发动机加装保温设施

对发动机罩和在散热器前加装保温套，使用保温套可使汽车在-30℃左右的气温下工作时，发动机罩内的温度仍保持在20~30℃之间。同时，停车后发动机主要部位的冷却速度为无保温套时的1/6左右。有条件的企业，收车后应尽可能将车停放在室内车库。

3.进行油电路的冬季调整

汽车在冬季使用时，要增加喷油泵的起动供油量，适当增加蓄电池电解液的密度，适当减小火花塞电极间隙，调整发电机调节器，增大发电机充电电流。

4.其他维护

(1)选择冬用黏度级或多黏度级的发动机油和车辆齿轮润滑油。

(2)换用低温性好的制动液。

(3)选择耐低温的润滑脂。

(4)按规定加注防冻液。

(5)对蓄电池进行合理维护、保温。

二、高温条件车辆使用

(一)高温条件对汽车使用的影响

1.发动机充气效率降低，功率下降

高温条件下进气温度升高，使新鲜充气量的密度降低，因此每循环实际进入汽缸内新鲜充气量减少，使发动机的充气系数减小，发动机功率下降。试验表明，当气温从15℃升高到40℃时，发动机功率下降6%~8%。

2.燃料消耗增加

气温升高，使空气密度减小，混合气变浓，导致汽车燃料经济性变差。进气温度与空燃比的关系如图4-8所示。

3.易产生不正常燃烧，导致机件损坏

汽车在高温条件下运行，发动机温度将会随着气温的增高而升高，使串入发动机的机油在高温缺氧的情况下积炭形成高温源，易使发动机产生早燃或爆燃。发动机爆燃时，汽缸磨损比正常燃烧时增加两倍多，严重时可使气门、活塞等零件损坏，如图 4-9 所示。

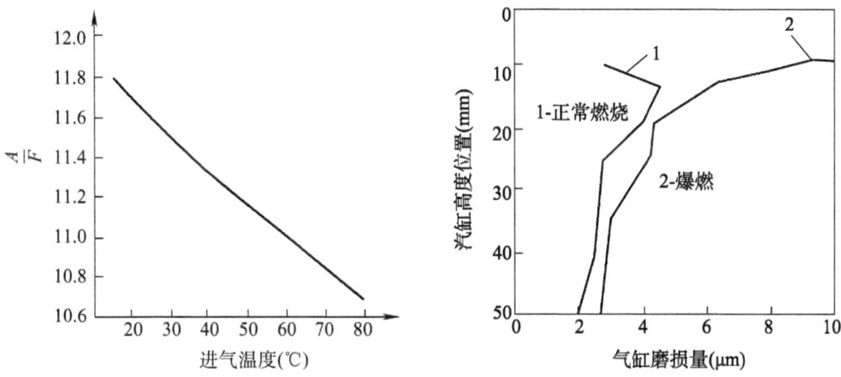

图 4-8 进气温度与空燃比 A/F 的关系

图 4-9 爆燃对发动机磨损的影响

此外，发动机温度过高时，发动机油的抗氧化安定性会变坏，加剧其热分解、氧化和聚合的过程，促进发动机油劣化变质。因此，高温条件下润滑不良，加剧发动机磨损。

4. 轮胎易损坏

汽车在高温条件下使用，轮胎常超过使用允许温度，胎压升高，胎体强度下降，致使胎面脱胶或胎体爆破。

(二)高温条件下汽车使用措施

1. 加强季节性维护

1)换用夏季燃料、润滑剂和其他工作液

汽油机选择饱和蒸气压小的汽油，柴油机选择凝点高的轻柴油；选用夏用黏度级或与最高气温相应的多黏度级润滑油；换用高温抗气阻性好的制动液；选择耐高温的润滑脂；加强空调系统维护，正确加注制冷剂。

2)进行油路、电路的夏季调整

适当推迟点火提前角；检查调整蓄电池电解液密度，保持电解液液面高度和通气孔畅通；调整发电机调节器，减少充电电流。

3)加强冷却系的维护，清除水垢

及时清除散热器和发动机体外表的灰尘和油垢，仔细检查冷却系的密封情况；检查风扇离合器和节温器的作用；检查调整风扇带的紧度，采取有效的措施清除冷却系水垢。此外，还要加强“三滤”(空气滤清器、燃油滤清器和机油滤清器)的维护；保持蓄电池、变速器和驱动桥通气孔的畅通；可适当缩短发动机油和车辆齿轮油的更换周期。

2. 防止发动机过热

行驶中要注意防止发动机过热，随时注意水温表的读数。如温度过高，要选择阴凉处停车降温，或打开发动机盖罩通风散热；发动机过热并缺水时，应在发动机急速状态下加水，或一面打开散热器和发动机放水开关，一面向散热器徐徐加入冷却水换去热水降温。在开启散热器盖添加冷却水时，要防止烫伤。不得在发动机高温下熄火加注冷却水。

3. 防止制动器过热

要注意监视制动效能，谨防制动轮缸皮碗(液压制动)膨胀变形和制动液汽化造成制动失灵的故障。长下坡要注意途中停车以自然降低制动器温度，保证制动效能良好。制动鼓温度过高时，切不可用冷水浇泼，以防制动鼓裂损。

4. 防止爆燃

选择汽油时，应保证或提高所要求汽油的牌号。当使用的汽油牌号较低时，可适当推迟点火提前角。汽车重载上坡前应选择适中的挡位，且防止加油过猛。

5. 防止爆胎

按照轮胎使用要求加气，经常性检查轮胎气压，发现胎温过高时(一般胎面部分烫手背为65℃左右，胎体内部即接近100℃)，应选择阴凉处停息，让其自然恢复正常，不可采取放气或泼冷水的方法降温、降压。

三、山区或高原条件车辆使用

(一)山区或高原条件对汽车使用的影响

1. 发动机动力性下降

随着海拔高度升高，气压降低，空气密度减小，使发动机实际充气量减少，导致发动机功率和扭矩下降。海拔高度对空气参数和发动机功率的影响见表4-15。

海拔高度对空气参数和发动机功率的影响 表4-15

海拔高度(m)	大气压降低(%)	空气密度减小(%)	发动机有效功率下降(%)
1000	11.4	9.1	11.3
2000	21.5	18.3	21.5
3000	30.8	25.9	30.8
4000	39.2	33.2	39.2
5000	46.7	40	46.7

注：发动机功率与平原调整相比。

2. 发动机燃料消耗量增加

汽车在山区或高原条件下使用时，空气密度下降，导致可燃混合气浓度变大，海拔高度每增加1000m，混合气浓度相对增加约5.6%。另外，随着海拔增高，进气管真空度会降低，将带来分电器真空点火提前装置作用滞后等弊病；因发动机功率不足，汽车经常用低挡、大负荷行驶，从而容易产生过热现象，导致机油变稀，润滑性下降。这些原因，都会引起油耗增加。有试验表明，海拔高度每增加1000m，油耗增加3%～7%。

3. 发动机排气污染物浓度改变

海拔高度影响混合气的空燃比，而空燃比是影响发动机排气污染物主要因素，所以海拔高度的变化对发动机排气污染物浓度也有影响。由图4-10可以看出，CO、HC的浓度随海拔升高而增大，而NO_x的浓度随海拔升高而减小。

4. 发动机冷却系的散热能力降低

随着海拔高度增加，大气压力降低，水的沸点也会降低，冷却水极易发生沸腾现象，蒸发量增大。同时,由于冷却水的沸腾和经常添加,冷却系易形成水垢,散热能力会降低。

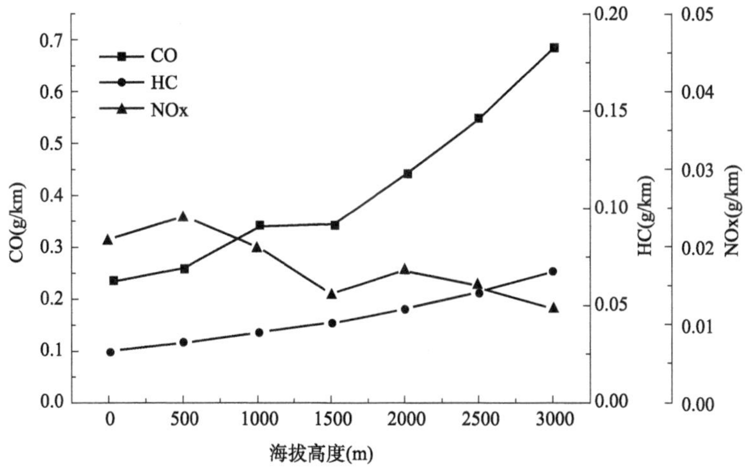

图 4-10　海拔高度对发动机排气污染物浓度的影响

5. 制动性能降低

对气制动的汽车,由于空气稀薄,空气压缩机的工作效率会下降。而在山区或高原地区制动频繁,耗气量会增加,使气压传动制动系工作不可靠;对液压制动的汽车,由于制动液经常处于高温状态,制动管路易产生气阻现象,会导致制动失灵,造成事故。

汽车在山区使用,需要经常制动减速,即使采用辅助制动措施,制动器也要长时间连续进行较大强度制动,才能控制车速,致使摩擦片和制动鼓(盘)经常处于过热状态,制动器温度通常会达到 300℃以上,有时甚至高达 500 ~600℃。在这种情况下,摩擦片的摩擦系数会急剧下降,严重时可能出现摩擦片碎裂或制动失效。

(二)山区或高原条件下汽车使用措施

1. 加强车辆维护

汽车在山区或高原条件使用时,道路复杂,制动、转向和变速器等工作频繁,应加强对制动系和转向系等的维护工作。要检查和调整空气压缩机带的紧度,检查和调整制动器间隙,用气压表或制动试验台检查制动阀等气动组件的技术参数,检测汽车制动性能;要定期检查转向盘自由转动量,若超过规定值,找到造成间隙过大部位,进行调整。

此外,还应加强发动机空气、机油和燃油滤清器的维护,提高供油、供气效率,对在山区或高原条件使用的汽车,应适当缩短维护周期。

2. 适当调整点火系和供油系参数

由于山区或高原条件会使汽车发动机混合气浓度增大,因此应适当调整供油量。

汽油车在山区或高原条件使用,不易产生爆燃,则可根据海拔高度适当增大点火提前角,柴油机供油提前角也应适当提前。

为了提高燃烧速度,促进充分燃烧,减少积炭生成,适当调节火花塞电极间隙,车况好的可增加 0.25mm 左右,车况较差的可增加 0.15mm 左右。

3. 采用增压设备

采用增压设备是改善车辆高原地区的动力性、经济性的有效方法。装有增压器的发动机,进气压力增大,进气量增加,改善了燃烧条件,使有效功率得到提高。发动机有效功率的增加,与增压压力基本上成正比。

4. 采用辅助制动器

辅助制动器有电力涡流制动器、液力涡流制动器和发动机排气制动器 3 种,前两种体积较大,结构复杂,多用于山区或矿用重型汽车上。发动机排气制动是一种有效而简便的措施,它在发动机制动的基础上,再在发动机排气管内装一个片状阀门,利用关闭发动机的排气通道来牵阻发动机的转速,以达到控制车速的目的。

5. 严格行车检查

出车前和途中停车休息时,应认真检查车辆转向、制动、车轮和传动部分以及装载物品的重心位置与捆绑情况。要随时注意制动器的工作状况。气压制动系的车辆要经常观察气压表读数;液压制动系的车辆要防止“气阻”,踩踏板“软弱”时,则须停车检查。要正确使用发动机辅助制动装置,严禁发动机熄火或空挡滑行。

严禁在坡道上停车,因故必须停车时,要拉紧驻车制动器并将发动机熄火;上坡停车挂低速挡,下坡停车挂倒挡。需长时间停车的用三角木垫住车轮。

第五章　汽车油品管理与使用

汽车油液包括发动机润滑油、制动液、防冻液等，其质量关系到运输安全，也关系到车辆的使用寿命和成本支出，车辆技术管理人员要正确了解各种油液的作用和特性，才能正确选购、保存和使用好各种油液，确保油品质量。

第一节　发动机润滑油使用要求

一、润滑油的作用及特性

(一) 润滑油作用

发动机润滑油，俗称“机油”，发动机中有诸多摩擦工作表面，如活塞和缸套、曲轴轴颈和轴承、凸轮和随动件等，这些部件工作时高速运转，又承受高压、高热负荷等苛刻环境条件，因此均需要借助适当的润滑作用，才能正常运转。发动机润滑油的主要作用如下：

(1)润滑减摩：在摩擦副表面建立油膜，减少摩擦阻力；

(2)冷却：通过循环将多余的热量带回油底壳散发；

(3)清洁：清洗零部件表面的油泥和漆膜沉积物，循环由机油滤清器过滤；

(4)密封：辅助活塞环密封，防止燃气窜入曲轴箱；

(5)防锈防蚀：中和燃烧酸性产物，并在金属表面形成氧化保护层，保护机械表面不受外界腐蚀；

(6)减振缓冲：分散发动机零部件的负荷，缓和活塞冲击，减少噪声。

(二) 润滑油特性

通常来讲，发动机润滑油要达到上述作用，需具备如下性能：

(1)适宜的黏度和良好的黏温性能；

(2)充分的清净分散性；

(3)优良的抗磨性；

(4)有效的酸中和性；

(5)良好的抗氧化及热安定性能；

(6)良好的抗泡沫性和优良的剪切安定性。

不同类型的发动机对润滑要求各不相同。与汽油机相比，柴油机内燃烧产生的烟灰、所用燃料的硫含量以及缸内温度都更加苛刻，需要专门的润滑油进行润滑。近年来新出现的醇类燃料的发动机、气体燃料的发动机也都对润滑油提出了专门要求。

(三)润滑油组分

发动机润滑油由基础油和添加剂按一定比例调配而成。

基础油是润滑油的主要组分,通常在润滑油产品中的比例达到80%以上,决定着润滑油的基本性质,基础油按其来源又可分为矿物基础油和合成基础油。添加剂则可弥补和改善基础油性能方面的不足,赋予某些新的性能,常用的有清净分散剂、抗氧抗腐剂、极压抗磨剂、油性剂、黏度指数改进剂、防锈剂、降凝剂、抗泡剂及抗乳化剂等。

二、润滑油的分类

发动机润滑油在国际上有两大通用的分类方法:

(1)质量等级分类。质量等级代表润滑油在防止氧化、抵抗磨损、控制排放、节约燃料等方面的综合表现,该分类方法源于美国石油学会(API),代号含义如下:

首字母"S"指汽油机油品种,如代号SE、SF、SG等;首字母"C"指柴油机油品种,如代号CD、CF-4等。

第二个字母或字母数字组合代表该品种的序列,字母越靠后,表明质量等级越高、润滑油性能越好。同时标注这两类代号的表明为汽柴通用机油,如SF/CH-4。

(2)黏度等级分类。黏度等级将润滑油按不同运动黏度指标进行划分,集中体现润滑油的黏温特性,如0W、15W、30、40等,该分类方法源于美国汽车工程师协会(SAE)。

黏度等级分类标准SAE J300标准定义了11级的黏度等级,分别为0W、5W、10W、15W、20W、25W、20、30、40、50及60,其中前6级是针对冬季使用的黏度等级(冬季级别),分级后的数字后会加上英文字母W,后5级对应称为夏季级别。

上述11级的任何一级,称为单级油,单级油仅在一种环境(冬季或夏季)下使用。多级油是冬季级别与夏季级别的组合,适用在高低温差大的环境(四季通用),也是市场上的主流产品。

发动机润滑油产品分类见表5-1。

发动机润滑油分类 表5-1

分类方法	分类依据	代号		范例
质量等级	综合性能	汽油机油以字母"S"为首字母		SE、SG、SM
		柴油机油以字母"C"为首字母		CD、CF-4、CI-4
黏度等级	黏温性能	单级油	冬季用,数字后加字母"W"	0W、10W、15W
			夏季用,以数字表示	30、40、50
		多级油	冬夏通用,上面两种代号组合	0W-30、15W-40

三、润滑油的选择

发动机润滑油品种纷繁复杂,除了前面讲的主要分类代号组合,国际上其他组织和地区也颁布了各自的品种代号,市面上常见的发动机润滑油品种见表5-2。

常见发动机润滑油品种　　表 5-2

地区及标准	汽油机油		柴油机油	
	质量等级	黏度等级	质量等级	黏度等级
中国国家标准《汽油机油》(GB 11121—2006)《柴油机油》(GB 11122—2006)	SE、SF、SG、SH、SJ、SL、GF－1、GF－2、GF－3	0W－20、0W－30、5W－20、5W－30、5W－40、5W－50、10W－30、10W－40、10W－50、15W－30、15W－40、15W－50、20W－40、20W－50、30、40、50	CC、CD、CF、CF－4(4 代表用于四冲程发动机)、CH－4、CI－4	0W－20、0W－30、0W－40、5W－20、5W－30、5W－40、5W－50、10W－30、10W－40、10W－50、15W－30、15W－40、15W－50、20W－40、20W－50、20W－60、30、40、50、60
API 1509 第 16 版－美国石油学会	SH、SJ、SL、SM、SN(2010 年 10 月发布)	除 25W－20 外其他等级	CF－4(2008 年 6 月取消)、CG－4(2009 年 8 月取消) CH－4、CI－4、CJ－4	除 25W－20 外其他等级
ILSAC－国际润滑剂标准化和批准委员会	GF－1(稍高于 SH)、GF－2(稍高于 SJ)、GF－3(稍高于 SL)、GF－4(稍高于 SM)、GF－5(稍高于 SN)	0W－30、0W－40、5W－20、5W－30、5W－40、5W－50、10W－30、10W－40、10W－50	—	—

在选择机油时,通常要注意以下几个方面:

(1)质量等级选择。要严格按发动机出厂说明书上规定的用油质量等级选油,质量级别应根据就高不就低的原则,可以选用高于要求的质量等级的油品,但不可选用低于要求的质量等级的油品。

若无法获知发动机说明书,可依据发动机使用年限、工作条件苛刻程度选择质量等级。通常,出厂年限较短、压缩比较高的汽油机,可选 SG、SJ 和 SL 系列油品,出厂年限较长、压缩比较低的汽油车,可选用 SF、SE 系列油品。高速高负荷增压等工作条件较苛刻的柴油机选择 CF－4、CG－4、CH－4,中负荷低增压等工作条件较缓和的柴油机选择 CD、CC 等产品。

(2)黏度等级选择。冬季黏度级别选择就低不就高,夏季黏度选择就高不就低,比如厂商推荐 10W/30,则可选用 10W/40 或 5W/50。再者根据发动机或车辆使用环境的温度范围,并考虑发动机的工况、新旧、磨损程度,选用合适黏度的机油。冬季或我国北方地区,根据环境气温和车辆情况选用 0W、5W、10W 等多级油;夏季或中国南方地区,应选用 15W/40、20W/50、50 等多级或单级油。

(3)特殊燃料车辆机油选择。以天然气、液化气、醇类为燃料的车辆,发动机燃烧热负荷更高,排放控制更严,对机油组分有特殊要求,一般选用专业机油,如天然气发动机机油、乙醇汽油机油等。

(4)通用机油选择。理论上通用机油能同时应用于两类发动机,但其所涉及的机型范围很窄,比较多的是轻型柴油车和汽油轿车的通用。机油选择上应优先考虑使用专用机油。

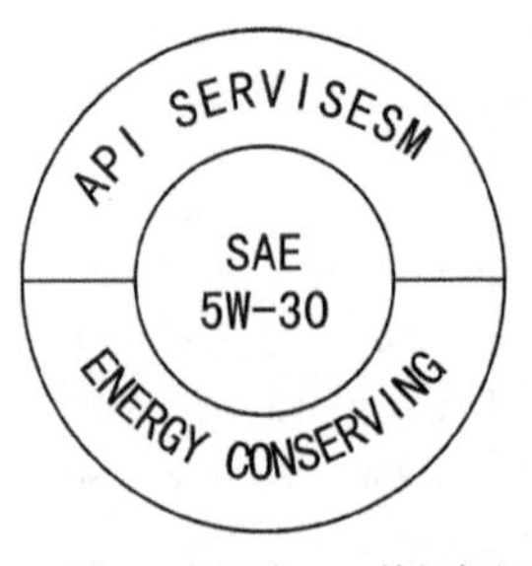

图 5-1 机油 API 等级标记

四、润滑油的质量鉴别

(1)包装。清晰标注机油的质量等级和黏度等级,正品机油一般还会标明适用车型、认证标记、注意事项等详细信息。美国对机油产品实行 API 认证,并且在全世界推广,国内有一些润滑油公司也通过其认证,相关信息可以在 API 官网上查询,通过 API 认证的机油产品质量相对可靠。美国机油 API 等级标记如图 5-1 所示。

(2)外观。颜色浅黄至深黄液体,透明均匀,无悬浮物、沉淀物等杂质,摇晃时流动性较好,有一定油状黏稠性。

(3)气味。一般机油气味较为温和,无特殊气味。如果有刺激性气味,尤其是燃油味重,有可能是回收油或劣质基础油配成。

(4)简易实验法。取一张干净的白色滤纸,滴油数滴,待润滑油在纸上扩散后,观察滤纸表面。若表面有黑色印迹,用手触摸有磨砂感,则说明润滑油里面含杂质较多,质量有问题;而好的润滑油扩散区域呈棕黄色,扩散区域无固体杂质痕迹。

五、润滑油的储存要求

合理储存机油,对保持机油品质非常重要:

(1)机油产品一般应储存在室内干燥通风处,避免阳光直晒,避免因环境温度过高或过低而导致油品变质。

(2)机油产品应与其他化学品分开储存,避免外界污染。长期储存时,灰尘、泥沙等杂质可能聚集在油桶盖上,开盖时应注意清洁,避免污染。

(3)应保持正确清楚的标识标签。长期储存可能导致油品标签模糊不清,应注意重新标注,避免出现取错油品的现象。

(4)机油具有可燃性,储存场所需具备完善的消防设施及工具。

六、润滑油的更换周期

合理选择换油期对保证发动机性能非常重要。换油周期过长会增加发动机的磨损,换油周期过短则会造成润滑油浪费,影响换油期的主要因素有:

(1)机油品质(基础油、添加剂性能及与基础油的匹配、加工工艺等);

(2)使用环境(如城市、山区、平原、矿区等);

(3)载重情况(轻载、重载);

(4)发动机工况(功率下降、油耗增加、烧机油等异常现象);

(5)燃料(如硫、胶质含量等);

(6)空滤、机滤质量及维护情况。

通常来讲,同一辆车在车况没有明显变化的情况下,同一品牌的机油,级别越高的,其更换周期可以延长,如 API SJ 级就可比 SG 级的机油换油里程适当的延长。质量级别较高的机油采用更优化的配方和高品质的基础油和添加剂,加上先进的调和工艺,使机油具有更加优异的抗磨性、抗腐蚀性、氧化安定等使用性能，机油在使用时不易老化变质，同时发动机也得到更好的保护。

更换机油需注意以下几点：

(1)根据车辆的行驶里程(或发动机的工作小时)确定换油周期。具体换油周期要依据车辆厂家说明书的要求或维护规定。世界主要汽车公司推荐的换油期见表5-3。

世界主要汽车公司推荐的换油期 表5-3

汽车公司(汽油机)	换油里程(km)	汽车公司(柴油机)	换油里程(km)
通用汽车	13000	马克	40000
福特	12000	沃尔沃	10000~100000
克莱斯勒	12000	康明斯	16000~40000
大众	7500	皮卡索	6000~18500
奔驰	15000	日产柴油机	6000~12000
丰田	15000	三菱柴油机	5000
本田	15000	五十铃	5000
中国	10000~15000	中国	10000~30000

(2)根据车辆的新旧程度适当调整。新车发动机内部清洁，很少有积炭等杂质，因而换油周期可以适当延长。旧发动机，特别是缺乏维护的发动机内部积炭胶质较多，新机油加入后很容易被污染，引起色变和质变，因此换油周期应适当缩短。

(3)根据使用条件适当调整。在炎热的天气条件下，在粗糙路面或山路上行驶，在泥泞或多尘的条件下行驶，长时间在怠速或频繁的停车起步的车辆换油周期也应适当缩短。

(4)依据《汽油机油换油指标》(GB/T 8028)和《柴油机油换油指标》(GB/T 7607)，对在用机油进行理化性能检测，若不满足上述两个标准要求，即需要更换。这种更换标准建立在大量数据统计基础上，有一定科学合理性，但需要检测时间及成本。

七、润滑油的使用条件及影响因素

机油在日常使用时一般应注意以下两点：

(1)车辆合理预热后再起步，尤其是冬季。汽车长时间停驶后，机油与齿轮油都流入油底壳和积油槽内，发动机各机械和齿轮部位基本没有足量油润滑；当汽车刚起动时，此时机油和齿轮油需要通过油泵运行一段时间后才能到达各处，如果刚起动时就行驶，各机械和齿轮得不到完全润滑，其磨损就非常大。因此合理的预热有利于降低磨损，延长发动机和变速器使用寿命。

(2)保持合适的机油液位高度。机油油面过低，油量不足会加速机油变质，并且发动机会因缺油而引发部件的异常磨损；相反油面过高，油会从汽缸和活塞的间隙等处窜入燃烧室，产生积炭而影响发动机的正常工作。因此，机油液面必须保持在合理高度才会达到理想的润滑效果，机油液位高度通常应保持在机油标尺的MAX与MIN之间。

观察机油尺方法：将车辆在熄火状态下停置在水平地面5min，拔出机油标尺，用布擦拭干净后，再重新插入标尺导管，停留约5s后，拔出检查。

(3)汽机油、柴机油不能互相代替。相同黏度级别的汽机油和柴机油,其黏度和低温性能相差不大,但二者添加的功能性添加剂,却由于润滑对象不一样而差别较大,故两种发动机油不能互相替代。汽油机转速高,因而汽机油要求更好的极压抗磨性。相比汽油机,柴油机燃烧产生酸性物质更多,因而柴机油要求一定的碱值,来防止机油中酸值的升高。另外柴油燃烧后产生大量的炭粒、烟灰,这些异物很容易促使润滑油氧化变质,生成大量沉积物,因此柴机油需要加入更多量的清净分散剂。

(4)不同品牌、等级的机油不能混用。各厂家生产的机油配方有很多种,无论什么配方都要求所用添加剂与基础油相匹配,而不同品牌产品混用,可能会造成添加剂组分之间起物理化学反应,造成添加剂失效,产生沉淀、悬浮物等。

第二节　车辆齿轮油使用要求

一、齿轮油的作用及分类

(一)作用及特性

车辆齿轮油用于汽车传动系中变速器和驱动桥的齿轮润滑。齿轮油通过飞溅润滑方式到达齿轮副表面,在齿与齿之间的接触面上形成牢固的吸附膜或化学反应膜,以保证正常润滑,防止齿面间胶合,减少齿轮件摩擦、降低磨损、降低功率损耗,同时还起散热、缓蚀、减振、清洁摩擦表面污染物等作用。

车辆齿轮油由基础油(石油馏分油或合成油)和功能添加剂(极压抗磨剂、防腐剂、摩擦改进剂等)复配而成。不同传动类型的齿轮对齿轮油性能要求不尽相同,如齿面工作环境传递压力高,则偏向要求优异的极压抗磨性。不同于发动机润滑油,车辆齿轮油须具备特定使用性能,才能保证齿轮部件正常传动,一般来说有以下几个方面:

(1)优良的极压抗磨性;

(2)适宜的黏温特性;

(3)防腐蚀特性;

(4)抗氧化安定性能;

(5)抗泡沫性等。

(二)分类

国际上通用的车辆齿轮油分类有以下两种:

(1)质量等级分类。按照齿轮设计类型及车辆操作条件不同,综合齿轮油产品物理化学特性,推出的质量等级或使用指南分类,如常见的齿轮油代号 GL-4、GL-5 等。

(2)黏度等级分类。依据齿轮油产品特定温度下的运动黏度和低温动力黏度性能进行划分,如 75W-80 等。

质量等级分类由美国石油学会(API)提出,并形成标准规范《汽车手动变速器、手动驱动桥及后桥用润滑剂用途代号》(API 1560)(表 5-4),标准主要根据车辆不同使用场合进行分类,所提出的车辆齿轮油用途代号"GL 系列"已为世界各国广泛使用。

API 1560 车辆齿轮油用途代号 表 5-4

代 号	适 用 场 合	状 态
GL－1	适用于货车、拖拉机等手动变速器的温和操作条件。可使用直馏或精制石油,并添加抗氧剂、防锈剂和消泡剂提升油品品质。一般不加摩擦改进剂和极压抗磨剂,不适用乘用车	在用
GL－4	适用于螺旋锥齿轮驱动桥在速度及负荷在中等到苛刻操作条件下,或者是双曲面齿轮驱动桥在中等操作条件下。该牌号虽仍在市场上流通,但一些性能评定设备已不可用,ASTM 正修订该等级产品性能认定程序	在用
GL－5	适用于高速冲击负荷及低速高转矩操作条件下的齿轮,尤其是双曲面齿轮。满足军方规范 MIL－L－2105D 要求的符合 API GL－5 级别	在用
MT－1	适用非同步手动变速器的重型货车及客车,该级别产品能防止油品组分热降解、部件磨损及油封件损坏,这些性能 GL－1、GL－4、GL－5 都不具备	在用
GL－2	适用于带蜗轮齿轮的驱动桥,一般含抗磨剂、油膜强度增强剂用以保护蜗轮齿轮	停用
GL－3	适用于手动变速器在中等到苛刻条件下,以及螺旋锥齿轮驱动桥在速度及负荷在温和到中等的条件下,承载能力高于 GL－1,低于 GL－4,不适用双曲面齿轮驱动桥,一些厂家使用 CC 或 CD 牌号机油替代	停用
GL－6	适用于小齿轮高偏置设计的驱动桥,要求有比 GL－5 更优良的齿轮保护性能,小齿轮偏置设计方式改变及原 GL－6 试验设备及方法过时大大减少 GL－6 的市场应用	停用

黏度等级分类由美国汽车工程师协会(SAE)提出,并形成标准规范《车辆齿轮油黏度等级分类》(SAE J306)(表 5-5)。车辆齿轮油的低温黏度等级有 4 种,与机油黏度分类等级类似,含 W 字母表示有低温要求,满足一种高温(或低温)性能叫单级油,同时满足高低温性能要求为多级油。高温黏度等级设 7 种,细化度较高,如 80、85、110 及 190 都是后来添加,黏度级别分类细化可帮助用户和生产商更加严谨地确定油品黏度级别,以确保在给定应用条件下油品具有预期的理化性质。

车辆齿轮油黏度等级 表 5-5

黏 度 等 级	最高温度(低温黏度为 150Pa·s 时)(℃)	运动黏度(温度为 100℃时)($mm^2 \cdot s^{-1}$)	
		最小	最大
70W	－55	4.1	—
75W	－40	4.1	—
80W	－26	7.0	—
85W	－12	11.0	—
80	—	7.0	<11.0
85	—	11.0	<13.5
90	—	13.5	<18.5
110	—	18.5	<24.0
140	—	24.0	<32.5
190	—	32.5	<41.0
250	—	41.0	—

二、齿轮油的正确选择

选择车辆齿轮油之前，应了解常见的齿轮油产品品种（表5-6），综合搭配不同的质量等级和黏度等级。

常见车辆齿轮油品种 表5-6

地区及产品标准		车辆齿轮油	
		质量等级	黏度等级
中国	《普通车辆齿轮油》(SH/T 0350—1992)	质量等级相当于API GL-3	80W-90、85W-90、90
中国	《中负荷车辆齿轮油》(JT/T 224—2008)	质量等级相当于API GL-4	80W-90、85W-90、90
中国	《重负荷车辆齿轮油》(GB 13895—1992)(GL-5)	质量等级相当于API GL-5	75W、80W-90、85W-90、85W-140、90、140
美国	美国石油学会API 1560	GL-1、GL-4、GL-5、MT-1	—
美国	美国军方规范MIL-PRF-2105D	与GL-5相当	75W、80W-90、85W-140
美国	美国军方规范MIL-PRF-2105E	与MT-1相当	75W、80W-90、85W-140
美国	《多用途军用齿轮润滑油》(SAE J2360)	高于API GL-5和MT-1	75W、80W-90、85W-140

车辆齿轮油品种繁多，性能差异较大。选用一般遵循以下几点：

（1）依据车辆使用手册，选择合适的质量等级和黏度等级。不同车型所用的手动变速器油和自动变速器油，厂家都会有详细选用说明，包括品种、级别、用量等信息。

（2）若无法获知厂家使用指南，可根据齿轮类型和工作条件确定质量等级。GL-3适用于载货汽车手动变速器、螺旋伞齿轮驱动桥和拖拉机相应部件中。GL-4适用在高速低转矩及低速高转矩下运转的小客车和其他车辆的各种齿轮特别是准双曲面齿轮，以及一般使用中、低速变速器或中、小负荷后桥齿轮的润滑。GL-5适用在高速冲击负荷、高速低转矩、低速高转矩条件下运转的小客车和其他车辆的各种齿轮，特别是准双曲面齿轮，以及载货车辆后桥、变速器、分动箱等负荷较大的齿轮。

（3）若无法获知厂家使用指南，可根据最低使用环境温度和齿轮传动装置的运行最高温度来确定黏度级别。不同牌号的车辆齿轮油，美国SAE J2360标准推荐的使用温度范围为：75W型号为-50～10℃，80W-90型号为-26～52℃，85W-140型号为-15～52℃。我国江南地区冬季温度不低于-10℃，可全年使用90或140单级油；北方地区，为适当延长换油期，避免季节换油造成浪费，可选用冬夏通用的多级油；黄河以南地区可选用85W-90或85W-140，三北地区可选用80W-90，80W-140或75W-90。在适宜的环境温度下，应尽可能使用黏度低的多级齿轮油，在满足变速器润滑的同时，还能更好地起到节油效果。特别是在北方冬季，要选用低温流动性更好的适合当地环境温度的齿轮油。

（4）自动变速器油（ATF）选用应严格按照厂家说明操作。目前尚无统一的ATF产品标准，不同厂家对ATF用油要求不尽相同，常见的有美国通用汽车公司DEXRON标准和美国福特MERCON标准。

三、齿轮油的质量鉴别

劣质车辆齿轮油主要表现在两方面：一是选用劣质基础油。合格齿轮油必须用正规基础油调配，而用渣油、沥青油、回收油等作为基础油调配出的齿轮油产品，热安定性差，黏温性差，色深，储存时易分层或者析出沉析；二是添加剂组分差或者根本不加添加剂。伪劣产品添加剂质量低下，多采用已淘汰但价格便宜的氯化石蜡，或者添加量不足或配比不当。

车辆齿轮油的真伪可通过查阅包装信息和油液颜色的方法进行鉴别，外包装上应明确标注质量等级、黏度等级、产品标准等信息，并且内容准确；合格油品外观均匀，对光透明，伪劣产品色黑，透明度差，有时在底部可观察到有分层或者沉淀物。

四、齿轮油的储存要求

车辆齿轮油应存放在常温、凉爽干燥处，不宜在较高温度下(如高于40℃)长期储存。因为高温会加速一些添加剂分解，或促进添加剂之间的反应，还会影响齿轮油的泡沫性。此外，还应防止进水，以避免极压剂水解生成水溶性酸性物质，引起油品变质。

五、齿轮油的更换周期

在实际使用中，车辆齿轮油的换油期通常是按行驶里程来决定，汽车生产厂家一般推荐传动系统齿轮油换油期为2个二级维护里程，或按冬夏季节更换油。车辆齿轮油生产厂家推荐换油周期为2.5万~3.0万km。

为科学指导车辆齿轮油更换，石化行业制定出《普通车辆齿轮油换油指标》(SH/T 0475)(表5-7)和《重负荷车辆齿轮油(GL-5)换油指标》(GB/T 30034)，依据上述标准测定油品黏度、酸值、正戊烷不溶物含量、铁含量、磷含量等指标变化，一旦某项数值超出标准范围，即需要更换齿轮油。

普通车辆齿轮油换油指标(SH/T 0475) 表5-7

项　目	换油指标	试验方法
100℃黏度变化率(%)	超出范围+20~-10	GB/T 265
水分含量(%)	>1.0	GB/T 260
酸值增加值(mgKOH/g)	>0.5	GB/T 8030
正戊烷不溶物含量(%)	>2.0	GB/T 8926
铁含量(%)	>0.5	GB/T 0197

六、齿轮油的使用条件及影响因素

使用中高档车辆齿轮油可以有效地保护齿轮，延长齿轮装置的寿命。车辆齿轮油中的GL-4、GL-5品种属于中高档产品，由适宜精制深度的基础油和高质量的添加剂所组成，各种添加剂的用量经过仔细平衡，通过各种严格的实验室和全尺寸齿轮台架试验，具有适宜黏温性，优良的承载能力和抗擦伤能力，好的热氧化安定性，防锈性和储存安定性。

车辆齿轮油加油量应适当,过多不仅增加传动阻力和燃料消耗,而且有可能使齿轮油经后桥半轴密封圈漏入轮毂轴承,造成轴承润滑脂稀释,从而产生机械故障;过少则会使齿轮润滑不良,温度过高,加速齿轮磨损和油品氧化。齿轮油面一般应加到与齿轮箱加油口下缘平齐,且应经常检查齿轮油箱是否渗漏,并保持各油封、衬垫完好。

车辆使用过程中,严禁向齿轮油中加入柴油、机油等进行稀释,不要加入增黏剂或其他抗磨剂,也不要因影响冬季起步而烘烤后桥、变速器,以免齿轮油严重变质,出现胶质或积炭等现象。如果出现这种情况,应换用低黏度的低温流动性更好的多级齿轮油。在使用中,注意经常检查后桥和变速器的通气孔是否通气不畅,变速器温度过高等不正常现象,如出现不正常现象要及时到维修站进行全面检查。

第三节　汽车润滑脂使用要求

一、润滑脂的作用及分类

润滑脂是由稠化剂分散在基础油中,形成的一种稳定的介于半流体与固态状之间的产品,还可加入附有某些特性的添加剂和填料。常温下,润滑脂无固定形态,流动性低,易于附着部件表面。润滑脂具有如下两方面作用:

(1)润滑:减少相对运动的两个摩擦副表面磨损;

(2)防护:润滑脂可隔绝或减少摩擦副表面或物体表面与腐蚀性物质的接触,起到减少或减缓化学作用对材料表面侵蚀与破坏的作用,包括防锈、防腐蚀和抗水性等。

汽车润滑脂一般由以下三类组分调配而成:

(1)稠化剂:占2% ~35%,一般是以胶体状态分散在液体润滑剂中形成空间网状结构,或以分散相的形式分散在基础油中,起到吸附和限制基础油流动的作用。

(2)基础油:占65% ~98%,是稠化剂的分散介质。基础油的选择直接影响到润滑脂的润滑性、蒸发性、低温性以及与密封材料的相容性等。

(3)添加剂:占0 ~10%,可改善润滑脂的使用性能。根据润滑脂的性能要求,可加入结构改善剂、抗氧剂、金属钝化剂、防锈剂、极压剂、油性剂、抗磨剂、拉丝剂等。

优良的汽车润滑脂需具备以下特性:

(1)良好的润滑性能,减少摩擦,降低磨损;

(2)适宜的稠度;

(3)良好的高低温使用性能;

(4)优良的防腐蚀和防锈性能;

(5)良好的密封性能,防止水或尘土进入;

(6)优良的机械安定性能,防止润滑脂变稀或流失;

(7)良好的密封材料相容性;

(8)良好的抗水性;

(9)良好的氧化安定性和热稳定性。

汽车润滑脂种类繁多,较权威的分类法则来自美国。美国汽车工程师协会(SAE)、美国试验与材料协会(ASTM)和美国润滑脂学会(NLGI)三个组织,在1989年统一了汽车润滑脂分类,制定了标准《汽车维护用润滑脂的分类及规格》(ASTM D4950)(表5-8)。

汽车润滑脂分类(ASTM D4950) 表5-8

类别		主要性能	适用范围
L类	LA	润滑性、耐磨性及橡胶件适应性	平缓运行的汽车底盘部件和万向节,适用温度-20~60℃
	LB	润滑性、低温性、防锈性、极压抗磨性及橡胶件适应性	平缓至苛刻条件下运行的汽车底盘和万向节,适用温度-40~120℃
G类	GA	润滑性、低温性	平缓运行的汽车轮毂轴承,适用温度-20~70℃
	GB	润滑性、低温性、抗水性、防锈性、抗磨性、热安定性、高温寿命及橡胶件适应性	平缓至苛刻条件下运行的汽车轮毂轴承,适用温度-40~120℃
	GC	润滑性、低温性、抗水性、防锈性、极压性、抗磨性、热安定性、高温寿命及橡胶件适应性	平缓至苛刻条件下运行的汽车轮毂轴承,适用温度-40~160℃

ASTM D4950把汽车用润滑脂分为两类,底盘润滑脂(字母L前缀)和轮毂轴承润滑脂(字母G前缀)。底盘润滑脂根据性能分为两类:LA、LB,轮毂轴承润滑脂分为成GA、GB、GC三个等级。多效润滑脂则兼有底盘和轮毂轴承用脂的功能,GC-LB两者结合代表一个多用途类别产品。

美国润滑脂学会(NLGI)按工作锥入度,将润滑脂划分为9个牌号(表5-9),具体分为000#、00#、0#、1#、2#、3#、4#、5#、6#九个级别。锥入度是衡量润滑脂稠度(即软硬程度)的指标,级别越靠后,表示润滑脂越硬。通常,高温大负荷的工作条件下选用的硬度稍大一些。

润滑脂稠度牌号 表5-9

稠度牌号	锥入度范围(操作60次)(0.1mm)	稠度牌号	锥入度范围(操作60次)(0.1mm)
000	445~475	3	220~250
00	400~430	4	175~205
0	355~385	5	130~160
1	310~340	6	85~115
2	265~295		

二、润滑脂的正确选择

汽车润滑脂的品种牌号较多、性能各异,在选用润滑脂时,需优先考虑车辆使用说明书的规定。无法获知有效的厂家技术信息时,可从润滑部位的工作温度、运转速度、负荷大小、工作环境和供脂方式等因素综合考虑,具体有以下几个方面:

(1)工作温度。环境温度高和机械运转温度高的,应选用耐高温的润滑脂,一般润滑脂的使用温度都应低于其滴点20~30℃。一般锂基润滑脂可耐120℃左右的使用温度,短时间可耐180℃的高温;而合成脂可耐更高温度(滴点在300℃以上)。一般车辆的轮毂轴承的润滑选用2#、3#汽车通锂基脂或复合锂基脂即可满足工作温度要求。

(2)工作负荷。负荷大应选用锥入度小，稠度大的极压润滑脂；负荷小时，选用锥入度大，较软的润滑脂，便于形成完整的油膜，避免摩擦阻力过大，损耗动力过多。如一些重型货车、严重超载的车辆的轮毂轴承应选用极压性、机械安定性较好的润滑脂，如选用3#极压复合锂基脂或合成润滑脂。

(3)速度。高速运转的机件温升高，温升快，易使润滑脂变稀而流失，使用时应选用稠度较大的润滑脂。

(4)工作环境。在潮湿环境下应选用抗水性好的润滑脂；在酸性环境下可选用烃基脂；外面有橡胶密封护套时，应选用与外面密封件相容性好的润滑脂。

目前国内汽车润滑脂，普遍推荐使用的是汽车通用锂基润滑脂，该润滑脂适用范围大，在大多数摩擦部位均可使用。汽车轮毂是主要用脂部位，全年宜使用2#脂(南方)，或冬用1#脂、夏用2#脂(北方)，而3#脂稠度大，适合在热带重负荷车辆上使用。

三、润滑脂的质量鉴别

(1)外观：不同类型的润滑脂有不同的颜色，但无论什么颜色的润滑脂都应是黏稠均一的膏状体。如果脂颜色深浅不一或表皮硬化，脂的表层出现较多浮油或稠度明显变小，或由于混入水分而使脂的表面乳化变白等，表明润滑脂已变质，不可使用。

(2)生产日期：润滑脂的储存时间不宜过长，一般保存期不宜超过一年，保存期在一年以上的润滑脂应经检验合格后方可使用。

(3)气味：如果打开包装时闻到明显的油脂酸败的臭味，表明已变质，不可使用。

(4)手捻：用手捻不含填充剂的润滑脂时，手感光滑，没有硌手感；否则可能是稠化剂分散不均匀或混入杂质，不可使用。

(5)加水：取少量润滑脂放在杯中，在其上面加几滴水，然后用玻璃棒搅拌，如出现浑浊、变白，表明润滑脂易乳化，不是抗水脂。

四、润滑脂的储存要求

(1)润滑脂产品包装应密封完好，不要用木制或纸制容器包装润滑脂，防止析油变硬、混入水分或被污染变质。

(2)润滑脂产品应存放于阴凉干燥的地方，尽可能在室内存放，避免日晒雨淋，暂无室内储存条件的，也应采取防风雨等措施，防止润滑脂的氧化变质。

(3)开桶取样品后，不要在包装桶内留下孔洞状，应将取样品后的脂表面抹平，防止出现凹坑，否则基础油将被自然重力压挤而渗入取样留下的凹坑，而影响质量。

(4)保持外包装及封口处清洁，不要沾有灰尘、水分等。

五、润滑脂的更换周期

润滑脂的更换时间应根据具体使用情况而定，既要保证可靠的润滑又不至于引起浪费。一般按车辆使用说明书规定，及时向各润滑点注脂。

六、润滑脂的使用条件及影响因素

汽车润滑脂一旦混入杂质很难除去，在保存、分装和使用过程中，应严格防止灰、沙和水分等外界杂质污染。润滑脂包装容器和注脂工具必须干燥清洁，作业场所要清洁无灰尘。轴承及注脂口在加脂前必须擦洗干净。作业完毕盛脂容器和加注器管口应立即加盖或封帽，尽可能减少脂与空气接触时间。

汽车润滑脂加注量要适当。加脂量过大，会使摩擦力矩增大，温度升高，耗脂量增大；而加脂量过少，则不能获得可靠润滑而发生干摩擦。一般来讲，适宜的加脂量为轴承内总空隙体积的1/3～1/2。但根据具体情况，有时则应在轴承边缘涂脂而实行空腔润滑。补加润滑脂时，应将废脂挤出，在排脂口见到新润滑脂时为止。汽车润滑脂使用时应注意：

(1)不同品牌、不同品种润滑脂不能混合使用。由于各种润滑脂的化学成分和性质不同，混合在一起使用时，可能会导致基础油析出、稠度下降等，应尽量避免不同品种润滑脂混用。

(2)新、旧润滑脂不能混合使用。因为旧润滑脂内含有大量有机酸和杂质，若与新润滑脂混合将加速其氧化变质。更换润滑脂时，必须将零部件上的旧润滑脂清洗干净，然后加入新的润滑脂。

第四节　汽车制动液使用要求

一、制动液的作用及分类

汽车制动液俗称“刹车油”，是用于汽车液压制动系统中传递压力，使车轮制动器实现制动作用的一种功能性液体。主要作用如下：

(1)传能：传递制动能量(动力)，驱动制动装置正常可靠的工作；

(2)散热：制动装置执行制动时，因摩擦作用而使摩擦零部件温度迅速升高，制动液可在一定程度上起到冷却降温作用；

(3)防腐：当制动系统中的金属零部件暴露在大气中时，由于化学腐蚀和电化学腐蚀的双重作用，极易发生锈蚀(腐蚀)，如果使用防腐蚀性能优良的制动液产品，则有利于提高制动系统金属零部件的防腐蚀性能；

(4)润滑：制动系统中制动元器件工作时，制动液可起到润滑作用。

为保证车辆在严寒和酷暑的气温条件下，在高温、重负荷、大功率及频繁制动的工况条件下，都能有效、可靠地实现汽车灵敏制动，汽车制动液应满足以下性能要求：

(1)优异的高温性能，较高的平衡回流沸点、较低的蒸发损失；

(2)优良的低温流动性和低温运动黏度；

(3)优良的金属防腐蚀性能，对制动系统的各种金属具有较好的保护作用；

(4)优良的橡胶皮碗适应性能，对橡胶件具有恰当的溶胀作用，防止液体泄露；

(5)良好的相容性能，能吸收少量水分并适当混溶其他制动液；

(6)良好的抗氧化性,不易变质。

自20世纪以来,汽车制动液发展经历了三个阶段,即蓖麻油醇型、矿物油型和合成型制动液。目前前两种已经淘汰,合成型制动液采用高分子合成醇醚或酯化物作为原料,为市面主流产品。

我国使用的代号"HZY",是"合成"、"制动"、"液体"的汉语拼音首字母组合;代号"DOT"国际上通用,为美国联邦运输部(Department Of Transportation)的简称。我国的制动液质量等级HZY3对应于国际上通用的DOT3,其他以此类推。

我国及国际上的合成制动液分类及对应关系见表5-10。

汽车合成制动液分类 表5-10

分类依据	国内代号(GB 12981)	国际通用代号(ISO 4925)	美国联邦代号(FMVSS 116)	主要组分
质量等级及对应关系	HZY3	Class3	DOT3	醇醚
	HZY4	Class4	DOT4	醇醚或硼酸酯
	HZY5	Class5.1	DOT5.1	硼酸酯
	HZY6	Class6	—	硼酸酯
	—	—	DOT5	硅油型

二、制动液的正确选择

汽车制动液有四类质量等级,从高温性能来说,HZY5型>HZY6型>HZY4型>HZY3型,低温性能表现则是HZY6型>HZY5型>HZY4型=HZY3型。不同质量等级的汽车制动液,适用场合有所区别。

通常来说,HZY3型用于微型车辆、农用车辆等;HZY4型用于家用轿车、越野车及小型货车等,工况使用条件比较苛刻的车辆;HZY5型用于特殊车辆,如赛车及军用车辆等;HZY6型具有优良的低温性能,推荐在严寒地区的冬季使用。

汽车制动液选择,首先应该遵循车辆使用说明书。车辆制造厂家在其车辆使用说明书中一般明确规定或推荐该车制动系统应该使用的制动液产品质量等级,有的生产厂家还指明了具体的制动液产品品牌和型号。

当车辆使用或维修中,由于各种原因不愿使用车辆制造厂家推荐的制动液产品或该产品不易获得,需要重新选用制动液产品时,可以遵循以下原则选择:

(1)选用的制动液产品质量等级不能低于车辆制造厂规定的制动液质量等级;

(2)可以选用比车辆制造厂规定的制动液质量更高等级的制动液产品;

(3)所选用的制动液产品类型应与车辆制造厂规定使用的制动液类型一致;

(4)可选用知名厂家生产的、性能稳定、质量有保证的制动液产品。

三、制动液的质量鉴别

(1)产品包装:我国对汽车制动液实行工业产品生产许可证管理,制动液产品外包装必须标注有生产许可证号、执行标准号和质量等级等,其他信息还有生产单位名称、地址、生产日期或批号等相关内容。此外,产品包装必须完好无泄漏,建议选购生产日期2年以内产品。包装标识不全的,尤其是未标注生产许可证号的,用户一定慎选。

(2)外观:合成制动液为油状清亮透明液体,无沉淀、悬浮物等杂质,淡黄色至棕黄色,有高分子醚类特有的气味。闻起来有异臭味,或酒精味较浓的,一般为劣质醇类制动液。

(3)快速鉴别:汽车制动液质量快速鉴别技术,是相比较实验室检验手段而言,采取非常规手段快速确定制动液某项关键性能或制动液类型的一类技术,可在数分钟或更短时间内得出结果,较多应用于汽车维修服务站点。制动液快速鉴别仪器小巧便携,有电导率仪、沸点测试仪、离子试纸等,这些仪器能为快速监控制动液质量提供便利手段。

四、制动液的储存要求

影响制动液产品储存期的主要因素有配方组成、包装容器和储存环境。制动液产品含有高分子醇醚,很容易吸收水分,造成产品性能下降,因此在制动液配方组成不变的情况下,提高包装容器密封性和改善储存环境是延长制动液储存期的首选方法。

一般情况下,制动液储存中应注意以下几个方面的问题:

(1)制动液产品无论是大包装,如金属桶、塑料储罐等,还是小包装,均应保持储存场所的地面干燥、空气通风,远离各类水源,严禁露天存放。

(2)制动液大包装成品,要定期检查封口的密封性,避免空气进入制动液中产生吸湿现象,造成产品整体性能下降。

(3)制动液小包装成品,出入库要检查有无个别泄露现象,发现泄露要及时挑出。不可使用已经泄露破损的产品以及已经开封、存放时间较长的产品。

(4)制动液产品的存放区域应与其他石油化工产品存放区分隔开,避免受到污染。

(5)制动液储存场地的温度一般不要超过30℃,如果可能,最好采用地下或半地下储存库房存放。

(6)正常储存条件下,制动液产品保质期为2~3年。

五、制动液的更换周期

制动液在使用过程中会氧化变质或吸水而使其质量指标产生衰变,所以应适时更换制动液,以确保制动系统正常工作。关于制动液的更换周期,国内外有关厂家的做法不完全相同,对更换周期的规定也不一致。总体来说,制动液的更换周期主要由汽车生产厂家或制动液生产厂家规定。

在美国汽车生产厂家一般都不会明确规定制动液的换液期,但欧洲和亚洲的汽车制造厂常常会明确制动液的换液期。对于制动液生产厂家而言,也是有的规定,有的不规定制动液的换液期,如壳牌公司规定其制动液的换液期为3年或根据车辆制造厂家的规定更换,美孚公司制动液产品规定的换液期为2年或车辆每行使40000km时应更换制动液。根据我国汽车工业技术水平和制动液产品质量情况,建议制动液的换液期可采取如下方法进行:

(1)对于中低档车辆,换液期可定为每年更换1次或按汽车生产厂家推荐的换液期进行更换;

(2)对于中高档车辆,换液期可定为每2年更换1次或按汽车生产厂家推荐的换液期进行更换;

(3)对制动系统液压原件进行维修更换时,应更换制动液。

六、制动液的使用条件及影响因素

制动液储液罐上有最高(MAX)和最低(MIN)标记,制动液在使用过程中液面高度必须位于两个标记之间,才能满足制动系统的工作要求。制动液使用应注意以下几点:

(1)制动液的更换或加注需在专业维修站进行。需要使用专用充抽机,操作人员需经过专业技术培训。更换时要使用新制动液清洗制动系统,不能使用水、酒精或其他溶剂。

(2)制动液极易吸湿变质,因此一次没有用完的制动液要放在原包装容器内,立即用盖拧紧,原则上,没使用完的制动液存放一周左右就不能再使用,应作报废处理。

(3)制动液对车身涂层有破坏作用,会产生"咬漆"现象,在更换和加注过程中要防止制动液与涂层接触。

第五节　发动机冷却液使用要求

一、冷却液的作用及分类

发动机冷却液俗称"防冻液",是汽车发动机冷却系统用的循环散热介质,主要用于保护发动机核心部件运转温度正常,在发动机水箱内循环,实现散热、防冻、防沸、防锈、防腐蚀等效果。美国汽车工程师协会规范SAE J814,列出了发动机冷却液如下最基本的性能要求:

(1)保护冷却系统,防止腐蚀;

(2)散热效果好,且热交换损失低;

(3)对冷却系统非金材料无明显影响;

(4)产品热稳定性好;

(5)冰点低,满足冬季低温环境使用;

(6)适当提高沸点;

(7)无异味;

(8)对汽车涂料无影响;

(9)低温黏度好;

(10)膨胀系数低;

(11)1年以上有效期。

此外,还应具有低毒性、低泡沫性、低蒸发损失和不易燃性等。

发动机冷却液由水、防冻剂和各类添加剂等混合调配组成,其中水为蒸馏水或去离子水,防冻剂主要为乙二醇或丙二醇,添加剂包括缓蚀剂、消泡剂、染色剂等。直观上看,产品为具有醒目颜色(如红、蓝、黄等)的清亮透明液体。

发动机冷却液分类方法有很多,主要分类见表5-11。

发动机冷却液分类　　表 5-11

分类依据	中　　国	美　　国
防冻剂类型	乙二醇型、丙二醇型	乙二醇型、丙二醇型、甘油型
冰点	-15 号、-20 号、-25 号、-30 号、-35 号、-40 号、-45 号、-50 号	50% 稀释液
防冻剂含量	浓缩液、稀释液	浓缩液、稀释液
缓蚀剂类型	无机盐型、有机酸型	无机盐型、有机酸型、无机有机混合型
发动机负荷	轻负荷型、重负荷型	轻负荷型、重负荷型

二、冷却液的正确选择

不同种类的冷却液主要应用场合见表 5-12。

发动机冷却液的应用场合　　表 5-12

类　　型	应　用　场　合
乙二醇型	主流产品，占国内市场 90% 以上，原料易获取，可用于所有类型发动机
丙二醇型	环保产品，国内少见，北欧等地区应用普及，对环境危害小，可用于所有类型发动机
稀释液（-15 号、-30 号等）	可直接加注到发动机，用户依据冰点高低选择。对于国外品种的 50% 稀释液（乙二醇型）冰点 -36℃左右，50% 稀释液（丙二醇型）冰点 -31℃左右
浓缩液	防冻剂含量 90% 以上，水分含量小于 5%，不能直接使用。厂家为方便运输储藏而生产的一类产品，需按一定比例添加水后，配成不同冰点溶液再使用
轻负荷冷却液	用于轿车、轻型货车、农用车等
重负荷冷却液	用于大型客车、货车，工程机械等

发动机冷却液的选用一般考虑以下几个方面：

(1)考虑车辆发动机负荷大小。小型车辆如家庭轿车、轻型货车、农用车等选用轻负荷冷却液，而大型车辆如重型货车、大型客车、工程机械以及固定机组等，则宜用重负荷冷却液。

(2)考虑车辆使用环境温度。根据车辆使用地区的气候条件，选用合适冰点值的冷却液，原则上冰点值应低于所在地区最低气温 10℃左右。不同地区的选购参考值有所区别，通常，在我国一般地区如长江以北、华北环境最低气温在 -15℃以上地区可使用 -25 号品种；东北、西北大部分地区及华北环境最低气温在 -25℃以上的寒带地区可使用 -35 号品种；东北、西北及华北环境最低气温在 -35℃以上的严寒带地区可使用 -45 号品种；长江以南地区全年可使用 -25 号品种。

(3)考虑颜色匹配性。选择与现用防冻液颜色一致或接近的品种，防止不同颜色混合出现失色现象，如冷却液本身是红色，可以选择红色、粉色等，不可选择绿色、蓝色等品种。

三、冷却液的质量鉴别

发动机冷却液鉴别可从以下几个方面入手：

(1)颜色。冷却液的外观呈清亮透明液体，颜色比较醒目，譬如红色、蓝色、黄色等。质量较差的醇类冷却液，外观颜色偏淡，存放时间久后会出现褪色或颜色不正现象。

(2)气味。冷却液主要组分二元醇等原料均无特殊的刺激气味，因此其成品不会有任何特殊的气味。

(3)外观。冷却液应无沉淀物、悬浮物等杂质。摇晃后通常会出现少许泡沫，静置后泡沫会迅速消失。若泡沫长时间不消散，大都未添加消泡剂，将会影响散热效果。

(4)挥发性。不合格的醇类冷却液倒出少许，会立刻挥发，这是鉴别劣质甲醇类、乙醇类冷却液的便捷方法。

(5)借助于快速检测仪等仪器，如冰点检测仪(图5-2)等，可迅速得知冷却液的冰点。

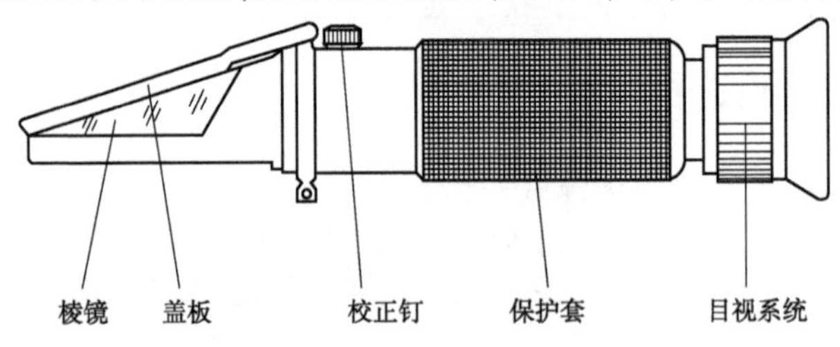

图5-2　冷却液冰点检测仪

四、冷却液的储存要求

发动机冷却液的保质期与储存环境条件有很大关系，也取决于组分中添加剂的稳定性。在一定的温度光照和其他因素的作用下，冷却液中的二元醇或添加剂可能会发生分解、析出等变质现象，从而降低冷却液性能。冷却液储存通常应注意以下几点：

(1)库房应阴暗、通风，避免阳光的直接照射；

(2)不同颜色、不同型号的产品要分别放置；

(3)浓缩液与稀释液要分类存放，避免误用；

(4)冷却液成品不可与其他石油产品存放一处，防止出现油类污染。

五、冷却液的更换周期

(1)冷却液的补充。当发现加注口的液面低于下限时，应查明液面下降原因。若因渗漏引起液面降低时，应及时补充同一品牌冷却液，若液面降低系正常蒸发所致，损失量不多时，可添加蒸馏水或去离子水，切勿加入自来水等硬水。当发现冷却液中有悬浮物、沉淀物或严重变色时，则说明冷却液已经变质，应及时清洗冷却系统，并更换冷却液。

(2)冷却液的更换。更换冷却液的周期应根据发动机或车辆制造商、冷却液生产商的建议。大多厂家要求2年或每行驶4万km更换一次，更换时应彻底放净旧冷却液，将冷却系统反复清洗干净后，再换上新冷却液。

对于重负荷冷却液，因发动机工作强度大，冷却液中添加剂消耗较快，所以应根据发动机厂家要求，定期补加添加剂或更换预装补充添加剂的水滤。

六、冷却液的使用条件及影响因素

(1)定期检查冷却液的液位水平。在冷却液的储罐或溢流水箱上一般都有液位刻度，要定期检查液位,防止冷却液液面过低。冷却液属于消耗品,汽车日常使用时,最好备有同品牌同品种的冷却液,留有余量以备以后补充。

(2)切勿混用冷却液。不同品牌冷却液中所包含的缓蚀剂、防冻剂、消泡剂和色素等化学成分各不相同,相互混用容易发生化学反应,引起冷却液过早变质。

(3)车辆跨区域行驶或越冬时,注意所用冷却液冰点是否低于最低环境气温。

(4)加注冷却液时,务必等到冷却系统的温度和压力下降后才能打开压力盖,防止冷却液喷溅造成烫伤危险。

第六章　车辆轮胎管理与使用

轮胎消耗在运输总成本中占有较大比例，既关系到行车安全，又关系到节能减排，运输企业要建立完善轮胎管理制度，加强轮胎的专业化维护和使用管理，才能保证车辆运行安全，提高轮胎使用寿命和效率，降低运营生产成本。

第一节　轮胎分类及标识

一、轮胎的分类

(一)按用途划分

轮胎按用途分为轿车轮胎、载货汽车轮胎、工程机械轮胎、农用轮胎、工业车辆轮胎、摩托车轮胎、航空轮胎、力车轮胎(用于自行车等)和特殊用途轮胎(用于装甲车等)。

(二)按结构划分

轮胎按结构分为普通斜交轮胎和子午线轮胎两类，如图6-1、图6-2所示。

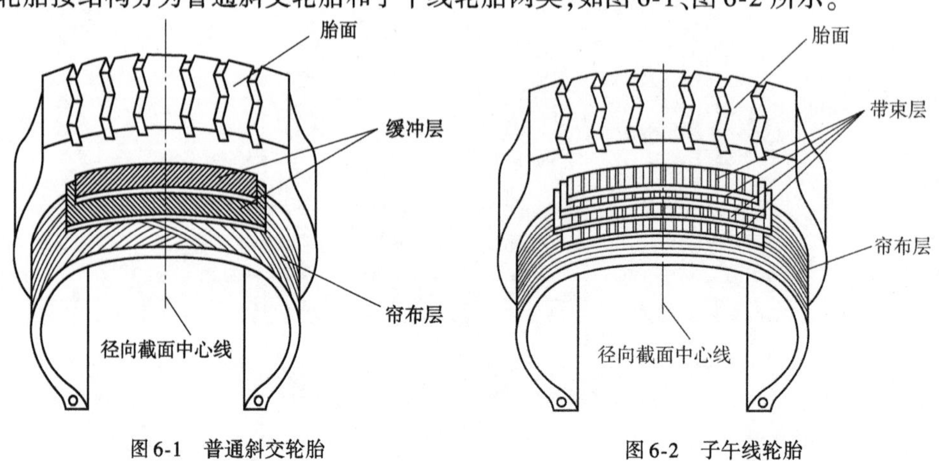

图6-1　普通斜交轮胎　　图6-2　子午线轮胎

(三)按胎体骨架材料划分

按胎体骨架材料分为棉帘线轮胎、人造丝帘线轮胎、尼龙帘线轮胎、聚酯帘线轮胎、芳纶帘线轮胎(B纤维轮胎)、钢丝帘线轮胎等，另外也有一种无帘线的特殊品种的轮胎。

(四)按有无内胎划分

按有无内胎分为有内胎轮胎和无内胎轮胎两类。有内胎的轮胎，通过内胎上的气门嘴充入压缩空气;无内胎轮胎则不必配用内胎,压缩空气直接冲入外胎的腔内。

(五)按规格大小划分

轮胎按规格大小可分为巨型轮胎、大型轮胎、中型轮胎、小型轮胎、微型轮胎。

(六)按花纹划分

轮胎按花纹分为普通花纹轮胎、横沟花纹轮胎、混合花纹轮胎、块状花纹轮胎、越野花纹轮胎。

(七)按气压划分

充气轮胎按气压的可调性可分为调压轮胎和固定气压轮胎。固定气压轮胎又可分为高压轮胎(0.5～0.7MPa)、低压轮胎(0.2～0.5MPa)和超低压轮胎(0.2MPa以下)。

(八)按载荷能力划分

载重轮胎按载荷能力分为三个层级,每个层级代表一定的载荷能力。

第一层级轮胎:用于行驶于较差路面的一般载货车辆。

第二层级轮胎:载荷能力比第一层级高10%,用于好路面行驶的高速车辆。

第三层级轮胎:载荷能力比第二层级高10%,用于好路面行驶的高速车辆。

二、轮胎的结构

轮胎一般由外胎、内胎和垫带组成。有些轮胎可能只有内胎和外胎而没有垫带,无内胎轮胎则只有外胎而没有内胎和垫带。

(1)外胎。外胎由胎面、胎肩、胎侧、胎圈、胎体、带束层和钢圈构成,如图6-3所示。

外胎是轮胎最重要且不可缺少的部件,紧固于轮辋上,可以使内胎免受机械损坏,使内胎保持规定的尺寸,承受汽车的牵引力和制动力,并保证轮胎与路面的抓着力。

(2)内胎。内胎为环形橡胶筒,置于外胎与轮辋之间,向其中充入压缩气体后,形成一个空气弹性垫,从而使轮胎获得或提高轮胎的弹性、承载能力和牵引能力。

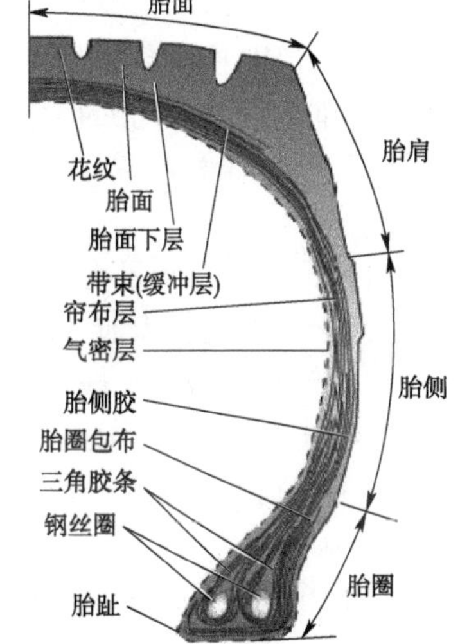

图6-3 外胎结构

(3)垫带。垫带为具有一定断面形状的环形胶带,保护内胎不受磨损,在内胎和轮辋之间(在深式轮辋上使用的轮胎则不用垫带)。

三、轮胎的规格及标识

(一)轮胎规格的表示方法

轮胎规格由胎面宽度、扁平比、轮辋直径、结构类型代号、负荷指数代号、速度等级代号和层级等组成，通常用数字和字母表示。

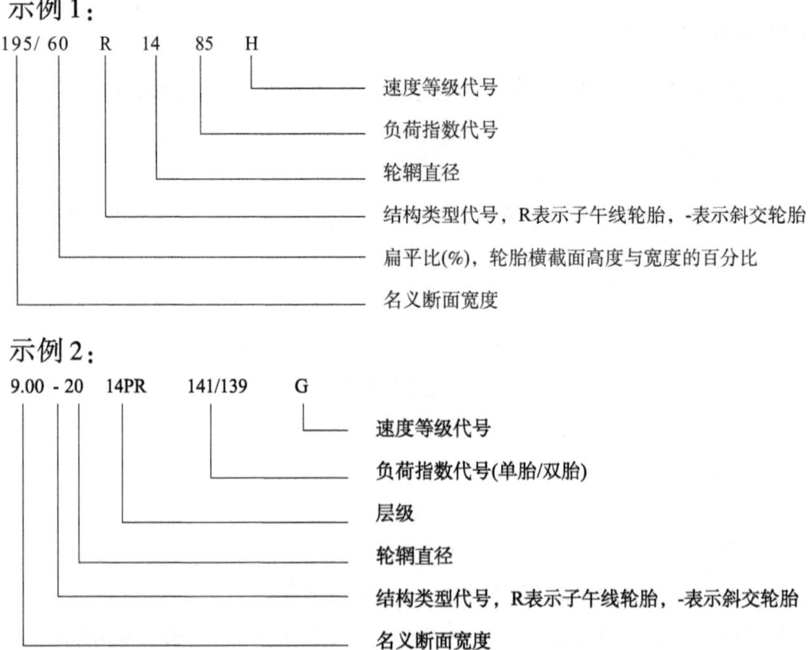

（二）轮胎标识及指代意义

正确识别轮胎标识对轮胎选用、管理、使用、维护等具有重要作用。轮胎标识是指按国家标准规定，在外胎的两侧要标出生产编号、制造厂商标、尺寸规格、层级、最大负荷及气压、胎体帘线材料汉语拼音代号、安装要求和行驶方向记号等，如图6-4所示。主要包括：

(1)层级。层级是指轮胎橡胶层内帘布的公称层数，是轮胎强度的重要指标。中文标识如：12层级；英文标识如：14PR(表示14层级)。

(2)帘线材料。一般标在层级之后，用汉语拼音的第一个字母表示，如：9.00－20N、7.50－20G等，N表示尼龙、G表示钢丝、M表示棉线、R表示人造丝。

(3)负荷及气压。一般标识最大负荷及相应气压，负荷以“kN”或“kg”为单位，气压以“kPa”为单位。

(4)轮辋规格。表示与轮胎配合使用的轮辋的规格。

(5)平衡标识。用彩色橡胶制成的标识形状，硫化在胎侧，表示该位置轮胎最轻，组装时应正对气门，以保证整个轮胎的平衡性。

(6)滚动方向。轮胎上的花纹对车辆行驶中的排水防滑至关重要，所以轮胎花纹不对称的越野轮胎常常用箭头标识装配滚动方向，以保证其防滑性和排水性。

(7)磨损极限标识。轮胎磨损至该位置应予以及时更换，通常用图形(△)或英文字母(TWI)表示。

(8)生产批号。用数字表示轮胎的生产日期及数量。

(9)商标。商标是轮胎生产厂家的标志，一般比较醒目突出。

(10)其他标识。如产品等级生产许可号及其他附属标识(磨耗、牵引力、温度),可作为选用时的参考信息。

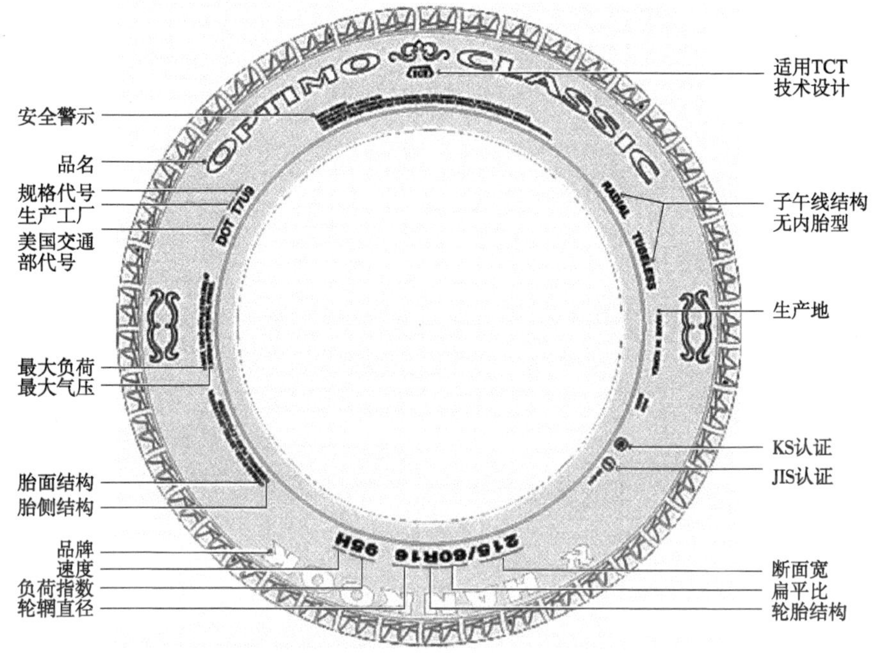

图6-4　轮胎胎面标识

第二节　轮 胎 管 理

一、轮胎的选型

(一)轮胎与轮辋的合理搭配

不同规格的轮胎要与不同规格的轮辋进行匹配。如果轮胎和轮辋不匹配,会导致爆胎。如果轮辋过宽,相当于胎压不足情况,会造成胎肩接地面积增加,加速胎肩的磨损,同时还有可能造成轮胎早期的不正常磨损,降低轮胎的使用寿命;如果轮辋过窄,相当于胎压过高情况,会使胎肩接地面积减少,加速胎面磨损,使轮胎趾口应力过于集中,损坏趾口,造成爆胎。另外,轮辋的混装或变形也容易造成轮胎的不正常磨损和爆胎。

(二)同车轮胎的合理搭配

同一车轴轮胎品牌、规格、结构、使用类型应相同。由于制造和设计选取的偏差不同,不同厂家生产同一规格的轮胎尺寸也往往不同。也就是说,如果同一车辆选用了不同厂家的轮胎,会造成质量分布不均匀和轮胎受力不均匀的问题。如果同轴轮胎外径不相同,那么外径较大的轮胎磨损比较严重,会提前到达磨损极限,降低轮胎使用寿命。

(三)轮胎层级的选择

轮胎帘布层级是轮胎承载能力的重要指标,它代表了轮胎的强度和负载能力。不同层级的轮胎承载能力不同,同样,相同型号不同层级的轮胎承载能力和性能也不相同。层级越高,承载能力越强。然而,层级越高,轮胎质量就越大,散热性就越差。因此,在满足承载能力的前提下,要尽量选择层级较低的轮胎,轮胎帘布层数少,质量轻,散热性好,同时燃料消耗量也会减少。

(四)轮胎速度级别的选择

速度级别代表了轮胎的最高限速,用英文字母表示,见表6-1。

轮胎速度级别符号与最高车速 表6-1

速度级别符号	最高行驶速度(km/h)	速度级别符号	最高行驶速度(km/h)	速度级别符号	最高行驶速度(km/h)
B	50	K	110	S	180
C	60	L	120	T	190
D	65	M	130	U	200
E	70	N	140	H	210
F	80	P	150	V	240
G	90	Q	160	W	270
J	100	R	170	Y	300

对于轿车轮胎(P~S),是指不允许超过的最高车速;对于货车轮胎(F~N),是指在额定负荷下允许达到的最高速度。

选择轮胎时,要注意轮胎的速度级别,根据车辆的使用要求和性能进行选配。一般来说,经常在高速公路行驶的车辆,应该选择速度级别较高的轮胎(T、U、H),如果速度级别选择过低,车速长时间超过或接近轮胎的最高限速,容易使轮胎性能下降以致爆胎;对于没有速度级别的轮胎,则不宜上高速公路行驶,以免发生交通事故。

(五)轮胎的花纹选择

花纹的主要作用是保证轮胎与路面之间有足够的附着力,以实现汽车的驱动、制动及转向功能。它不仅与轮胎的耐磨能力、散热能力、排水能力、抓地能力以及噪声有着密切的联系,而且对行车安全也有一定的影响。

不同花纹的轮胎使用性能各有不同,所以要根据轮胎行驶的道路条件、轮胎的速度及使用等条件对轮胎花纹进行选择。例如:在高速公路上,由于车辆经常高速行驶,为保证轮胎有良好的散热和侧向稳定性,宜选用散热性较好的纵向花纹;经常在南方地区行驶的车辆,应选用排水性能比较好的块状花纹轮胎;车辆行驶路面条件较好的,宜选用花纹较小的轮胎;车辆行驶路面条件较差的,宜选用花纹较大的轮胎,以保证轮胎的使用寿命。

二、轮胎的仓储管理

(一)验收

轮胎到达现场未入库之前,要派专业人员仔细对每条轮胎进行检验,以保证入库前轮胎的质量完好。

(二)搬运

搬运轮胎时,需使用专业叉车,或从轮胎侧面将轮胎托起搬运,严禁直接插入轮胎中心将轮胎直接吊起搬运。

(三)库房环境

轮胎应存放在干燥、通风性较好的库房内,库房温度在-10°~30°,相对湿度在50%~80%为宜,避免阳光的直接照射。

由于橡胶易老化、腐蚀,轮胎存放时应远离强光源、热源、电气设备、易产生臭氧的设备,并应避免水汽侵蚀,严禁将轮胎与油类、酸类、易燃品及化学腐蚀品混放,以免轮胎发生软化或者发黏。

(四)存储要求

轮胎的内胎和外胎原则上均不允许积聚成堆放置。为减少轮胎的变形,轮胎应垂直放置在货架上面,不允许挤压轮胎,严禁平放、叠堆放置和穿心悬挂,如图6-5所示。

a)正确摆放

b)错误摆放

图6-5 轮胎摆放

如果轮胎存放时间较长,必须经常转换支点,以防止轮胎的变形。内胎、垫带与外胎一起存放时,应将内胎充入适量的空气,使其具有一定的抗压能力,并在内胎和垫带外部均涂抹上滑石粉,将内胎放入外胎,垫带置于内胎外胎之间与外胎捆绑一起存放。

当内胎需要短期单独存放时,在表面涂抹滑石粉,决不允许折叠堆置,应展平放置于架子或地面上,且需避免刺伤、划伤或气门嘴压坏内胎表面,也可以挂在圆形的托架上面,但需要经常转动支点。

(五)轮胎出入库管理

轮胎的使用要遵循先进先出的原则,即先入库的轮胎要最先使用,尽量缩短轮胎的库存期,以确保轮胎的使用寿命。轮胎库存时,要有库存卡片,记录轮胎的相关信息(如轮胎类型、规格、结构、层级、厂牌、生产日期和入库时间等);轮胎入库后要将轮胎按照规格、层级、花纹、品牌、等级和到货批次分批依次进行摆放;轮胎在出库时也应在库存卡片上填入出库时间等信息,以便追踪。

三、轮胎的登记管理

轮胎领用后,应按标准编号(公司识别号码和轮胎序列号),并烙刻在轮胎防水线上方。轮胎编号及相关信息应输入智能化管理系统,尚未应用轮胎智能化管理软件的修理单位,应建立相应的轮胎档案。轮胎行驶里程须每月统计。轮胎管理员应做好以下工作:

(1)认真填写轮胎维护、保修登记记录,包括:

①轮胎路救(小修)日报表;

②轮胎维护日报表;

③轮胎修理日报表;

④轮胎报废清单;

⑤轮胎送厂(回场)翻修单等。

(2)填报各类月报表,并报所在企业技术管理部门,包括:

①在用轮胎收发情况月报表;

②轮胎报废里程月报表;

③轮胎报废原始里程月报表;

④在用轮胎使用情况及分析月报表。

(3)建立完善各类台账,包括:

①轮胎购置台账;

②轮胎故障报修台账;

③轮胎送翻修台账;

④轮胎报废台账;

⑤轮胎非正常报废和磨损台账等。

此外,轮胎管理员、统计人员、胎工要定期对在用轮胎进行定期盘存,及时了解轮胎的使用情况、发现轮胎使用过程中出现的问题。盘存的主要内容包括测量轮胎气压、花纹深度,计算轮胎磨耗、轮胎外观和胎体损坏技术鉴定,核算行驶里程,鉴定尚可行驶里程等。

四、轮胎的管理考核

轮胎的考核以行驶里程为准,根据不同的工作条件科学设定轮胎行驶里程定额指标。在车辆技术状况完好的情况下,指标应能保证大多数驾驶员能做到,少部分驾驶员通过克服驾驶中的不良习惯,在驾驶中合理的、预见性的处理好道路情况,也能达到要求。

主要考核内容包括：

（1）因驾驶员使用不当而造成轮胎异常损坏，未能达到考核定额指标的，按轮胎损坏等级（严重损伤、严重割伤、轻度割伤）对车主驾驶员予以不同程度的惩罚，其赔偿费用可参照以下方法核算：

$$\text{赔偿额度}=\frac{\text{定额里程}-\text{实际行驶里程}}{\text{考核定额里程}}\times\text{轮胎成本} \tag{6-1}$$

（2）因爆胎或辗胎，未能达到考核里程的，对车主驾驶员按照所欠行驶公里数的百分比折合轮胎价格进行赔偿，其赔偿费用计算方法可以按照上式进行，或者按照添加维修费用后的总体价格折算一定百分比（A 通常取 50%）进行赔偿，其公式如下：

$$\text{赔偿额度}=\left[\frac{\text{轮胎成本}-\text{轮胎残值}}{\text{定额里程}}\times(\text{定额里程}-\text{实际行驶里程})+\text{内胎（垫带）价格}+\text{维修费}\right]\times A \tag{6-2}$$

（3）因责任心不强而引发轮胎丢失的，要求驾驶员按轮胎价格全数赔偿；

（4）发现驾驶员有盗卖轮胎的，按照轮胎价格的数倍赔偿或者移交公安机关处理；

（5）因驾驶员对轮胎的维护到位，轮胎报废时超过考核里程数的，对驾驶员予以奖励；

（6）对提出保护轮胎合理化建议并起到保护轮胎作用的人员，予以奖励；

（7）因轮胎质量问题引起的轮胎损坏或报废情况，驾驶员不承担责任。

五、异常轮胎的管理

如发现轮胎有损伤或磨损等异常情况，应及时向有关技术管理人员反映，配合分析轮胎异常原因，及时处理，做好安全预防工作。

因轮胎早期损坏，分析鉴定后，确认属厂方责任者的，可将事故轮胎送原厂，由厂方依据相关合同规定，负责赔偿处理。若属运营公司单位本身管理失职的，或者驾驶员使用不当，维护不良而造成损坏的，一律按照考核管理规定的内容进行追责。

六、废旧轮胎的管理

（一）轮胎翻新

1. 轮胎翻新条件

轮胎翻新是指将已经磨损或其他原因损坏失去使用性能的轮胎，经翻修加工使之重新具有使用性能的加工过程。轮胎管理员或驾驶员应时刻注意轮胎胎面的磨损程度和胎体的技术状况，达到翻新条件的，应及时送厂翻新，不得勉强使用。通常花纹深度在 2～3mm 的可申请翻新。

2. 翻新轮胎的识别方法

（1）查阅标识。国家强制性标准《载重汽车翻新轮胎》（GB 7037—2007）要求，翻新轮胎必须标示“RETREAD”或“翻新”字样，并标示翻新次数和翻新批号。

（2）查阅标志。正规厂家生产的品牌轮胎，在车胎上都有一些突起的标志，标明轮胎的型号和性能,内侧印有保质期,胎面防滑槽内磨损标记清晰可见(印有 TWI 或△标识)。一般翻新轮胎的标志大都是粘接上去的,用指甲抓挠这些标志,能抠掉的必是翻新轮胎。

(3)观察轮胎花纹色彩。在纹路方面,通常劣质翻新胎加工很不规范,纹沟相对较浅;在颜色方面,劣质翻新胎颜色鲜艳,光泽锃亮,而正规的相对比较黯淡。

(4)查阅胎面和胎侧搭接部位。观察胎面与胎体结合部是否平顺,翻新胎都是自制胎面贴合在老的胎体上,胎面和胎侧之间搭接处不如新胎平整圆顺,轮胎侧面有结合痕迹。

(5)查阅痕迹。正规翻新轮胎按翻新部位分为顶翻、肩翻和全翻。各种形式的翻新轮胎痕迹如图 6-6 所示。目前,全翻胎较少,也最难鉴别,通常用钥匙、螺丝刀等钝物刮擦便可看出。

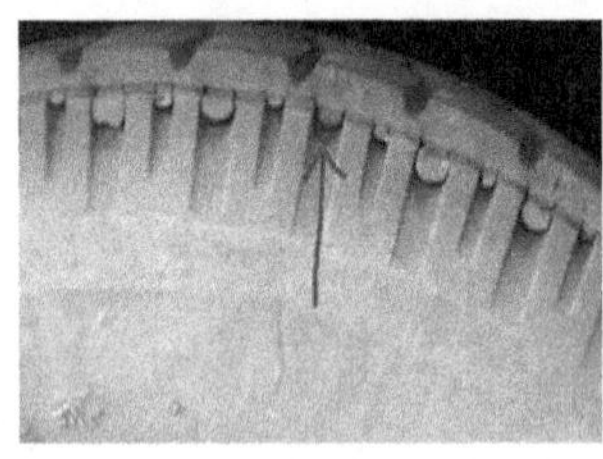
a)顶翻胎翻新痕迹

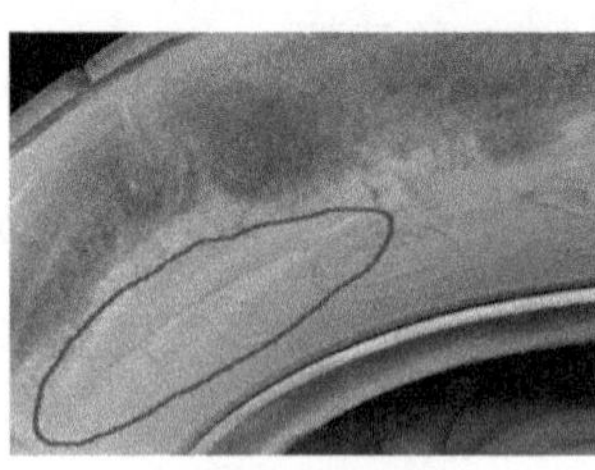
b)肩翻胎翻新痕迹

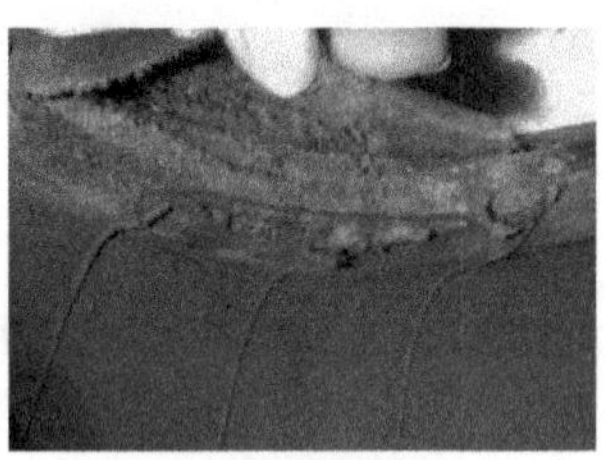
c)全翻胎翻新痕迹

图 6-6　轮胎翻新痕迹

3. 翻新轮胎的使用要求

翻新轮胎的使用要严格按照标准规定执行。《机动车运行安全技术条件》(GB 7258—2012)明确规定,公路客车、旅游客车和乘用车的所有车轮及其他机动车的转向轮不得装用翻新的轮胎;其他车轮如使用翻新的轮胎,应符合相关标准的规定。

(二)轮胎报废

1. 报废条件

(1)外胎符合下列条件之一的,可予报废:

①胎侧有连续裂纹,不堪使用和修复的;

②胎面胶已磨光,并有大破洞,不能继续使用和失去翻新条件的;

③胎体帘线层有环形破裂及整圈分离的;

④胎圈钢丝断裂或趾口大爆破,无法修补的;

⑤其他损坏不堪使用和修复的。

(2)内胎符合下列条件之一的,可予报废:

①有破裂或裂口较大,不堪修复的;

②老化变质或严重发黏的;

③变形过甚的;

④被油料或有害溶液浸蚀不堪使用的。

2. 报废处理方法

轮胎报废处理的方法很多,运用较多的是制成再生胶和胶粉。主要方法如图 6-7 所示。

再生胶是以废旧橡胶为原料,加工成的有一定可塑性、能重新使用的橡胶。生产再生橡胶的关键是“脱硫”,经过脱硫后制成的再生胶可掺入橡胶制品中。但再生橡胶的性能较低,生产过程能耗大且对环境污染严重，使得再生橡胶的生产受到了极大的限制。

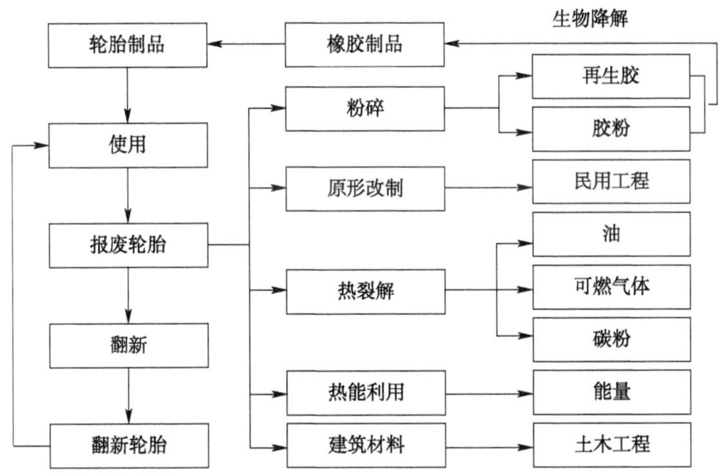

图 6-7　报废轮胎主要再生利用方法

与再生橡胶相比，制造胶粉的过程相对简单且污染小，但废旧轮胎在常规粉碎过程中会产生大量的热，使橡胶老化变形，性能变差。胶粉可广泛用于轮胎、胶鞋等橡胶制品行业，并且可以将胶粉作为改性剂加入到沥青中，用于道路铺设中，可以提高路面的抗噪性、耐热性、耐磨性、防滑性，还能延长道路的使用寿命。

第三节　轮 胎 使 用

一、轮胎对汽车燃油消耗量的影响

(一)胎压对汽车燃油消耗量的影响

汽车在行驶过程中会受到滚动阻力的影响，道路的塑性变形损失、轮胎的迟滞损失和各零件间的摩擦损失等都是形成车辆滚动阻力的原因。

车辆在硬质路面上行驶时，车轮滚动阻力主要受轮胎弹性迟滞损失的影响。车轮在滚动时，轮胎在径向、切向及侧向均会产生弹性变形，轮胎被压缩变形时所产生的能量与恢复变形时所释放的能量不相等，有一部分能量消耗于轮胎内部组织的相互摩擦中，损失的这一部分能量就是轮胎的弹性迟滞损失。且轮胎的滚动阻力随着迟滞损失的增加而增大。

众所周知，汽车的滚动阻力与车辆的燃油消耗量息息相关。随着滚动阻力的增加，汽车的驱动力增加，与此同时发动机所需发出的转矩也随之增加，因此汽车的燃油消耗量也将会上升。相关试验表明，轮胎滚动阻力每增加或减少 10%，油耗就会相应的增加或减少 2%。

因此，当胎压过低时，轮胎变形会增大，轮胎的弹性迟滞损失增加，滚动阻力也随之增加，使得燃油消耗上升。然而，适当的升高胎压在一定程度上有助于减少燃油消耗，但胎压不能过高，因为胎压过高会增加轮胎的磨损，增加爆胎概率。

通常情况,胎压降低 20% ~25%,油耗会增加 10%左右,但不同类型轮胎的燃料消耗量随车速变化,差别较大。轮胎胎压与汽车燃油消耗量的关系如图 6-8 所示。

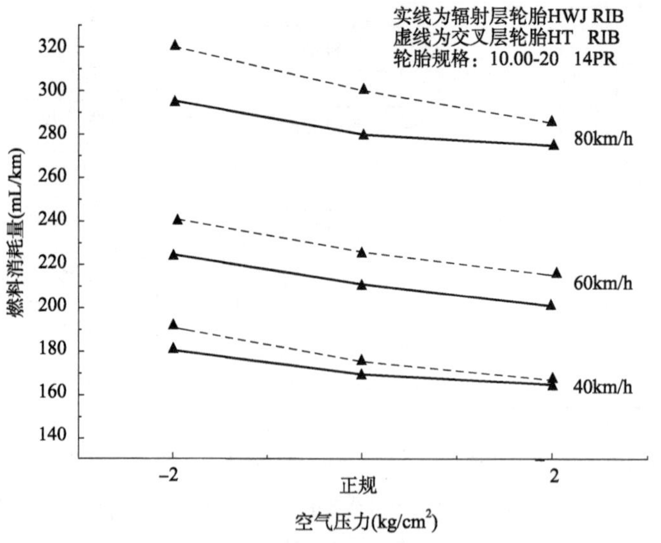

图 6-8 胎压对燃料消耗的影响

(二)载荷对汽车燃油消耗量的影响

根据车辆的驱动条件 $F_t \geqslant F_f + F_w + F_i + F_j$,当车辆过载时,汽车的轮胎滚动阻力增加,汽车所需的驱动力增加,发动机需要提供的转矩随之增加。因此,汽车的燃油消耗量也会相应上升。相关试验研究表明,车辆的燃油消耗量与载荷基本呈线性关系,汽车燃油消耗量随载荷的增加而上升。从图 6-9 可以看出,随着载荷的增加,不同辐射层轮胎与交叉层轮胎均表现出燃料消耗上升的趋势,且采用辐射层轮胎较采用交叉层轮胎燃料消耗量更高。

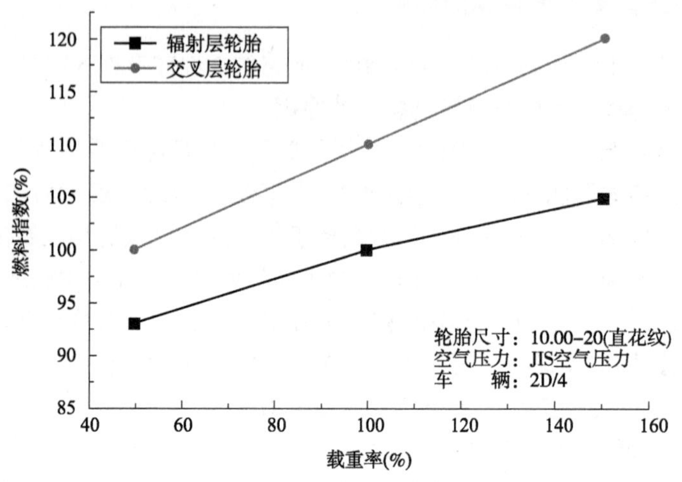

图 6-9 载荷对燃料消耗的影响

(三)行驶速度对汽车燃油消耗量的影响

车辆行驶速度对车辆所受到的滚动阻力和空气阻力均有一定的影响。相关试验研究表明,车速超过某一值后,轮胎的弹性迟滞损失会呈明显上升趋势,车辆所受到的滚动阻力也会明显增加。此外,车辆所受到的空气阻力与车速的平方成正比,空气阻力也会随着车速的增加而明显上升。车速与汽车燃油消耗量的关系如图6-10所示。

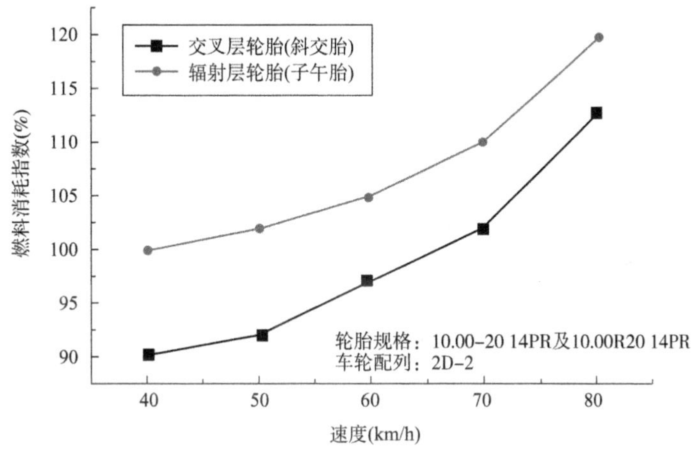

图6-10　车速与燃料消耗的关系

二、影响轮胎使用寿命的要素

(一)胎压对轮胎使用寿命的影响

轮胎胎压的高低与轮胎的使用寿命直接相关。当轮胎胎压高于标准气压时,由于轮胎接地面积减小,加剧了轮胎胎面中部的磨损,而轮胎内部的帘布层因受到过大的伸张应力作用而长期处于紧绷的状态,胎体帘线应力增大,加速了帘线的疲劳过程,随着时间的延长或在遇到意外冲击时,将容易引起帘线断裂,影响乘坐舒适性甚至造成轮胎的早期爆破。另外,由于轮胎的胎压过高,其抗冲击性能下降,易因局部的外伤(刮伤、夹石等)而引发破裂、龟裂的现象。胎压过高还会影响汽车的制动性能,延长了制动距离,易造成交通事故;当轮胎胎压低于标准气压时,会使轮胎变形增大,接地面积增加,轮胎反复曲挠变形加剧,帘布层在这种状态下的压缩变形比较严重,相比于受拉伸应力,帘线更容易发生断裂,且橡胶与帘布层之间异常产热,引发轮胎橡胶层与帘布层分离爆破、帘布层断裂等危险。此外,胎压过低会造成胎肩磨损严重,且由于接地压力不均匀造成胎面的不均匀磨损,影响其使用寿命。

相关试验研究表明,轮胎胎压高于标准气压20%,使用寿命会降低10%;轮胎胎压低于标准气压20%,使用寿命会降低15%。轮胎胎压与使用寿命的关系如图6-11所示。

(二)载荷对轮胎使用寿命的影响

当轮胎过载时,胎侧弯曲变形增大,接地面积增加,轮胎磨损加剧,严重影响使用寿命。轮胎帘布层因长时间处于紧绷状态,使轮胎的抗冲击能力下降,会发生断裂,轮胎钢圈会被切伤或咬伤，且轮胎会因为异常发热而产生热分离。相关试验研究表明，当轮胎超载 20% 时，其使用寿命会降低 30%。轮胎载荷与使用寿命的关系如图 6-12 所示。

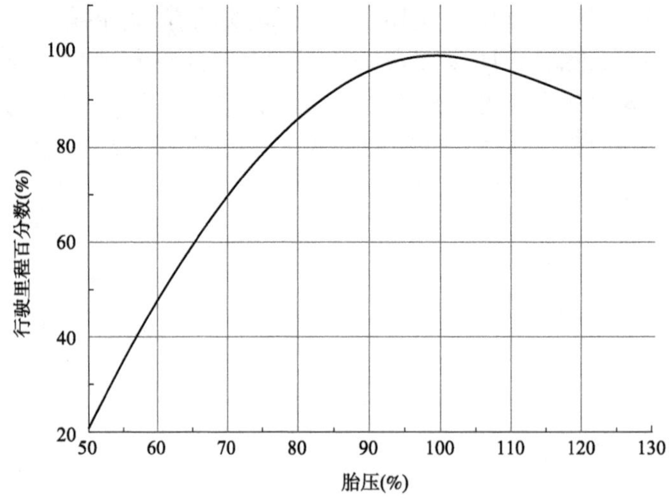

图 6-11　胎压与使用寿命的关系

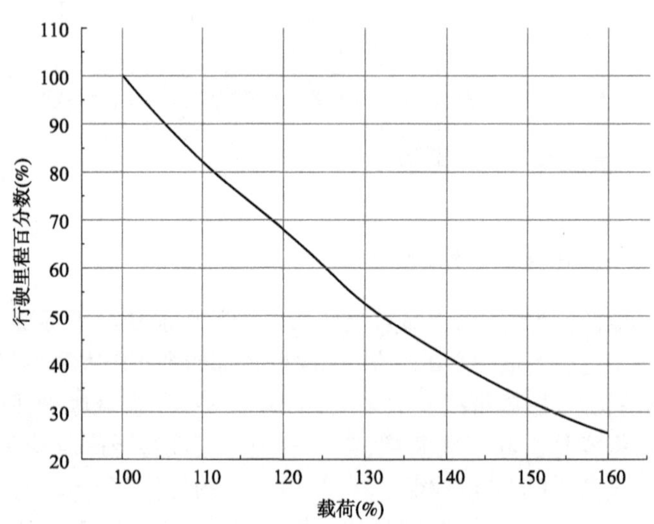

图 6-12　载荷与使用寿命的关系

(三)行驶速度对轮胎使用寿命的影响

车辆行驶速度对轮胎的迟滞损失有很大的影响，迟滞损失随车速的增加而增长，轮胎内部摩擦加剧使胎体的温度不断升高，轮胎内部的压力逐渐增大，导致轮胎内部应力过于集中，会增加轮胎帘布层与胎体脱落甚至爆胎的可能性。车速超过某一值后，轮胎还会出现驻波现象，同样也会导致帘布层脱落和爆胎。相关数据表明，轮胎在时速从 60km/h 增加到 80km/h，其寿命会有较大的变化，两者差异将近 40%。此外，轮胎超速行驶时，车轮的动载荷会相应增加，轮胎胎面有可能不完全着地，有时甚至发生冲滑的现象，导致轮胎的不正常磨损增加，大大降低其使用寿命，同时也延长了紧急情况下行车制动距离，给行车安全留下了隐患。车速与轮胎使用寿命的关系如图6-13所示。

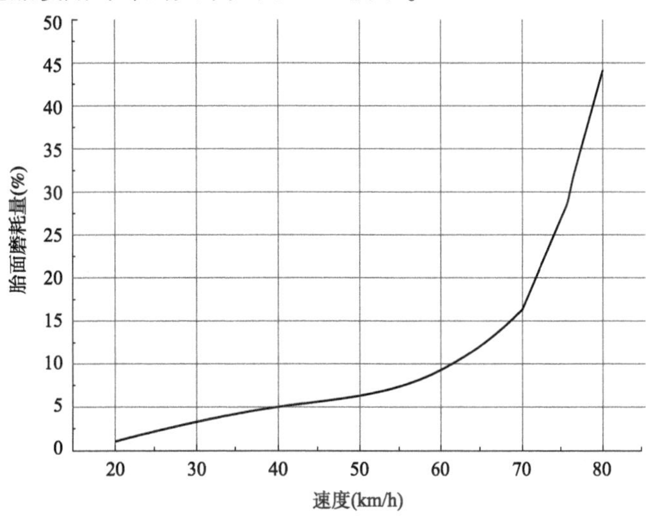

图6-13 车速与使用寿命的关系

三、相关因素对轮胎的影响

(一)轮胎温度对轮胎的影响

相关试验研究表明,轮胎内部的温度与轮胎的负荷和速度的乘积成正比,与外胎的厚度平方成反比。车辆在行驶过程中,由于轮胎变形所引起的迟滞损失的那部分能量用于轮胎内部结构之间的相互摩擦,是轮胎发热的主要原因。另外,频繁的制动、路况差、车速高、载荷大等也会促使轮胎温度升高。轮胎温度升高会促使橡胶老化,降低其物理性能,产生龟裂等,温度过高甚至会引起帘布层脱落和爆胎,降低轮胎的使用寿命。

(二)定位不当对轮胎的影响

车轮定位参数中,车轮外倾角、前轮前束、主销后倾、主销内倾等参数均会对轮胎造成影响,其中,车轮外倾角和前轮前束对轮胎的影响较大。两者需相互匹配,若配合不好会大大降低轮胎的使用寿命。车轮外倾角过大,会使车轮表面与路面接触不均匀,使车轮受力不均匀,造成前轮胎冠外侧偏磨,外倾角过小,会造成前轮内侧偏磨。因此,无论外倾角过大或者过小都会降低轮胎的使用寿命。

同样,车轮前束角度过大或者过小也会造成车轮的不正常磨损,前束角过大,汽车在行驶过程中前轮容易摇摆,影响汽车的操纵稳定性且会引起转向轮由外向内的锯齿状磨损。

(三)平衡超标对轮胎的影响

车轮平衡超标会严重影响轮胎的使用寿命。汽车在直线行驶时,受到沿车轮半径方向上的离心力的作用,这种力由使轮胎脱离轮辋的趋势,同时也增加了轮胎内部的附加力,促使轮胎胎面的剥离。当轮胎平衡时,各轮胎所受的离心力大小相等,车轮转动均匀,磨损均匀。轮胎平衡超标分为静平衡超标和动平衡超标两类,当轮胎静平衡超标时,轮胎会出现不规则排列的块状、片状或沟状磨损,有时也会出现像刀切一样极平的磨点;当轮胎动平衡超标时,各轮胎受到的离心力大小不同,车轮转动不均匀或者发生跳动,会产生偏磨损现象。

(四)复轮组合对轮胎的影响

轮胎复轮外径差超出一定范围时,轮胎的磨耗速度明显加快,且外径差越大,磨耗越明显。外径较大的轮胎接地面积较大,会发生提前磨损,严重影响其使用寿命。

复轮的压力差过大时,胎压相对较高的轮胎负荷相对增加,发生爆胎的倾向增加,而胎压相对较低的轮胎由于受到不确定的负荷会产生不均匀磨损,从而大大降低轮胎使用寿命。

此外,车辆制动不均匀(如单边制动)、左右钢板弹簧软硬度不一致、轮辋变形、轴距不正、前轮轴承松动等,都会使轮胎不能平顺地滚动,加速轮胎的磨损,缩短其使用寿命。

(五)路面状况对轮胎的影响

路面种类、道路轮廓以及路拱等都会对轮胎产生较大影响。如:连续弯道会导致频繁制动,增加轮胎侧向压力,使轮胎的磨损加剧;长下坡路面由于牵引力大,以及加速和制动都会增加胎面的磨耗;严重的路拱会增加靠近路边轮胎的负重且会导致胎面受力不均,会使靠近路边的轮胎相较于靠近路中的轮胎磨损速度快;过于狭窄的路面会增加轮胎与路缘石碰撞接触的机会,会增加轮胎意外损坏和早期损坏的机会。

四、轮胎的正确使用

(一)保持正常胎压

轮胎制造厂家对各型号轮胎都规定了其充气压力和载荷,在使用时应按照规定的标准气压对轮胎进行充气。另外,要经常检查轮胎的气压是否正常,因为在轮胎使用过程中,轮胎气压都会有一定程度的下降。当气压不足时,则需要对轮胎进行充气。充气时应注意:

(1)轮胎需充分冷却后才可以充气。

(2)充气时用标准气压表,依照汽车或轮胎制造商指示充气,避免过量充气。

(3)应充入干燥洁净的氮气,避免水汽、油污等混入,造成轮胎腐蚀。

(4)充气后应以肥皂水测试气门嘴是否漏气,并锁紧气门盖。

(二)防止超载和不正确装载

每条轮胎在出厂时都规定了其最大的承载能力,因此要避免轮胎的超载。汽车的超载或者装载不均匀都会造成轮胎的超载。装载时应尽量使货物均匀对称摆放。另外,汽车超载时,绝不允许用提高胎压的方法来进行补偿。

(三)控制轮胎温度

汽车长时间、长距离行驶时,轮胎会产生大量的热。尤其是在夏季,由于外界温度较高,轮胎散热较慢,易发生爆胎的危险。在行驶时若发现轮胎温度过高,应将车辆停放在阴凉处，待轮胎自然降温后再继续行驶。决不允许用泼冷水的方式使轮胎迅速降温。此外，当汽车连续高速行驶时，要注意让车辆在运行过程中适当的休息以避免轮胎温度过高而发生意外。

(四)勤检花纹磨损情况

通常，轮胎使用磨损存在两个拐点：一是轮胎花纹深度磨损到3.0mm，此时轮胎制动能力和防滑能力开始下降，特别是雨天操控感觉尤其明显；二是轮胎花纹深度磨损到1.6mm，此时轮胎的制动、驱动、防滑能力呈直线下降，在湿滑路面上，胎面花纹无法将轮胎下方的积水排出，将发生“水飘”现象，导致车辆失控。因此，驾驶员应经常性检查轮胎外观及花纹磨损情况，发现外观有破损或花纹有异常磨损，应及时分析、报告。轮胎花纹深度测量方法如图6-14所示。

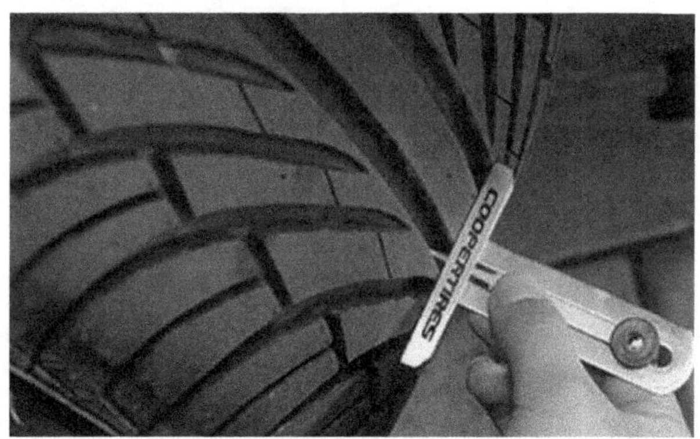

图6-14　轮胎花纹深度测量

各国对轮胎花纹深度的技术要求见表6-2。

各国轮胎花纹深度磨损极限要求(单位：mm)　　表6-2

国家或地区	乘用车	客车	货车
美国	≥1.6	≥2.0	≥2.0
欧洲	≥1.0	≥2.0	≥2.0
日本	≥1.6	≥3.2	≥3.2
中国	≥1.6	转向轮≥3.2，其余轮≥1.6	

(五)养成良好的驾驶习惯

在连续高速的状态下，轮胎容易产生磨损和爆胎，因此要严格控制汽车的行驶速度，使车辆经常处于最经济的车速下行驶，将车速控制在速度级别规定的指数内，严禁超速行驶。此外，车辆行驶时应平稳起步，平稳停车，尽量按照直线行驶，减少急转弯、急加速、急减速等情况的发生频次，更要避免异物扎伤轮胎而造成意外损坏。在一些特殊气候环境下，如雨天或者遇到路面有积水的路段，应降低车速至规定范围内，做到安全、文明行车。

(六)保证车辆技术状况良好

定期检查车辆的技术状况，保证定位参数互相匹配，其他底盘机件装配得当，轴距合理，同时需经常进行动平衡检测,避免动平衡超标。

(七)合理选择路面

在良好的路面上,在保证安全不违反交通规则的前提下,应尽量使车辆处于道路中间行驶,以避免轮胎的偏磨。在不良的路况下行驶时,应尽量避开尖锐物和障碍物,以避免轮胎被刺破而爆胎。

五、轮胎的常见损伤

轮胎的常见损伤见表6-3。

轮胎的常见损伤及原因　　表6-3

序号	示　例	主要特征	形成原因	使用因素
1		热分离(胎侧、胎面脱层)	变形量过大或一定时间内反复变形次数多,引起异常发热增多而引起胎侧、胎面脱层	(1)胎压过低; (2)超负荷; (3)超速行驶
2		胎侧周向裂开	胎侧应力集中,过度碾压	(1)胎压过低; (2)超负荷; (3)装胎不正
3		花纹沟龟裂,沿花纹裂开	胎面花纹沟底部受伤(刺伤、垫伤)而成长为龟裂	(1)路况不良; (2)被硬石子、玻璃等外物刺伤,修补不良; (3)胎压、负荷过高
4		胎面中部受磨严重	胎面中部接触地面过多,轮胎受磨主要由胎面中部承担	(1)胎压过高; (2)轮辋过窄
5		胎肩磨损严重	胎面两侧接触地面过多,轮胎受磨主要由胎面两侧承担	(1)负荷过大; (2)胎压过低; (3)定位不当

续上表

序号	示　例	主要特征	形成原因	使用因素
6		胎面两侧花纹锯齿状磨损	汽车行驶过程中,轮胎着地时花纹块的不均匀变形导致	(1)车轮前束不当; (2)气压过低; (3)负荷过大
7		波浪状磨损	轮胎受力不均,胎面产生局部磨损所致,在胎冠内外侧综合来看,具有波浪状的特征	(1)轮辋变形、轴承松旷; (2)动平衡不良; (3)定位参数不当; (4)悬架装置故障; (5)紧急制动; (6)车辆载荷分布不均
8		轮胎凹痕	帘布接头过大、反包端点打褶以及设计尺寸不合理等	(1)胎压不足; (2)车轮不平衡; (3)钢圈变形; (4)定位参数不当
9		轮胎鼓包	轮胎遭受意外冲击,导致轮胎在冲击物和轮辋凸缘之间产生严重的挤压变形	(1)驾驶员操作不当; (2)路况恶劣
10	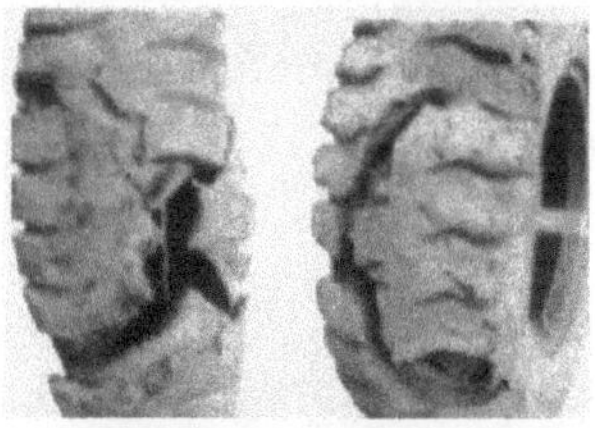	帘布层断裂	轮胎内部应力集中,超过帘布层的抗拉强度	(1)负荷过大; (2)胎压过大或过小; (3)轮胎表面被刺伤、割伤等
11		爆胎	(1)胎压不足—摩擦增加—胎温上升—轮胎强度下降—爆胎; (2)速度高、负荷大—胎温升高—轮胎机械性能下降—爆胎	(1)胎压过高或过低; (2)长时间超速行驶; (3)胎温过高; (4)负荷过大; (5)轮辋与轮胎不匹配; (6)路况不良,经常紧急制动

第四节　轮胎维护

一、维护周期

轮胎维护分为日常维护、一级维护和二级维护。通常，轮胎维护可与整车维护同步进行。

二、维护的要点及方法

(一)日常维护

1. 出车前检查

(1)轮胎外观。检查轮胎是否有被异物刺伤，胎面磨耗是否正常，轮胎花纹、双胎之间及其他处是否有石头、夹杂物，翼子板、挡板等有无碰擦轮胎的现象，并及时设法消除。

(2)轮胎组件。检查气门嘴、帽是否齐全，轮辋是否变形，靠近轮胎的弹簧片、挡泥板极其固定螺丝是否完好紧固。

(3)紧固件。检查轮胎螺母是否完好紧固。

(4)胎压。检查轮胎胎压是否正常，如胎压过低应及时补气。

(5)备胎。检查备胎是否完好，备胎和备胎架是否紧固。

(6)工具。检查千斤顶、轮胎螺母、套筒扳手、撬胎棒、气压表、手锤、挖石子钩及轮胎途中修补备件等随车工具是否齐全。

2. 行车中检查

在行驶过程中应当结合中途停车、装卸等机会对轮胎进行检查，在停车时，选择合适的驻车地点，尽量停靠在清洁平坦、安全且不影响其他车辆通过的场所，检查主要内容有：

(1)轮胎外观。检查胎体是否有被刮划或刺伤的痕迹，挡泥板等有无碰擦轮胎的现象，是否有不正常磨损和损伤。应除去夹在双胎之间的石块，剔除嵌在花纹沟中的小石子，拔除铁钉等杂物，刺入较深的铁钉被拔出后，应即时检查钉眼有无漏气。

(2)紧固件。检查轮胎螺母有无松动。

(3)胎压及胎温。检查轮胎压力及胎温是否正常，如果胎压过低，应就近、及时充气，如温度过高，应停车休息自然降温，切勿用泼冷水的方法降温。

3. 收车后检查

(1)轮胎外观。检查胎体是否有被刮划或刺伤痕迹，是否有不正常的磨损现象，同时，应及时除去夹在双胎之间的石块，剔除嵌在花纹沟中的石子，拔除铁钉等杂物，如有异常损坏或不正常磨损，应及时报修。

(2)轮胎组件。检查轮辋有无变形、损伤，气门嘴、帽是否齐全。

(3)紧固件。检查轮胎螺母有无松动，挡泥板及其固定螺丝是否完好紧固。

(4)胎压。检查轮胎有无漏气现象，压力是否适当。

(5)备胎。如备胎已换过,应及时将损坏的轮胎情况通知胎管员,以便及时送修。同时,应将新备胎装在备胎架上并做好记录。

(6)停车环境。应保证停车场地干净、清洁、无油污及杂物,在一些恶劣天气状况,如严冬雨雪天气、冰雪等,应及时清除停车场地上的冰雪,以免造成轮胎与地面冻结。

(二)一级维护

除了日常维护项目外,还包括以下要内容:

(1)轮胎外观检查。检查轮胎花纹磨损情况,查阅轮胎有无损伤及不正常的磨损现象。拔除刺入轮胎表面的尖锐物,剔除夹杂在轮胎和花纹沟间的硬石子、玻璃片等杂物。观察轮胎是否有机械损坏,必要条件下可以拆卸检查,发现损坏应及时报修。

(2)轮胎装配检查。检查轮辋、挡圈、锁圈是否正常,有无变形,轮毂轴承间隙有无明显松旷。

(3)检查气压。若气压低,则应拆除详细检查,发现问题所在,及时解决。轮胎在补气后,需要进行气密项检查。

(4)紧固件。检查轮胎螺栓、螺母是否齐全完好,有无松动,如有损坏、丢失或松动,应及时补齐并按照规定力矩紧固。

(5)备胎。需保证备胎气压充足,与轮胎胎侧标注的气压相符,保证其安装牢固。

(6)安装有胎压监测系统(TPMS)的车辆,还应检查系统是否工作正常。

(三)二级维护

除了一级维护项目外,还包括以下要内容:

(1)外观。检查外胎的胎冠、胎肩、胎侧、花纹等是否有明显的损坏、偏磨、划伤、刺伤、割裂、变形、老化或脱层等现象。

(2)花纹深度。依据相关标准测量花纹深度,判断轮胎是否继续使用、维修或更换,注意前轮应着重检查。

(3)内胎。检查内胎及垫带有无损伤、折叠、拉伸的痕迹。

(4)轮辋及相关部件。检查轮辋、锁圈、压环是否变形、损伤或生锈,并进行除锈,检查轮辋螺栓、承孔有无过度磨损或者损裂现象。

(5)四轮定位。测量四轮定位参数,并按照要求调整至规定值范围。

(6)动平衡。测量轮胎的动不平衡量,并按照要求调整至规定值范围。

(7)轮胎换位。仔细检查轮胎磨损情况,根据轮胎的实际情况进行轮胎换位。

三、轮胎的换位及要求

为防止轮胎偏磨,应根据轮胎磨损情况定期地对轮胎进行换位,使轮胎磨损均匀,在轮胎的全生命周期内提供更好的使用性能,从而延长轮胎的使用寿命。常见的轮胎换位方式主要有三种,即交叉换位法、循环换位法、混合换位法,如图 6-15 所示。

当整车轮胎成色不一样,不能调到前轮使用时,轮胎换位可采用分轴交叉换位法和左右互调换位法,如图 6-16 所示。

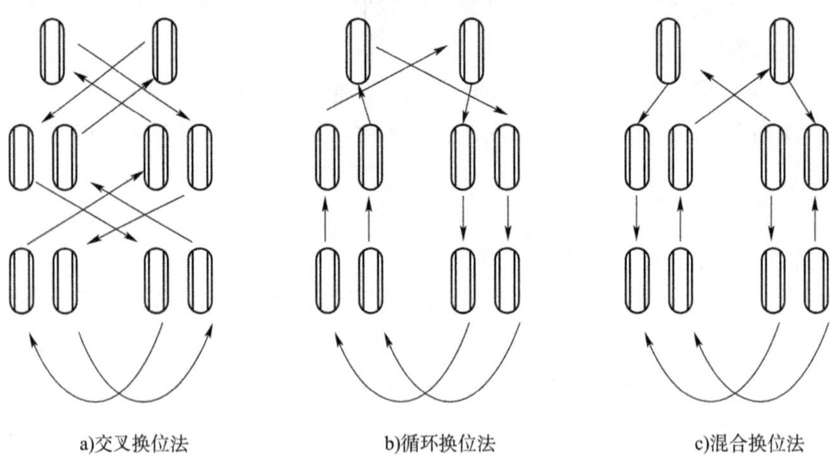

图 6-15　轮胎换位(以十轮三桥车辆的分布形式为例)

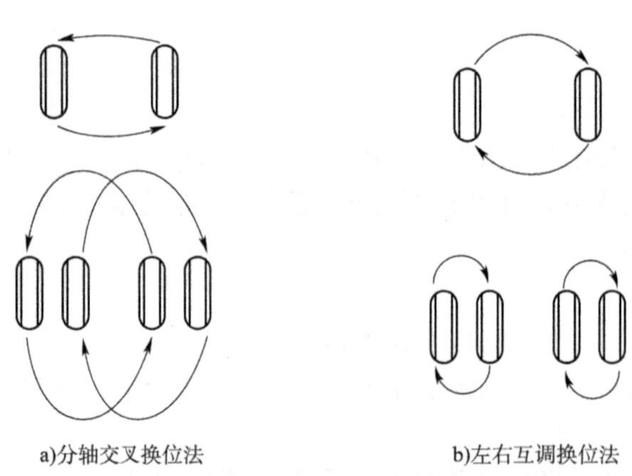

图 6-16　轮胎成色差异时的换位方法

对具有方向性差异的轮胎,应注意区分,典型换位方法如图 6-17 所示。

通常来讲,采用子午线轮胎的车辆每行驶 12000 ~ 15000km,采用斜交轮胎的车辆每行驶 8000 ~ 10000km 时应进行换位。轮胎换位时需注意以下几点:

(1)不同类型的轮胎应采取不同的换位方法。对有方向性花纹的轮胎,换位后不能改变其旋转方向。

(2)子午线轮胎不能采用交叉换位方法(换位后影响汽车操纵稳定性),而应采用单边换位方法。

(3)雪地轮胎或者带防滑钉的轮胎一般不进行换位。

(4)同种规格的备胎可参与轮胎换位。

(5)轮胎规格不同(大小、花纹等),不允许前后轮胎换位。

(6)轮胎换位方法一旦选定后,不得随意改变。

(7)轮胎换位后,轮胎的充气压力应严格按照生产厂家的要求进行调整。

(8)车辆若长期在拱度较大的路面或在炎热环境下行车,可适当增加换位次数。

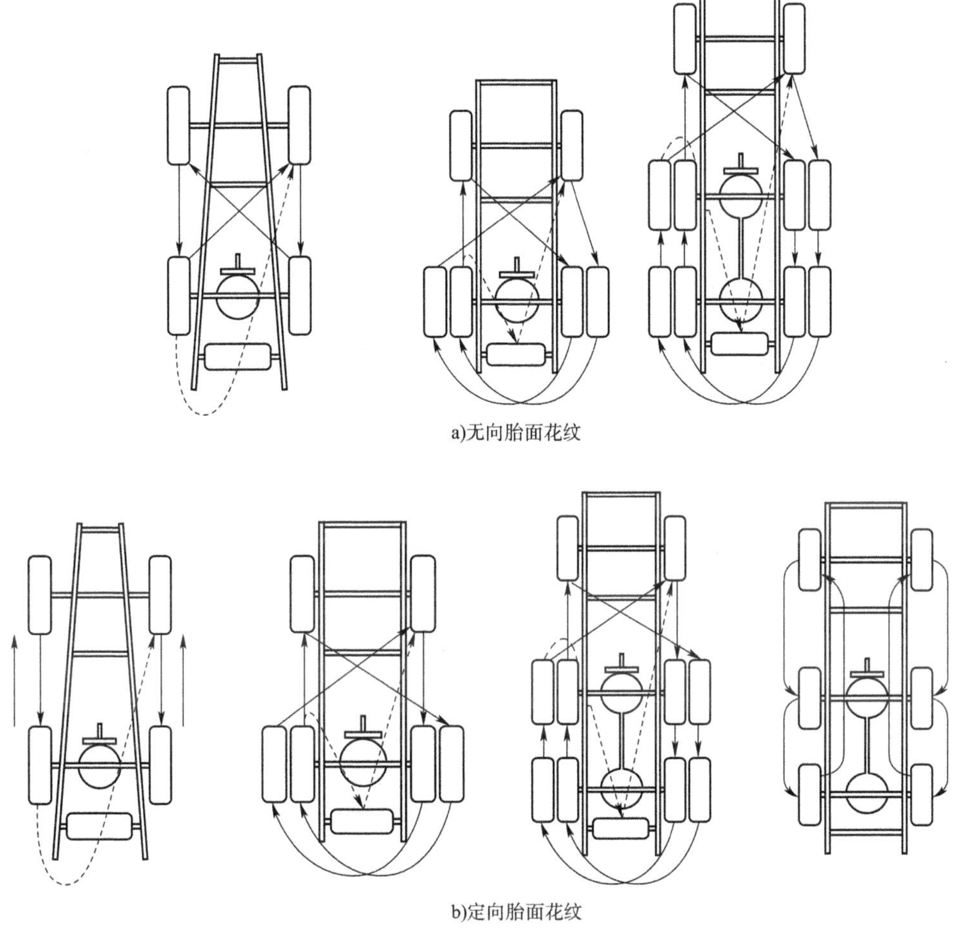

a)无向胎面花纹

b)定向胎面花纹

图 6-17　定向胎面和无向胎面换位

四、轮胎的拆装及更换

(一)轮胎的拆装

(1)在进行轮胎拆装作业时,必须使用专用工具或器械(如撬棒、轮胎拆装机等)来拆装,规范操作,不得使用钝器、锐器等其他器械撬砸轮胎。

(2)安装内胎时,可在外胎内壁和内胎表面涂上滑石粉,内胎的气门嘴须对正轮辋气门嘴孔。

(3)安装无内胎轮胎时,应保证轮辋无变形、裂口等缺陷,发现有缺陷的轮辋时,应及时进行修理或直接更换。

(4)安装带有"O"形圈的轮胎时,应更换新的"O"形圈,且须保证新"O"形圈完好无缺陷,且在植物油中浸泡片刻再进行安装。

(5)在装配胎冠上装有钢带的无内胎轮胎时,应先把轮胎装在轮辋上,并充入压缩空气使气压值达到大约 150kPa,然后小心地将钢带剪断拆下。

(二)轮胎的更换

1. 整车换胎

整车换胎一般在汽车进行二级维护时进行,在对全车轮胎实施全面的检查过程中,如发现车辆大部分轮胎已达到磨损极限,或轮胎已不能保证行车安全时应进行整车换胎。

2. 单个换胎

车辆在收车后或在运行中发现车辆轮胎有异常损坏或过度磨损已不能保证车辆行驶安全时,应对个别轮胎及时进行轮胎更换。

不管是整车换胎还是单车换胎,需要注意以下几点:

(1)客车所有车轮不得装用翻新轮胎,其他车辆的转向轮不得装用翻新轮胎。

(2)同一轴上的轮胎规格、花纹、厂牌及层级应相同。

(3)斜交胎与子午线胎、有内胎与无内胎的轮胎不得同车混装。

(4)同轴左、右轮花纹深度差应不大于4.0mm。

第七章　车辆维修与质量管理

磨损理论和大量的试验数据表明，汽车在复杂载荷和路面条件下，随着行驶里程的增加，相关部件将会发生不同程度的磨损、疲劳、老化和松动，使各零部件失去原有的质量和性能，造成汽车各项性能指标下降，这不仅会增加运输成本，还会缩短汽车的使用寿命，甚至会成为影响交通安全、排放恶化的重大隐患。因此，运输企业要高度重视车辆的维修管理，要遵循周期维护和视情修理的原则，建立完善汽车维修管理制度，确保车辆技术状况良好。

第一节　维修企业分类及能力条件

一、汽车维修作业的定义及分类

（一）术语及定义

汽车维修是指以维持或者恢复汽车正常技术状况（或工作能力），延长车辆使用寿命为主要目的所进行的维护、修理以及维修救援等相关经营活动的总称，分为维护和修理两部分。

汽车维护是指为维持汽车完好技术状况或工作能力而进行的作业。

汽车修理是指为恢复汽车完好技术状况（或工作能力）和寿命而进行的作业。

（二）汽车维护分类

根据运行间隔期、作业内容的不同，汽车维护分为走合维护、季节性维护和定期维护。

（1）走合维护：是指汽车在走合期内实施的维护。主要作业内容除做好日常维护外，要经常检查、紧固外露螺栓、螺母，注意各总成在运行中的声响和温度变化，及时进行适当的调整。走合期满，各总成应更换润滑油，并注意清洗，连接件要进行紧固，对各部间隙进行调整。

（2）季节性维护：是指为使汽车适应季节变化而实施的维护。车辆在不同的季节，不同的部件、部位易出现不同的故障，车辆应根据季节的变化关注车辆换季维护。如夏季气温高、雨水多，车辆因天气原因造成润滑油的变质、车辆爆胎、制动性能变差等情况，应加强对车辆轮胎、润滑油的维护。秋冬天气寒冷，气候干燥，应加强对车辆防冻液、机油、蓄电池、暖风系统的检查，及时检查防冻液、更换发动机机油等，使汽车迅速适应变化的气候条件。通常季节性维护可结合定期维护一并进行。主要作业内容是更换润滑油，调整油路、电路和对冷却系统的检查维护等，并附加一些相应的作业项目。

（3）定期维护：是指按技术文件规定的运行间隔期实施的维护。包括日常维护，一级维护和二级维护。

①日常维护：以清洁、补给和安全性能检视为中心内容的维护作业，分为出车前、行车中

和收车后检查，主要由驾驶员执行。

②一级维护：除日常维护作业外，以润滑、紧固为作业中心内容，并检查有关制动、操纵等系统中的安全部件的维护作业。

③二级维护：除一级维护作业外，以检查、调整制动系、转向操纵系、悬架等安全部件，并拆检轮胎，进行轮胎换位，检查调整发动机工作状况和汽车排放相关系统等为主的维护作业。

(三)汽车修理分类

根据汽车维修作业深度、执行方式或组织形式，汽车修理分为汽车大修、总成修理、汽车小修和零件修理。

(1)汽车大修：是指通过修复或更换汽车零部件(包括基础件)，恢复汽车完好技术状况和完全(或接近完全)恢复汽车寿命的修理。

汽车大修的期限随着汽车产品质量、使用条件和平时维护状况的不同有很大差异，运输企业应对接近大修定额里程的车辆加强状态监控，结合维护进行定期检测，做好技术鉴定工作，根据汽车大修的送修条件及时送修。

(2)总成修理：是指为恢复汽车总成完好技术状况(或工作能力)和寿命而进行的作业，也就是总成在经过一定使用期限后，其基础件和主要零部件破裂、磨损、老化等，需要拆散进行彻底修理，以恢复其技术状况。

总成修理主要包括发动机、车架、车身、变速器、后桥、前桥等总成。送修前要进行技术鉴定，达到送修条件的按规定送修。

(3)汽车小修：是指通过修理或更换个别零件，消除车辆在运行过程或维护过程中发生或发现的故障或隐患，恢复汽车工作能力的作业。

(4)零件修理：是指恢复汽车零件性能和寿命的作业，主要是对因磨损、变形、损伤等不能继续使用的零件进行修复。

二、汽车维修企业分类及能力范围

目前，我国汽车维修经营实行行政许可，根据业务范围、经营项目和服务能力，汽车维修企业分为一类、二类和三类维修企业。

(1)一类维修企业：可以从事相应车型的整车修理、总成修理、整车维护、小修、维修救援、专项修理和维修竣工检验工作。

(2)二类维修企业：可以从事相应车型的整车修理、总成修理、整车维护、小修、维修救援和专项修理工作。

(3)三类维修企业：可以分别从事发动机、车身、电气系统、自动变速器维修及车身清洁维护、涂漆、轮胎动平衡和修补、四轮定位检测调整、供油系统维护和油品更换、喷油泵和喷油器维修、曲轴修磨、汽缸镗磨、散热器(水箱)、空调维修、车辆装潢(篷布、坐垫及内装饰)、车辆玻璃安装等专项工作。

运输企业应选取符合条件要求的维修企业进行车辆维护和修理，将汽车维护制度落到实处，避免标准执行不严，造成维护过程中缺项、漏项、敷衍、应付等不良现象，确保维护工作质量。运输企业内设修理机构的应具有相应车型的维修能力，并获得相关批准。

三、汽车维修企业服务能力及条件要求

(一)整车维修企业

1. 人员条件

维修企业应具有维修企业负责人、维修技术负责人、维修质量检验员、维修业务员、维修价格结算员、机修人员、电器维修人员、钣金(车身修复)人员和涂漆(车身涂装)人员,并取得行业主管部门及相关部门颁发的从业资格证书,持证上岗。人员配置要求如下:

(1)维修质量检验员数量应与其经营规模相适应,至少应配备2名质量检验员。

(2)机修人员、电器维修人员、钣金人员和涂漆人员,一类企业至少应各配备2人;二类企业至少应各配备1人。

(3)其他岗位从业人员,一类企业至少应各配备1人,不能兼职;二类企业允许一人二岗,可兼任一职。

(4)从事燃气汽车维修的企业,至少应配备1名熟悉燃料供给系统专业技术的专职作业、检验人员,并经培训合格,持证上岗。

2. 设施条件

1)接待室(含客户休息室)

一类企业的接待室面积不少于80m^2,二类企业不少于20m^2,接待室应明示各类证(照)、主修车型、作业项目、工时定额及单价等,并应有客户休息的设施。

2)停车场

有合法停车场地,租赁的停车场地应具有合法的书面合同书,租赁期限不得少于1年。

一类企业的停车场面积不少于200m^2,二类企业不少于150m^2,不得占用公共用地。

3)生产厂房

厂房面积应能满足设备的工位布置、生产工艺和正常作业,并与其经营业务相适应,一类企业不少于800m^2,二类企业不少于200m^2。

(1)厂房内应设有总成维修间,一类企业不少于30m^2,二类企业不少于20m^2,并设置总成维修所需的工作台、拆装工具、计量器具等。

(2)生产厂房内应设有预检工位,预检工位应有相应的故障诊断、检测设备。

(3)租赁的生产厂房应具有合法的书面合同书,租赁期限不得少于1年。

(4)从事燃气汽车维修的企业,应有专用维修厂房,厂房应为永久性建筑,不得使用易燃建筑材料,面积应与生产规模相适应。厂房内通风良好,不得堆放可能危及安全的物品。厂房周围5m内不得有任何可能危及安全的设施。

(5)从事燃气汽车维修的企业,还应设有密封性检查、卸压操作的专用场地,可以设在室外,应远离火源,应明示防明火、防静电的标志。

3. 设备条件

应配备与生产规模和生产工艺相适应的仪器设备。从事营运车辆二级维护的企业,还应配置满足《汽车维护、检测、诊断技术规范》(GB/T 18344)规定的所有出厂检验项目的检测设备。各种设备应能满足加工、检测精度的要求和使用要求,并符合相关国家标准和行业

标准的要求,计量器具及检测设备应按规定检定合格。仪器设备配置见表 7-1 ~ 表 7-4。

仪 表 工 具

表 7-1

序 号	设备名称	序 号	设备名称
1	万用表	8	外径千分尺
2	汽缸压力表	9	内径千分尺
3	燃油压力表	10	量缸表
4	液压油压力表	11	游标卡尺
5	真空表	12	扭力扳手
6	空调检漏设备	13	气体压力及流量检测仪(针对燃气汽车维修企业)
7	轮胎气压表		

专 用 设 备

表 7-2

序号	设备名称	大中型客车	大型货车	小型车	其他要求
1	废油收集设备、齿轮油加注设备、液压油加注设备、制动液更换加注器、脂类加注器		√		
2	轮胎轮辋拆装设备		√		
3	轮胎螺母拆装机	√	√	—	
4	车轮动平衡机		√		
5	四轮定位仪	—	—	√	二类允许外协
6	四轮定位仪或转向轮定位仪	√	√	—	二类允许外协
7	制动鼓和制动盘维修设备	√	√	—	
8	汽车空调制冷剂回收净化加注设备		√		大型货车允许外协
9	总成吊装设备或变速器等总成顶举设备		√		
10	汽车举升设备		√		一类应不少于 5 个,二类应不少于 2 个;具有安全逃生通道的地沟可代替举升机
11	汽车故障电脑诊断仪		√		
12	制冷剂鉴别仪		√		
13	蓄电池检查、充电设备		√		
14	无损探伤设备	√	—	—	
15	车身清洗设备				
16	打磨抛光设备	√	—	√	
17	除尘除垢设备	√	—	√	
18	车身整形设备		√		
19	车身校正设备	—	—	√	二类允许外协
20	车架校正设备	√	√	—	二类允许外协
21	悬架试验台	—	—	√	允许外协
22	喷烤漆房及设备	√	—	√	大中型客车允许外协

续上表

序号	设备名称	大中型客车	大型货车	小型车	其他要求
23	喷油泵试验设备(针对柴油车)		√		允许外协
24	喷油器试验设备		√		
25	调漆设备	√	—	√	允许外协
26	自动变速器维修设备		√		允许外协
27	氮气置换装置(针对燃气汽车)	√	—	√	
28	气瓶支架强度校验装置(针对燃气汽车)	√	—	√	允许外协

注:1. √——要求具备,— ——不要求具备;

2. 允许外协的设备,应具有合法的合同书;

3. 汽车举升机、喷烤漆房及设备等涉及安全的产品应通过交通产品认证;

4. 小型车指车身总长不超过6m的载客车辆或最大设计总质量不超过3500kg的载货车辆;

5. 大中型客车指车身总长超过6m的载客车辆;

6. 大型货车指最大设计总质量超过3500kg的载货车辆、挂车及专用汽车的车辆部分。

检测设备 表7-3

序号	设备名称	其他要求
1	尾气分析仪或不透光烟度计	
2	汽车前照灯检测设备	可用手动灯光仪或投影板检测
3	侧滑试验台	可用单板侧滑台
4	制动性能检验设备	可用制动力、制动距离、制动减速度的检验设备之一
5	便携式气体检漏仪	用于鉴别燃气浓度及报警

通用设备 表7-4

序号	设备名称	序号	设备名称
1	计算机	5	气体保护焊设备
2	砂轮机	6	压床
3	台钻(含台钳)	7	空气压缩机
4	电焊设备(大中型客车、大型货车维修)	8	抢修服务车

由上可知,一类和二类维修企业都具有整车维修能力,经营范围基本相同(维修竣工检验除外),只是经营规模、人员数量、设施设备要求不同。两者的主要区别见表7-5。

一、二类汽车整车维修企业能力条件的主要区别 表7-5

条件要求 \ 企业类别		一类	二类
人员条件	机修、电器、钣金和涂漆人员	各≥2人	各≥1人
	其他岗位从业人员	各≥1人,不能兼职	允许一人二岗,可兼任一职
设施条件	接待室面积	≥80m^2	≥20m^2
	停车场面积	≥200m^2	≥150m^2
	生产厂房面积	≥800m^2	≥200m^2
	总成维修间	≥30m^2	≥20m^2

续上表

条件要求 \ 企业类别		一类	二类
专用设备	四轮定位仪	大型车维修必备	允许外协
	四轮定位仪或转向轮定位仪	小型车维修必备	允许外协
	汽车举升设备	≥5 台	≥2 台
	车身校正设备	小型车维修必备	允许外协
	车架校正设备	大中型客车、大型货车维修必备	允许外协

从事危险货物运输车辆维修的经营者，除具备一类维修经营业务的开业条件外，还应当具备下列条件：

(1)有与其作业内容相适应的专用维修车间和设备、设施，并设置明显的指示性标志；

(2)有完善的突发事件应急预案，应急预案包括报告程序、应急指挥以及处置措施等；

(3)有相应的安全管理人员；

(4)有齐全的安全操作规程。

(二)汽车综合小修和专项维修

1. 人员条件

关键岗位的从业人员数量应能满足生产的需要，从业人员资格条件应符合《机动车维修从业人员从业资格条件》(GB/T 21338)的规定，并取得行业主管及相关部门颁发的从业资格证书，持证上岗。人员配置要求见表 7-6。

专项维修业户人员配置 表 7-6

经营范围	技术负责人	质量检验员	主修人员
汽车综合小修	1 名	≥1 名	≥2 名
发动机维修	1 名	≥2 名	≥2 名
车身维修	1 名	≥1 名	≥2 名
电气系统维修	1 名	≥1 名	≥2 名
自动变速器维修	1 名	≥1 名	≥2 名
轮胎动平衡及修补	/	/	≥1 名
四轮定位检测调整	/	/	≥1 名
汽车润滑与养护	/	/	≥1 名
喷油泵、喷油器维修	/	/	≥1 名
曲轴修磨	/	/	≥1 名
汽缸镗磨	/	/	≥1 名
散热器维修	/	/	≥1 名
空调维修	/	/	≥1 名
汽车美容装潢	/	/	≥1 名
汽车玻璃安装及修复	/	/	≥1 名

注：发动机、车身、电气系统和自动变速器维修的经营业户还应配备维修企业负责人、业务员、价格结算员。

2. 设施条件

设施配置要求见表 7-7。

专项维修业户设施配置 表 7-7

经营范围	接待室面积	生产厂房面积	停车场地面积
汽车综合小修	≥10m²	≥100m²	≥30m²
发动机维修	≥20m²	≥100m²	
车身维修	≥20m²	≥120m²	
电气系统维修	≥20m²	≥120m²	
自动变速器维修	≥20m²	≥200m²	
轮胎动平衡及修补	/	≥15m²	
四轮定位检测调整	/	≥40m²	
汽车润滑与养护	/	≥40m²	
喷油泵、喷油器维修	/	≥30m²	
曲轴修磨	/	≥60m²	
汽缸镗磨	/	≥60m²	
散热器维修	/	≥30m²	
空调维修	/	≥40m²	
汽车美容装潢	/	≥40m²	
汽车玻璃安装及修复	/	≥30m²	

注：租赁的生产厂房、停车场地应具有合法的书面合同书，符合安全生产、消防等要求，租赁期限不少于 1 年。

3. 设备条件

设备配置应与其生产作业规模及生产工艺相适应，其技术状况应完好，符合相应的产品技术条件等国家标准或行业标准的要求，并能满足加工、检测精度的要求和使用要求。检测设备及计量器具应按规定检定合格。设备配置要求见表 7-8。

专项维修业户设备配置 表 7-8

经营范围	设备名称	经营范围	设备名称
发动机维修	(1)压床； (2)空气压缩机； (3)发动机解体清洗设备； (4)发动机等总成吊装设备； (5)发动机翻转设备； (6)发动机诊断仪； (7)废油收集设备； (8)万用表； (9)汽缸压力表； (10)真空表； (11)量缸表； (12)正时仪； (13)汽油喷油器清洗及流量测量仪；	发动机维修	(14)燃油压力表； (15)喷油泵试验设备(允许外协)； (16)喷油器试验设备(允许外协)； (17)连杆校正器； (18)无损探伤设备； (19)立式精镗床； (20)立式珩磨机； (21)曲轴磨床； (22)曲轴校正设备； (23)凸轮轴磨床； (24)曲轴、飞轮与离合器总成动平衡机

续上表

经营范围	设备名称	经营范围	设备名称
车身维修	(1)电焊及气体保护焊设备; (2)切割设备; (3)压床; (4)空气压缩机; (5)汽车外部清洗设备; (6)打磨抛光设备; (7)除尘除垢设备; (8)型材切割机; (9)车身整形设备; (10)车身校正设备; (11)车架校正设备; (12)车身尺寸测量设备; (13)喷烤漆房及设备; (14)调漆设备; (15)砂轮机和角磨机; (16)举升设备; (17)除锈设备; (18)吸尘、采光、通风设备; (19)洗枪设备或溶剂收集设备	自动变速器维修	(1)自动变速器翻转设备; (2)自动变速器拆解设备; (3)变扭器维修设备; (4)变扭器切割设备; (5)变扭器焊接设备; (6)变扭器检测(漏)设备; (7)零件清洗设备; (8)电控变速器测试仪; (9)油路总成测试机; (10)液压油压力表; (11)自动变速器总成测试机; (12)自动变速器专用测量器具; (13)空气压缩机; (14)万用表; (15)废油收集设备
电气系统维修	(1)空气压缩机; (2)汽车故障电脑诊断仪; (3)万用表; (4)充电机; (5)电解液比重计; (6)高频放电叉; (7)汽车前照灯检测设备; (8)电路检测设备; (9)蓄电池检测、充电设备	曲轴修磨	(1)曲轴磨床; (2)曲轴校正设备; (3)曲轴动平衡设备; (4)平板; (5)V 形块; (6)百分表及磁力表座; (7)外径千分尺; (8)无损探伤设备; (9)吊装设备
喷油泵、喷油器维修	(1)喷油泵、喷油器清洗和试验设备; (2)喷油泵、喷油器密封性试验设备; (3)弹簧试验仪; (4)千分尺; (5)厚薄规。 从事电控喷油泵、喷油器维修还需配备: (1)电控喷油泵、喷油器检测台; (2)电控喷油泵、喷油器专用拆装工具; (3)电控柴油机故障诊断仪; (4)超声波清洗仪; (5)专用工作台	汽缸镗磨	(1)立式精镗床; (2)立式珩磨机; (3)压床; (4)吊装起重设备; (5)汽缸体水压试验设备; (6)量缸表; (7)外径千分尺; (8)厚薄规; (9)激光淬火设备(从事激光淬火必备); (10)平板

续上表

经营范围	设备名称	经营范围	设备名称
散热器维修	(1)清洗及管道疏通设备; (2)气焊设备; (3)钎焊设备; (4)空气压缩机; (5)喷漆设备; (6)散热器密封试验设备	汽车润滑与养护	(5)制动液更换加注器; (6)脂类加注器; (7)举升设备或地沟; (8)空气压缩机
轮胎动平衡及修补	(1)空气压缩机; (2)轮胎漏气试验设备; (3)轮胎气压表; (4)千斤顶; (5)轮胎螺母拆装机或专用拆装工具; (6)轮胎轮辋拆装、除锈设备或专用工具; (7)轮胎修补设备; (8)车轮动平衡机	空调维修	(1)汽车空调制冷剂回收净化加注设备; (2)空调电器检测设备; (3)空调专用检测设备; (4)万用表; (5)制冷剂鉴别设备; (6)空调检漏设备; (7)数字式温度计; (8)汽车故障电脑诊断仪
四轮定位检测调整	(1)举升设备; (2)四轮定位仪; (3)空气压缩机; (4)轮胎气压表	汽车美容装潢	(1)汽车外部清洗设备; (2)吸尘设备; (3)除尘、除垢设备; (4)打蜡设备; (5)抛光设备; (6)贴膜专业工具
汽车润滑与养护	(1)不解体油路清洗设备; (2)废油收集设备; (3)齿轮油加注设备; (4)液压油加注设备;	汽车玻璃安装及修复	(1)工作台; (2)玻璃切割工具; (3)注胶工具; (4)玻璃固定工具; (5)直尺、弯尺; (6)玻璃拆装工具; (7)吸尘器

第二节　车辆维修质量管理

一、汽车维修业务流程

汽车维修业务流程如图 7-1 所示。

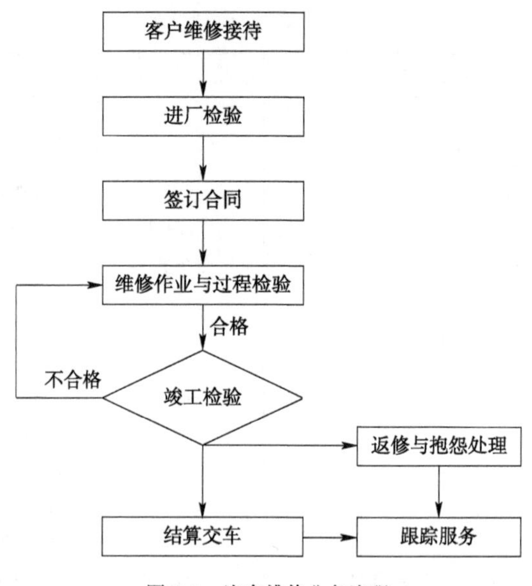

图 7-1　汽车维修业务流程

二、汽车维修质量控制

(一)客户维修接待

客户接待主要包括进厂维修接待、预约维修接待、紧急维修救援接待。

(1)进厂维修接待。车辆进厂时,业务接待员应查验车辆相关证件,与客户一起进行环车检查,并办理交接手续。检查时,对于可能造成污损的车身部位,应铺装防护用品。客户寄存随车物品,应在车辆交接单上详细记录,并妥善保管。车辆交接单经客户签字确认。业务接待员应安排需要等待维修车辆的客户休息。

(2)预约维修接待。机动车维修可通过电话、短信、网络等渠道受理预约维修服务,可采用回访、告示等方式提示客户采用预约维修服务。业务接待员应根据客户意愿和企业条件,合理确定维修车辆维修项目和进厂时间。经双方确认后,做好人员、场地、设备、配件准备,按时安排车辆维修。

(3)紧急维修救援接待。维修经营者可通过电话、短信、网络等渠道受理紧急维修救援业务。业务接待员接到求救信息后,应详细记录求救客户姓名、车牌号码、品牌型号、故障现象、车辆所在地、联系电话等。

(二)进厂检验

1. 整车大修进厂检验

整车大修进厂检验主要包括车辆交接和整车技术状况检验两部分,见表 7-9。

整车大修一般工期较长,承、托修双方需要对送修车装备的齐全状况进行检查和交接。其次,应结合送修人报修内容进行技术状况的检验,详细了解送修车的技术状况,为制订合理的维修方案和维修工艺,以及控制维修质量等提供依据。

汽车大修进厂检验单　　表 7-9

进厂日期		进厂编号	
厂牌车型		牌照号码	
发动机号码		车架号码	
送修单位		地址	
送修人		联系电话	
客户陈述及车况	此车系驶入或拖入________总行驶里程________ km　已进行过整车大修________次 发动机大修________次　进厂前主要问题______________		

"√"表示完好,"△"表示缺少,"×"表示损坏

装备检视一览表	前照灯		转向灯		制动灯		示宽灯	
	喇叭		刮水器		防盗系统		仪表盘	
	CD 机		倒车雷达		电视		定位系统车载终端	
	收放机		天线		烟灰缸		遮阳板	
	脚垫		防盗锁		蓄电池		车门锁	
	三角警告牌		全车坐垫及座套		全车安全带		车内外后视镜	
	备胎		全车玻璃		随车工具			

技术状况检验	发动机: 底盘: 电气: 车身:
维修项目及说明	汽车故障描述: 维修项目:
检验员(签字): 年　月　日	送修人(签字): 年　月　日

2. 总成大修进厂检验

总成大修在技术、工艺上与整车大修类似,进厂检验项目和要求与整车大修基本相同,见表 7-10。

发动机大修进厂检验单　　表 7-10

进厂日期		进厂编号	
厂牌车型		牌照号码	
发动机型号		发动机号码	
送修单位		地址	
送修人		联系电话	
客户陈述及车况	此车系驶入或拖入______________总行驶里程________ km 已进行发动机大修______________次　进厂前主要问题是________		
"√"表示完好,"△"表示缺少,"×"表示损坏			

续上表

<table>
<tr><td rowspan="9">装备检视一览表</td><td>空气滤清器</td><td></td><td>增压器</td><td></td><td>机油滤清器</td><td></td><td>喷油器</td><td></td></tr>
<tr><td>燃油滤清器</td><td></td><td>喷油泵</td><td></td><td>机油泵</td><td></td><td>调速器</td><td></td></tr>
<tr><td>燃油泵</td><td></td><td>电控系统</td><td></td><td>电喷嘴</td><td></td><td>机油散热器及管道</td><td></td></tr>
<tr><td>化油器</td><td></td><td>各传感器</td><td></td><td>汽缸体</td><td></td><td>加机油口盖</td><td></td></tr>
<tr><td>汽缸盖</td><td></td><td>机油尺、放油塞</td><td></td><td>排气歧管</td><td></td><td>水泵</td><td></td></tr>
<tr><td>进气歧管</td><td></td><td>水箱及水箱盖</td><td></td><td>起动机</td><td></td><td>风扇电机</td><td></td></tr>
<tr><td>发电机</td><td></td><td>风扇皮带</td><td></td><td>分电器</td><td></td><td>排气管、消声器</td><td></td></tr>
<tr><td>火花塞</td><td></td><td>风扇叶</td><td></td><td>高压线</td><td></td><td>催化转化器</td><td></td></tr>
<tr><td>点火线圈</td><td></td><td>油管</td><td></td><td>真空管</td><td></td><td>正时皮带/链条</td><td></td></tr>
<tr><td colspan="2">技术状况检验</td><td colspan="7"></td></tr>
<tr><td colspan="2">维修项目及说明</td><td colspan="7">故障描述：
维修项目：</td></tr>
<tr><td colspan="5">检验员(签字)：
年　月　日</td><td colspan="4">送修人(签字)：
年　月　日</td></tr>
</table>

3. 汽车二级维护进厂检验

根据国家标准的要求，二级维护进厂检验应以“维护前检测诊断、确定附加作业项目”为重点，以不解体方式逐项进行。汽车进厂后，要根据汽车技术档案的记录资料(包括车辆运行记录、维修记录、检测记录及总成维修记录等)和驾驶员反映的车辆使用技术状况(包括汽车动力性、异响、转向、制动及燃、润料消耗等)确定检测项目，依据检测结果及车辆实际技术状况进行故障诊断，从而确定附加作业项目，见表7-11。

二级维护进厂检验单　　表7-11

<table>
<tr><td colspan="2">进厂日期</td><td colspan="2"></td><td>进厂编号</td><td></td></tr>
<tr><td colspan="2">厂牌车型</td><td colspan="2"></td><td>牌照号码</td><td></td></tr>
<tr><td colspan="2">发动机号码</td><td colspan="2"></td><td>营运证号</td><td></td></tr>
<tr><td colspan="2">底盘号码</td><td colspan="2"></td><td>行驶里程</td><td></td></tr>
<tr><td colspan="2">送修单位</td><td colspan="2"></td><td>联系电话</td><td></td></tr>
<tr><td colspan="6">“√”表示完好，“△”表示缺少，“×”表示损坏</td></tr>
<tr><td rowspan="10">路试项目</td><td rowspan="2">行驶稳定性</td><td>行车跑偏</td><td></td><td>制动跑偏</td><td></td></tr>
<tr><td>方向摆头</td><td></td><td>发抖</td><td></td></tr>
<tr><td>制动性能</td><td>失效</td><td></td><td>跑偏</td><td></td></tr>
<tr><td rowspan="2">离合器</td><td>打滑</td><td></td><td>分离情况</td><td></td></tr>
<tr><td>发抖</td><td></td><td>接合平稳</td><td></td></tr>
<tr><td>发动机</td><td>怠速工况</td><td></td><td>加速工况</td><td></td></tr>
<tr><td>变速器</td><td>异响</td><td></td><td>操纵灵活性</td><td></td></tr>
<tr><td>传动轴</td><td>异响</td><td></td><td>振动</td><td></td></tr>
<tr><td>后桥</td><td>异响</td><td></td><td>过热</td><td></td></tr>
</table>

续上表

检视项目	驾驶室	周正		连接牢固	
		锁止机构		后视镜	
	发动机	漏油、水、气		表面清洁	
	变速器	有无漏油		壳体裂纹	
	离合器	总泵		分泵	
	后桥	有无漏油		有无壳体裂纹	
	传动轴	松脱		开裂	
	车架	变形		开裂	
	悬架	变形		破损	
		裂纹			
	轮胎	磨损		脱胶开裂	
	灯光	齐全		功能有效性	
汽车技术档案及车主反映车辆状况					
附加作业项目		发动机： 底盘： 电气： 车身： 其他：			
检验员签字： 维修企业(签章)　　年　月　日			送修人签字： 年　月　日		

4. 汽车小修进厂检验

汽车小修作业以排除故障为目的，因此，进厂检验以了解故障现象、判断故障部位，确定修理方案为目标，也包括进厂交接的内容，见表7-12。

汽车小修进厂检验单　　　　表7-12

进厂日期			进厂编号		
厂牌车型			牌照号码		
发动机号码			车架号码		
托修单位			地址		
送修人			联系电话		
用户报修及车况介绍	此车系驶入或拖入		总行驶里程	km	
	进厂前主要问题				
维修及相关部件(完整"√"，缺少"△"，损坏"×")					
序号	检验部位	检验项目			备注
1	整车	□润滑油　□外部螺栓　□密封性			
2	发动机	□异响　□技术状况			
3	底盘	□离合器　□变速器　□前桥　□轮胎　□后桥　□传动轴　□转向　□制动			

续上表

<table>
<tr><th>序号</th><th>检验部位</th><th colspan="2">检验项目</th><th>备注</th></tr>
<tr><td>4</td><td>车身及附件</td><td colspan="2">□碰撞 □划痕 □刮水器 □门锁 □音响 □玻璃 □升降器 □座椅
□后视镜 □胶垫</td><td></td></tr>
<tr><td>5</td><td>电器/仪表</td><td colspan="2">□蓄电池 □起动机 □发电机 □仪表 □线束 □熔断丝盒 □灯光</td><td></td></tr>
<tr><td>6</td><td>空调</td><td colspan="2">□技术状况</td><td></td></tr>
<tr><td>7</td><td>随车物品</td><td colspan="2">□行驶证 □点火开关 □工具 □千斤顶 □备胎 □灭火器 □三角警告牌</td><td></td></tr>
<tr><td>8</td><td>其他</td><td colspan="2"></td><td></td></tr>
<tr><td colspan="2">检验报修项目建议
附加项目及处理意见</td><td colspan="3"></td></tr>
<tr><td colspan="2">维修项目</td><td colspan="3"></td></tr>
<tr><td colspan="3">检验员(签字)：
年 月 日</td><td colspan="2">送修人(签字)：
年 月 日</td></tr>
</table>

(三)签订合同

汽车维修实行合同制。二级维护以上作业的车辆维修均需签订汽车维修合同，为保护托修方的正当权益，鼓励托修方在进行专项修理、小修作业时也与承修方签订合同，通过签订维修合同，明确承、托修双方的责权利，保证车辆维修竣工质量检验、出厂合格证和质量保证期等各项质量管理制度的落实。维修合同主要包含以下内容：

(1)经营者、客户的名称；

(2)签约日期；

(3)车辆基本信息；

(4)维修项目；

(5)配件提供方式；

(6)收费标准及结算方式；

(7)交车日期、地点、方式；

(8)验收标准、验收方式；

(9)质量保证期的约定；

(10)承、托修双方的权利义务以及违约责任等。

以下给出某省汽车维修合同样本，供参考。

汽车维修合同(范本)

托修方(甲方)：________________

承修方(乙方)：________________

根据《中华人民共和国合同法》等法律、法规的规定，甲乙双方在平等、自愿、公平、诚实信用的基础上，就汽车维修事宜达成协议如下：

第一条　维修车辆

1. 车牌号____________ 2. 发动机号______ 3. 颜色______ 4. 车型______

5. VIN 代码/车架号________________ 6. 里程表读数____________

第二条　维修类别与项目

乙方应当对承修车辆进行维修前进厂诊断检验，并填写《进厂检验记录单》，并经甲方确认签字。

第三条　维修配件材料

1. 乙方提供维修配件材料的，应当如实填写材料清单，分别标明原厂配件、副厂配件或者修复配件，明码标价，并保证质量。

2. 乙方在维修中换下配件、总成等，交由甲方自行处理。

第四条　维修价格

1. 甲方同意乙方按照公示的工时单价______元/工时、材料进销差价率______%进行计价。

2. 维修预算费用：________元，大写：________。其中：工时费________元，大写：________；材料费________元，大写：____________。

第五条　车辆交接

乙方接收待修车辆时，甲方应当自行取走车内可移动物品。车上附件、设备等填入《进厂检验记录单》的，乙方在竣工交车前对其及承修车辆负有保管责任。

第六条　质量标准

1. 质量标准执行：国家标准 □；行业标准 □；地方标准 □；制造企业维修手册等有关资料的要求 □。

2. 质量保证期按照下列第________项执行。

(1) 按照交通运输部《机动车维修管理规定》第三十七条规定执行：整车或总成修理的质量保证期为车辆行驶20000km或者100日；二级维护的质量保证期为车辆行驶5000km或者30日；一级维护、小修、专项修理的质量保证期为车辆行驶2000km或者10日。

(2) 按照乙方承诺（不低于交通运输部规定）的“车辆行驶________km或________日”执行。

3. 质量保证期，从维修竣工后，由甲方验收取车的当日起计算；因维修质量问题返修的，其返修的作业项目，从返修竣工后，由甲方验收取车的当日起重新计算。行驶里程和日期指标，以先达到者为准。

第七条　竣工验收

1. 竣工交付日期为____________年________月________日前，交付地点为____________________。

2. 维修竣工质量检验合格的，对二级维护（含）以上的车辆，乙方应当由维修质量检验人员签发全国统一样式的机动车维修竣工出厂合格证；对二级维护以下的车辆，乙方应当发给维修合格证明（含结算清单）。乙方未签发或者发给的，甲方有权拒付费用。

第八条　结算

1. 车辆维修竣工后，乙方应当向甲方出具法定的结算票据，并附《机动车维修结算清单》，工时费和材料费应当分项列明。乙方未出具法定结算票据及结算清单的，甲方有权拒付费用。

2. 付款方式：现金 □ 转账 □ 其他________________□。

3. 付款期限：____________________。

第九条　违约责任

1. 乙方对承修的车辆及车上附件、设备等，因保管不善造成毁损、灭失的，承担赔偿责任。

2. 在质量保证期内，因维修质量原因造成车辆无法正常使用，乙方负责无偿返修，并赔偿甲方相应损失。

3. 乙方在承修过程中，发现确需增加维修项目、增加约定维修费用或延长维修期限的，应当及时通知甲方，说明理由并征得同意，否则甲方不承担乙方擅自增加项目的维修费用或逾期支付维修费用的违约责任。

4. 甲方中途需要变更或解除合同，应当及时通知乙方，若给乙方造成损失的，应当赔偿相应损失。

第十条　其他约定____。

第十一条　争议解决

在本合同项下发生的纠纷，双方可协商解决或向辖区道路运输管理部门申请调解解决；不愿协商、调解或协商、调解不成的，可向人民法院提起诉讼或提交仲裁委员会仲裁。

第十二条　附则

1. 本合同未尽事宜按国家法律、法规和规章办理。

2. 本合同及附件一式两份，甲乙双方各执一份，自双方签字或盖章之日起生效。

甲方(签章)：____________________	乙方(签章)：____________________
住所：____________________	住所：____________________
通信地址：____________________	通信地址：____________________
邮编：____________________	邮编：____________________
法定代表人：____________________	法定代表人：____________________
委托代理人：____________________	经办人：____________________
电话：____________________	电话：____________________
签约时间：____________________	

维修过程中，汽车维修经营者应严格按照合同约定进行，确需增加维修项目的，维修经营者应及时与客户沟通，征得同意后，按规定签订补充合同。维修经营者应将维修合同存入机动车维修档案。

(四)维修作业与过程检验

汽车维修作业过程应严格执行过程检验。一是检查维修工艺执行情况，即作业项目有无缺项漏项现象，二是对关键工序、环节或有特殊要求的主要作业项目进行严格的质量检验，特别是有配合间隙、调整数据或扭紧力矩等技术参数要求的作业项目。

维修作业人员应执行相关的技术标准，使用技术状况良好的设备，按照维修施工单进行操作。不应擅自扩大作业范围，不应以次充好换用配件。整个作业过程中，应严格实施自检、互检和专职检验相结合的“三检”制度，各检验人员根据分工，严格依据检验标准、维修手册的技术要求认真检验，核查配件更换情况，按规定填写并留存过程检验记录。维修过程检验不合格的作业项目，应重新作业，不得进入下一道工序。

1. 整车大修过程检验

汽车整车大修过程检验主要体现在各总成大修的工艺和主要零部件的质量检验方面，主要包括维修基本信息（进厂编号、施工日期等）、主要零部件换/修检验记录及主要零部件尺寸与公差配合检验数据记录三部分内容。汽车整车大修过程检验记录见表 7-13。

汽车整车大修过程检验单（底盘）　　表 7-13

<table>
<tr><td>进厂编号</td><td colspan="2"></td><td>牌照号码</td><td></td><td>厂牌车型</td><td></td></tr>
<tr><td>发动机号码</td><td colspan="2"></td><td>车架号码</td><td></td><td>施工日期</td><td></td></tr>
<tr><td>底盘部分</td><td colspan="2">主要零部件换/修检验记录</td><td colspan="4">装配检验（测）记录</td></tr>
<tr><td rowspan="5">转向机构</td><td>转向器</td><td></td><td colspan="2" rowspan="5">各部配合间隙</td><td colspan="2" rowspan="5"></td></tr>
<tr><td>转向轴</td><td></td></tr>
<tr><td>转向垂臂</td><td></td></tr>
<tr><td>转向节及臂</td><td></td></tr>
<tr><td>横、直拉杆及球销</td><td></td></tr>
<tr><td rowspan="5">传动机构</td><td>离合器</td><td></td><td colspan="2">离合器踏板自由行程</td><td colspan="2"></td></tr>
<tr><td>变速器</td><td></td><td colspan="2" rowspan="2">齿轮啮合印痕</td><td colspan="2" rowspan="2"></td></tr>
<tr><td>万向传动装置</td><td></td></tr>
<tr><td>主传动器</td><td></td><td colspan="2" rowspan="2">齿轮啮合间隙</td><td colspan="2" rowspan="2"></td></tr>
<tr><td>差速器</td><td></td></tr>
<tr><td rowspan="6">制动机构</td><td>制动管路</td><td></td><td colspan="2" rowspan="2">制动踏板自由行程</td><td colspan="2" rowspan="2"></td></tr>
<tr><td>制动操纵机构</td><td></td></tr>
<tr><td>制动器</td><td></td><td colspan="2">制动器间隙</td><td colspan="2"></td></tr>
<tr><td>制动总泵</td><td></td><td colspan="2">制动摩擦片厚度</td><td colspan="2"></td></tr>
<tr><td>各轮分泵</td><td></td><td colspan="2" rowspan="2">驻车制动器操纵杆的有效行程</td><td colspan="2" rowspan="2"></td></tr>
<tr><td>ABS</td><td></td></tr>
<tr><td rowspan="7">行驶机构</td><td>车架</td><td></td><td colspan="2">纵梁直线度公差</td><td colspan="2"></td></tr>
<tr><td>悬架</td><td></td><td colspan="2">纵梁平面公差</td><td colspan="2"></td></tr>
<tr><td>车桥</td><td></td><td colspan="2">纵梁对角线长度差</td><td colspan="2"></td></tr>
<tr><td>轮毂</td><td></td><td colspan="2">车轮圆跳动量</td><td colspan="2"></td></tr>
<tr><td>轮胎</td><td></td><td colspan="2">车轮动不平衡量</td><td colspan="2"></td></tr>
<tr><td>减振器</td><td></td><td colspan="2">轮胎胎冠花纹深度</td><td colspan="2"></td></tr>
<tr><td>钢板弹簧</td><td></td><td colspan="2">四轮定位参数</td><td colspan="2"></td></tr>
<tr><td>其他</td><td colspan="6"></td></tr>
<tr><td colspan="3">作业人员（签字）：
年　月　日</td><td colspan="4">检验员（签字）：
年　月　日</td></tr>
</table>

2. 发动机总成大修过程检验

发动机总成大修在技术、工艺上与整车大修类似，与整车大修基本类同。发动机大修过程检验记录见表7-14。

发动机大修过程检验单 表7-14

进厂编号		厂牌车型		牌照号码	
发动机号码		施工日期		主修人	

主 要 零 部 件 换 修 记 录					
部件名称	续用	更换	修理	加大	缩小
汽缸体					
汽缸盖					
汽缸套					
进、排气歧管					
活塞					
曲轴					
曲轴轴承					
连杆					
连杆轴承					
凸轮轴					
凸轮轴轴承					
进气门					
排气门					
气门导管					
正时皮带					

汽 缸 直 径 检 验 记 录(mm)												
汽缸直径	1缸		2缸		3缸		4缸		5缸		6缸	
	纵	横	纵	横	纵	横	纵	横	纵	横	纵	横
上　部												
中　部												
下　部												
圆　度												
圆柱度												

活 塞 连 杆 组 检 验 记 录(mm)						
活塞直径	1缸	2缸	3缸	4缸	5缸	6缸
横向						
纵向						
活塞质量(g)						
活塞、连杆组质量(g)						
活塞与缸壁间隙						

续上表

曲轴与轴承检验记录								
曲轴		1	2	3	4	5	6	7
主轴颈	圆度							
	圆柱度							
连杆轴颈	圆度							
	圆柱度							
主轴颈与轴承配合间隙								
连杆轴颈与轴承配合间隙								
曲轴端隙								
凸轮轴与轴承检验记录								
凸轮轴		1		2		3		4
轴颈直径								
轴颈与轴承配合间隙								
备注：								
检验员(签字)：　年　月　日								

3. 二级维护过程检验

二级维护作业过程中要始终贯穿过程检验，并作检验记录。过程检验中各维护项目的技术要求需满足相应的有关技术标准，或出厂说明书的有关规定。为此，汽车二级维护过程检验为质量控制的重要手段，其检验项目应包括汽车二级维护作业的所有内容。

汽车二级维护过程检验记录见表7-15。

汽车二级维护过程检验单　　表7-15

进厂日期			进厂编号	
厂牌车型			牌照号码	
发动机号码			营运证号	
底盘号码			行驶里程	
送修单位			联系电话	
进厂日期			进厂编号	
	检验项目	技术状况		作业人员
整车	(1)整车装备与标识	高度差：　mm，轴距差：　‰，其他：		
	(2)车身、驾驶室、半挂车托盘及其各相关附件			
	(3)内装饰、座椅、靠背、卧铺及安全带			
	(4)全车密封	密封效果：　各种防尘罩：		
	(5)全车车窗、安全出口			

续上表

	检验项目	技术状况	作业人员
整车	(6)空调装置、冷凝器	制冷效果： 暖气装置：	
	(7)空气压缩机、储气筒		
	(8)车厢、地板、护轮板(挡泥板)		
发动机	(1)发动机总成	清洁： 连接： 缸压：	
	(2)机油、机油滤清器	润滑油规格： 液面高度： 滤清器：	
	(3)空气滤清器		
	(4)油箱及油管		
	(5)燃油滤清器		
	(6)曲轴箱通风装置		
	(7)散热器、膨胀箱、百叶窗、水泵、节温器、传动带	散热器： 膨胀箱： 百叶窗：	
		水泵： 节温器： 传动带：	
		冷却液位高度：	
	(8)进/排气歧管、消声器、排气管	进/排气歧管： 消声器： 排气管：	
	(9)增压器、中冷器	增压器： 中冷器：	
	(10)发动机支架		
	(11)喷油器、喷油泵	喷油器： 喷油泵：	
	(12)分电器、高压线	分电器： 高压线：	
	(13)火花塞		
	(14)气门间隙		
	(15)电控燃油喷射系统供油管路		
	(16)自动灭火器		
电气电控系统	(1)前照灯、仪表、喇叭、刮水器、全车电气线路	前照灯： 仪表： 喇叭：	
		刮水器： 全车电气线路：	
	(2)蓄电池	清洁： 安装： 电解液面高度：	
	(3)ABS	功能状况：	
	(4)空气悬架	工作状况：	
	(5)缓行器	功能状况： 温度报警或自动灭火：	
	(6)行驶记录仪	作用状况：	
	(7)空气调解与控制	功能状况：	
	(8)电子控制装置	工作状况：	
传动系	(1)离合器及操纵机构	踏板自由行程(mm)： 操纵机构灵敏：	
	(2)变速器、主减速器	密封： 通气： 操纵机构作用：	
	(3)传动轴、轴承支架、中间轴承	防尘罩： 万向节： 支架： 间隙：	
转向系	(1)转向器、转向传动机构	各连接部位： 垂臂及转向节臂：	
		横直拉杆及球头： 轻便灵活性：	
		转向盘最大自由转动量：	
	(2)车轮定位或前束		

续上表

	检验项目	技术状况	作业人员
制动系	(1)驻车制动	蹄片厚度： 自由行程： 制动性能：	
	(2)制动阀、制动管路、制动踏板	连接： 密封： 气筒积水： 气阻：	
		传动灵敏： 踏板自由行程： 液位高度：	
	(3)转向轴制动	制动蹄： 摩擦片： 摩擦片厚度：	
		铆钉深度： 支承销： 配合间隙：	
		轮毂轴承保持架： 滚柱： 内圈：	
		前轮制动器作用：	
		轮毂总成及零件清洁：	
		制动底板： 凸轮轴：	
		转向节： 保险片： 油封：	
		配合间隙： 螺栓扭紧力矩：	
		制动蹄复位弹簧： 自由长度：	
		前轮毂： 轴承外座圈：	
		制动鼓： 轮胎螺栓：	
		前轮毂装复状况：	
	(4)其他轴制动	制动蹄： 摩擦片： 摩擦片厚度：	
		铆钉深度： 支承销： 配合间隙：	
		轮毂轴承保持架： 滚柱： 内圈：	
		轮毂总成及零件清洁： 轮毂通气孔：	
		制动底板： 凸轮轴：	
		后桥半轴套管： 油封： 配合间隙：	
		制动蹄复位弹簧： 自由长度：	
		后轮毂： 轴承外座圈：	
		制动鼓： 检视孔：	
		半轴： 螺栓： 花键：	
		轮胎螺栓：	
		后轮毂装复状况：	
行驶系	(1)轮胎(包括备胎)	规格： 构件： 螺栓：	
		气压： 胎面：	
	(2)钢板弹簧(或空气气囊)		
	(3)悬架		
	(4)减振器		
	(5)车架		
	(6)前后轴		

附加作业情况记录		更换主要零部件记录			
项目	修理情况摘要	名称	规格	数量	产地
备注		检验员(签字)： 年 月 日			

(五)竣工检验

汽车维修质量检验员应按相关标准要求进行竣工检验,核查维修项目完成情况,并填写维修竣工检验记录。对竣工检验中发现的不合格项目,应填写返工单,由维修人员返工作业。二级维护以上的作业,竣工质量检验合格后,由维修企业签发竣工出厂合格证。

1. 整车大修竣工检验

汽车整车大修竣工检验项目的设置应尽量全面,要符合有关标准的要求。通常,整车大修竣工出厂检验包括总成机构检验和整车性能检验两部分。总成机构检验主要是通过人工检验的方法,重点检查部件是否齐全有效、外观是否完好,有无漏水、漏油、漏气现象等;整车性能检验需要通过仪器设备测试来完成,没有条件的维修企业应委托专业的检测机构来实施。竣工出厂检验记录见表7-16、表7-17。

汽车大修竣工检验单(总成机构检验)　　表7-16

进厂编号		牌照号码		厂牌车型	
发动机号码		车架号码		施工日期	
检验项目		检验结果	检验项目		检验结果
转向机构	转向盘		车身及附件	油漆涂层	
	转向轴、转向传动轴			铆接	
	转向器			焊接	
	转向节及臂			驾驶室	
	横、直拉杆及球销			门窗及玻璃	
	车轮定位角			发动机罩盖	
传动机构	离合器踏板的自由行程			行李舱盖	
	离合器踏板的有效行程			后视镜及下视镜	
	变速器			安全带	
	主减速器			安全气囊	
	差速器、轮边减速器			内、外装饰件	
	传动轴及中间轴承		照明和信号装置及电气设备	线路	
	分动器			熔断丝、熔断线及继电器	
行走机构	车轮圆跳动量			前照灯	
	车轮动不平衡量			前位灯、后位灯	
	轮胎及胎冠花纹深度			转向信号灯、危险警告信号灯	
	悬架、弹簧、减振器			制动灯	
制动机构	制动踏板			牌照灯	
	制动总泵、分泵			刮水器	
	制动盘/鼓			空调	
	制动摩擦片			电子控制元器件	
	制动液			蓄电池	
	制动管路		检验员(签字): 年　月　日		
	制动阀体				
	驻车制动部件				

汽车大修竣工检验单(整车性能检验) 表 7-17

车辆单位		进厂编号		牌照号码	
车架号码		发动机号码		厂牌车型	
燃油性质		施工日期		出厂日期	

检测内容			检测结果	检测内容			检测结果	检测内容			检测结果
结构参数	汽车左右轴距差		mm	制动性	行车制动	整车	%	排放性能	汽油车	CO	%
	离地高度差	保险杠	mm			前轴	%			HC	$\times10^{-6}$
		翼子板	mm		制动力平衡	一轴	%			NO	$\times10^{-6}$
		驾驶室	mm			二轴	%		柴油车	烟度值	Rb
		货箱	mm			三轴	%			光吸收系数	m^{-1}
转向操纵性	转向盘自由转动量		°		车轮阻滞力	一轴	%	滑行性能	滑行阻力		N
	前轮最大转向角		°			二轴	%		滑行距离		m
	转向轮横向侧滑量		m/km			三轴	%	噪声	客车车内噪声		dB(A)
	转向盘操纵力		N		制动协调时间		s		驾驶员耳旁噪声		dB(A)
制动性	制动踏板自由行程		mm		驻车制动		%	喇叭	喇叭声级		dB(A)
	制动踏板有效行程		mm	动力性	额定转矩功率		kW	备注：			
	最大制动效能时的踏板力		N		校正驱动轮输出功率		kW				
	打气时间		min	前照灯灯光性能	发光强度		cd				
	静态测试,气压降		kPa		近光光束上下偏移量		mm				
	动态测试,气压降		kPa		近光光束水平偏移量		mm				
	轴荷	一轴	kg		远光光束上下偏移量		mm	检验员(签字)：			
		二轴	kg		远光光束水平偏移量		mm				
		三轴	kg	经济性	百公里燃料消耗量		L/100km	年　月　日			

2. 发动机大修竣工检验

发动机总成竣工检验项目分人工检验和仪器测试项目,见表 7-18。

发动机大修竣工出厂检验单 表 7-18

<table>
<tr><td colspan="3">进厂编号</td><td colspan="3"></td><td colspan="2">厂牌车型</td><td colspan="2"></td><td colspan="2">牌照号码</td><td></td></tr>
<tr><td colspan="3">发动机号码</td><td colspan="3"></td><td colspan="2">竣工日期</td><td colspan="2"></td><td colspan="2">主修人</td><td></td></tr>
<tr><td colspan="13">检验内容及结果</td></tr>
<tr><td colspan="8">发动机外观：</td><td colspan="5">曲轴箱压力(kPa)：</td></tr>
<tr><td colspan="8">四漏检查：
油： 水： 电： 气：</td><td colspan="5">增压器压力(kPa)：
进口： 出口：</td></tr>
<tr><td colspan="8">润滑油、脂：</td><td colspan="5">稳定调速率： %</td></tr>
<tr><td colspan="8">冷却液：</td><td colspan="5">机油压力(MPa)：
怠速： 高速：</td></tr>
<tr><td colspan="8">起动性能：</td><td colspan="5">额定功率(kW)： 最大转矩(N·m)：</td></tr>
<tr><td colspan="8">怠速转速(r/min)：</td><td colspan="5">发动机燃油消耗率[g/(kW·h)]：</td></tr>
<tr><td colspan="8">运转状况：
怠速： 中速： 高速： 加速及过度：</td><td colspan="5">机油燃料消耗百分比(%)：</td></tr>
<tr><td colspan="8">失火率(%)：</td><td colspan="5">OBD 系统：</td></tr>
<tr><td colspan="8">发动机异响：</td><td rowspan="4">汽油机</td><td colspan="4">排放污染物：</td></tr>
<tr><td colspan="8">汽缸压力(MPa)：</td><td colspan="2">怠速______r/min</td><td colspan="2">高怠速______r/min</td></tr>
<tr><td>1</td><td>2</td><td>3</td><td>4</td><td>5</td><td>6</td><td>7</td><td>8</td><td>CO(%)</td><td>HC(×10^{-6})</td><td>CO(%)</td><td>HC(×10^{-6})</td></tr>
<tr><td></td><td></td><td></td><td></td><td></td><td></td><td></td><td></td><td></td><td></td><td></td><td></td></tr>
<tr><td colspan="8">汽缸压力差(MPa)：</td><td rowspan="2">柴油机</td><td colspan="4">自由加速排气烟度排气光吸收系数(m^{-1})：</td></tr>
<tr><td colspan="8" rowspan="2">真空度(kPa)：
怠速： 波动范围：</td><td colspan="4">自由加速排气烟度(Rb)：</td></tr>
<tr><td colspan="5">电控系统有无故障码显示：</td></tr>
<tr><td colspan="8">备注：</td><td colspan="5">检验员(签字)：
年 月 日</td></tr>
</table>

3. 二级维护竣工检验

汽车二级维护竣工检验项目在《汽车维护、检测、诊断技术规范》(GB 18344)有明确要求，具体见表 7-19。

二级维护竣工检验记录单 表 7-19

<table>
<tr><td colspan="2">托修方</td><td></td><td>牌照号码</td><td></td><td>车型</td><td></td></tr>
<tr><td rowspan="8">外观状况</td><td>项目</td><td>评价</td><td>项目</td><td>评价</td><td>项目</td><td>评价</td></tr>
<tr><td>清洁</td><td></td><td>发动机装备</td><td></td><td>离合器</td><td></td></tr>
<tr><td>紧固</td><td></td><td>转向机构</td><td></td><td>变速器、传动轴、主减速器</td><td></td></tr>
<tr><td>润滑</td><td></td><td>轮胎</td><td></td><td>牵引连接装置和锁止机构</td><td></td></tr>
<tr><td>密封</td><td></td><td>悬架</td><td></td><td>前照灯</td><td></td></tr>
<tr><td>附属设施</td><td></td><td>减振器</td><td></td><td>信号指示装置</td><td></td></tr>
<tr><td>发动机工作状况</td><td></td><td>车桥</td><td></td><td>仪表</td><td></td></tr>
<tr><td>车载诊断系统(OBD)</td><td colspan="4">□无 □有 故障信息描述：</td><td>评价：</td></tr>
</table>

续上表

<table>
<tr><td rowspan="28">性能检测</td><td colspan="3" rowspan="2">转向盘最大自由转动量(°)</td><td colspan="2" rowspan="2"></td><td colspan="2" rowspan="2">评价:</td><td colspan="2" rowspan="2">转向轮横向侧滑量(m/km)</td><td colspan="2">第一转向轴:</td><td colspan="2">评价:</td></tr>
<tr><td colspan="2">第二转向轴:</td><td colspan="2">评价:</td></tr>
<tr><td rowspan="11">制动性能</td><td rowspan="8">台架</td><td colspan="2">车轴</td><td colspan="2">一轴</td><td colspan="2">二轴</td><td colspan="2">三轴</td><td>四轴</td><td>五轴</td><td colspan="2">六轴</td></tr>
<tr><td rowspan="2">轴制动率(%)</td><td>结果</td><td colspan="2"></td><td colspan="2"></td><td colspan="2"></td><td></td><td></td><td colspan="2"></td></tr>
<tr><td>评价</td><td colspan="2"></td><td colspan="2"></td><td colspan="2"></td><td></td><td></td><td colspan="2"></td></tr>
<tr><td rowspan="2">制动不平衡率(%)</td><td>结果</td><td colspan="2"></td><td colspan="2"></td><td colspan="2"></td><td></td><td></td><td colspan="2"></td></tr>
<tr><td>评价</td><td colspan="2"></td><td colspan="2"></td><td colspan="2"></td><td></td><td></td><td colspan="2"></td></tr>
<tr><td rowspan="3">整车参数</td><td>项目</td><td colspan="5">整车制动率(%)</td><td colspan="5">驻车制动率(%)</td></tr>
<tr><td>结果</td><td colspan="5"></td><td colspan="5"></td></tr>
<tr><td>评价</td><td colspan="5"></td><td colspan="5"></td></tr>
<tr><td rowspan="3">路试</td><td rowspan="3">初速度(km/h)</td><td>参数</td><td colspan="3">制动距离(m)</td><td colspan="4">充分发出的平均减速度MFDD(m/s^2)</td><td colspan="3">制动稳定性</td></tr>
<tr><td>结果</td><td colspan="3"></td><td colspan="4"></td><td colspan="3"></td></tr>
<tr><td>评价</td><td colspan="3"></td><td colspan="4"></td><td colspan="3"></td></tr>
<tr><td colspan="2" rowspan="6">前照灯性能</td><td rowspan="2">参数</td><td rowspan="2">灯高(mm)</td><td colspan="2">远光光强(cd)</td><td colspan="4">远光偏移(mm/10m)</td><td colspan="4">近光偏移(mm/10m)</td></tr>
<tr><td>结果(cd)</td><td>评价</td><td>垂直</td><td>评价</td><td>水平</td><td>评价</td><td>垂直</td><td>评价</td><td>水平</td><td>评价</td></tr>
<tr><td>左外</td><td></td><td></td><td></td><td></td><td></td><td></td><td></td><td></td><td></td><td></td><td></td></tr>
<tr><td>左内</td><td></td><td></td><td></td><td></td><td></td><td></td><td></td><td></td><td></td><td></td><td></td></tr>
<tr><td>右外</td><td></td><td></td><td></td><td></td><td></td><td></td><td></td><td></td><td></td><td></td><td></td></tr>
<tr><td>右内</td><td></td><td></td><td></td><td></td><td></td><td></td><td></td><td></td><td></td><td></td><td></td></tr>
<tr><td colspan="2" rowspan="4">排气污染物</td><td rowspan="2">汽油车</td><td>低怠速</td><td colspan="3">CO(%):</td><td colspan="4">HC(×10^{-6}):</td><td colspan="3">评价:</td></tr>
<tr><td>高怠速</td><td colspan="3">CO(%):</td><td colspan="4">HC(×10^{-6}):</td><td colspan="3">评价:</td></tr>
<tr><td rowspan="2">柴油车</td><td rowspan="2">自由加速</td><td colspan="4">光吸收系数(m^{-1}):① ② ③</td><td colspan="4">平均(m^{-1}):</td><td colspan="2">评价:</td></tr>
<tr><td colspan="4">烟度值(BSU):① ② ③</td><td colspan="4">平均(BSU):</td><td colspan="2">评价:</td></tr>
<tr><td colspan="14">检验结论:</td></tr>
</table>

注:1. 检验数据在“结果”栏填写。合格在“评价”栏划“○”,不合格在“评价”栏划“×”,无此项目填“—”;

2. 制动性能检验选择“台架”或“路试”。路试采用“制动距离”或“充分发出的平均减速度MFDD”评价。

4. 汽车小修竣工检验

汽车小修竣工出厂检验在《机动车维修管理规定》中没有严格规定,但是,作为质量控制的需要,竣工出厂必须要进行检验,这是维修服务过程不可缺少的一项内容。竣工检验可参照表7-20进行。

汽车小修竣工出厂检验单 表7-20

<table>
<tr><td>厂牌车型</td><td></td><td>牌照号码</td><td></td></tr>
<tr><td>车架号码</td><td></td><td>燃料种类</td><td></td></tr>
<tr><td>进厂日期</td><td></td><td>出厂日期</td><td></td></tr>
<tr><td>车辆单位</td><td colspan="3"></td></tr>
<tr><td>维修项目</td><td colspan="3"></td></tr>
</table>

续上表

<table>
<tr><td rowspan="3">汽车尾气检测</td><td rowspan="2">汽油车</td><td colspan="2">怠速</td><td colspan="2">高怠速</td></tr>
<tr><td>CO： %</td><td>HC： ×10⁻⁶</td><td>CO： %</td><td>HC： ×10⁻⁶</td></tr>
<tr><td>柴油车</td><td>烟度值</td><td colspan="3"></td></tr>
<tr><td colspan="2">检验结果</td><td colspan="4"></td></tr>
<tr><td colspan="3">检验员(签字)
年 月 日</td><td colspan="3">接车人(签字)
年 月 日</td></tr>
</table>

(六)结算交车

检验合格的车辆，业务接待员应查阅外观，清点随车物品，做好交车准备，通知客户验收接车，并将维修作业项目、配件材料使用、维修竣工检验情况，以及出厂注意事项、质量保证期等内容以书面记录形式告知客户。

业务接待员应配合客户验收车辆，填写验收交接单，并引导客户办理结算手续。

价格结算员应严格按照公示并备案的维修工时定额及单价、配件价格等核定维修费用，开具机动车维修结算清单、维修发票。维修结算清单应将维修作业的维修诊断/检测费、材料费、工时费、外协加工费分项列出，由客户签字确认。

客户对维修作业项目和费用有疑问时，业务接待员或价格结算员应认真听取客户的意见，作出合理解释。客户完成结算手续后，业务接待员为客户办理出门手续，交付车辆钥匙、客户寄存物品、客户支付费用后剩余的维修材料，以及更换下的配件。

(七)返修与抱怨处理

汽车维修确因工艺流程不规范、作业漏项、维修操作不符合要求等造成在维修质量保证期内汽车无法正常使用，需要返工修理叫"返修"。维修经营者应严格执行车辆返修制度，建立车辆返修记录，对返修项目进行技术分析。车辆返修记录表见表7-21。

车辆返修记录表 表7-21

<table>
<tr><td>厂牌车型</td><td></td><td>牌照号码</td><td></td><td>出厂合格证编号</td><td></td></tr>
<tr><td>竣工出厂日期</td><td></td><td>派工单编号</td><td></td><td>主修人/检验员</td><td></td></tr>
<tr><td>车辆单位</td><td colspan="3"></td><td>返修进厂日期</td><td></td></tr>
<tr><td>原维修情况</td><td colspan="5"></td></tr>
<tr><td>竣工出厂检验情况</td><td colspan="5"></td></tr>
<tr><td>质量投诉内容</td><td colspan="5">签名： 年 月 日</td></tr>
<tr><td>故障鉴定结果</td><td colspan="5">签名： 年 月 日</td></tr>
<tr><td rowspan="3">返修情况</td><td>返修项目</td><td></td><td>返修工时</td><td></td><td></td></tr>
<tr><td>返修主修人</td><td></td><td>换件情况</td><td></td><td></td></tr>
<tr><td colspan="5">返修工时费 材料费 其他 费用合计</td></tr>
<tr><td colspan="3">出厂日期</td><td colspan="3">合格证编号</td></tr>
</table>

汽车维修返修率是质量考核的重要指标，直接反映了企业质量管理的基本水平，也是客户对维修服务质量的直接感受，在企业质量管理中应加以重视。

维修质量检验员应作专项统计、随时掌握其动态，为有针对性地开展质量管理工作提供依据，其中因维修质量原因造成机件损坏质量事故的，应重点列出，并作典型案例分析报告，提出相应的整改措施。返修率统计分析表见表7-22。

返修率统计分析表 表7-22

序号	原维修出厂日期	返修进厂日期	原维修项目	返修内容	责任分析	责任人
1						
2						
…						
返修率统计： %		本期维修总台次：	其中：大修	维护	小修	
返修率限制： %		返修车台次：	其中：大修	维护	小修	
统计时间： 年 月						

维修经营者应严格执行客户抱怨处理制度，明确受理范围、受理部门或人员、处理部门或人员及其职责、受理时限、处理时限等，并留存抱怨办理的记录，定期进行分析、总结。

三、汽车维修工艺要求

(一)零部件拆解

(1)汽车拆解前，首先了解技术资料，掌握装配关系及技术要求。

(2)拆解时按顺序进行，对有公差配合的和不应互换的机件、在拆解时应检查和打上装配记号，如气门、连杆与轴承，差速器左右壳，柱塞耦件等。

(3)拆卸带有调整垫片的机件时，勿使垫片丢失或损坏，如主减速器的调整垫片，转向机轴承紧度的调整垫片等。

(4)拆卸锈蚀机件时，可用煤油或汽油、松动剂浸润后拆解或采用加热的方式进行拆解，切不可猛敲猛击，以免损坏机件或工具。

(5)拆卸的螺栓螺母，在不影响使用性能的情况下，可装回原位。

(6)拆卸时，为清洗方便，将不同清洗方法的零部件分类放置，如钢铁件、铝合金件、橡胶件、皮质件和摩擦片等。

(7)拆卸时，要保证润滑油不落地，工具不落地，零部件不落地。

(8)拆卸时，零部件应尽量按装配关系摆放，方便装配。

(9)拆卸时，工具使用注意事项如下：

①旋具、钳子，不准代替锤子和铳子使用，应注意受力大小和方向。

②拆卸时应根据不同的机件选用合理的工具，不可勉强代替。

③拆卸轴、销、衬套等零部件时，用铜棒垫击，切不可直接击打，以免变形，造成装配困难。

④拆卸齿轮、轮、轴承时，应采用拉器或压力机具拆卸。

(二)零部件清洗

1. 清除积炭

清除积炭可用机械法和化学法。

(1)机械法。利用专用金属丝刷装在手电钻上进行刷洗,或用刮刀、铲刀进行刮除。

(2)化学法。利用化学溶剂与积炭层发生化学和物理作用,使炭层软化。清除时溶液温度应保持在80~90℃,将积炭浸泡软化后,用毛刷或棉纱擦拭干净。清除积炭后,如果是铝合金,零部件还应用热水冲洗。

2. 清除油污

(1)金属零部件的清洗。目前,在国内常用的有以下几种类型:

①有机溶剂清洗:用柴油、汽油或煤油等作清洗剂,用钢丝刷洗涤,清洗后晾干或压缩空气吹干。

②蒸气或高压水清洗:汽车上的基础件如缸体、变速器、主减速器等油垢多而且笨重,采用蒸汽清洗效率高、洗涤质量好。

③化学清洗:是以酸、碱类化工产品为清洗液进行洗涤。对锈斑、水垢有较好的清除效果,但其腐蚀作用强,有色金属和非金属制品不宜采用。

④超声波清洗:利用超声波在清洗溶剂中的空化作用,使物件表面及缝隙中的污垢迅速剥落,从而达到清洗目的。

⑤生物降解清洗:采用无毒无害的生物式清洗剂,通过生物降解的模式,直接把零部件表面的油分解成水和二氧化碳。

(2)非金属零部件的清洗。橡胶件的清洗,如制动皮碗、皮圈等,清洗时可用酒精或制动液,不得用汽油、碱溶液清洗,以防零部件发胀、变质;皮质件应先用肥皂水洗后,再用清水冲洗,最后用干布擦干;离合器和制动蹄摩擦片一般用少许汽油擦洗。

3. 清除水垢

清洗水垢多用酸洗法或碱洗法,因为酸性或碱性溶液对水垢均有溶解作用。修理单位常用盐酸处理水垢。盐酸对于金属的腐蚀性很强,必须在酸中加入缓蚀剂,以减轻酸对金属的腐蚀作用,同时又不减弱对水垢的清洗作用。用盐酸清洗水垢,其溶液浓度以10%~18%为宜,盐酸缓蚀剂的加入量为3~4g/L(水),将溶液加热至50~60℃,清洗持续时间为50~70min。清洗之后用加有重铬酸钾的清水冲洗。

(三)零部件检验

(1)经验法。经验法是通过观察,敲击和比较来检验和判断零部件技术状况的方法。这种方法简单易行,但要求修理工有对配备间隙、扭矩大小和声音的感觉经验。此法对较明显的缺陷较为有效,如零部件表面的粗糙、沟槽、刮伤、剥落、裂纹、缺损、变形、磨损等,对复杂的故障就难以准确判断。

(2)测量法。测量法是利用量具和仪器的测量检验零件参数的方法。它是汽车维修过程中最重要的检验方法。用量具和仪器检验零部件,能够获得较准确的数据,为零部件的维修提供可靠的依据。

(3)探测法。探测法是对零部件隐蔽性缺陷的一种检验方法。例如对曲轴、转向节等重要零部件细微裂纹的检验,最好借助探伤仪器进行检测。

(四)汽车装配

(1)所有零部件在装配前,必须经检验合格后方可使用。

(2)所有零件的工作表面上,如有斑点、锤痕、飞边、毛刺、锈蚀等影响质量的缺陷,均应经过锉、磨、刮、削等加工修整后方可组装。

(3)发动机和底盘各主要零部件的螺纹部分,如有拉长、变形,均不得再用,螺纹断扣、滑扣在有效范围内超过两牙以上,而且无法修复的,均不能装配。

(4)主要零件、组合件,如飞轮、离合器、曲轴、传动轴等必须进行动平衡试验。

(5)凡有规定扭紧顺序和扭力要求的螺栓(螺母),要按规定的顺序和力矩拧紧。

(6)汽缸盖、进排气歧管、水泵等处的螺栓及双头螺栓的螺纹上,应在安装前涂上红丹油,以利密封。

(7)凡用螺栓连接所使用的平垫圈、弹簧垫圈、开口销、保险锁片等,都要按照规定装配齐全。

(8)装配轴、销、衬套等零部件时,可用铜棒垫击,切不可直接锤击。

(9)所有皮质油封、在安装前浸入60℃的混合液中(机油和煤油各占50%)中5~8min,方可使用。如果是胶质的油封,应在摩擦部分涂上齿轮油。

(10)全部润滑油嘴、油杯均应装配齐全,保持畅通,并按规定的润滑要求分别加注润滑脂或润滑油。

(11)在修理装配中使用的所有量具、仪表或其他计量器具必须经过有关部门检定合格才能使用,以确保其准确性和灵敏性。

四、维修质量保证

汽车维修实行质量保证期制度。自竣工出厂之日起计算,质量保证期不得低于以下要求(里程或时间以先达到者为准):

(1)整车修理或总成修理质量保证期为车辆行驶20000km或者100日。

(2)二级维护质量保证期为车辆行驶5000km或者30日。

(3)一级维护、小修及专项修理质量保证期为车辆行驶2000km或者10日。

第三节　车辆维修作业安全

维修企业要认真贯彻执行“安全第一、预防为主、综合治理”的方针及国家有关的安全生产法律法规,制定适合本单位的安全管理制度和各工种、各机电设备的安全操作规程,并定期进行安全生产教育和安全知识培训,教育职工严格执行各工种工艺流程,工艺规范和安全操作规程,不得违章作业。

一、焊接作业的安全规则

(1)开工前,应穿戴好工作服、帽、绝缘鞋、电焊手套、防护面具等必要的防护用品,以防弧光中的紫外线、红外线刺伤眼睛和烧伤、灼伤皮肤。

(2)在焊接中必须遵守有关焊接技术要求,在焊接件中的刷、凿等辅助作业时,应小心使用工具,以防飞皮灼伤人。

(3)电焊工作场所10m范围内不能有易燃、易爆物品,要避开高压电场,并保持场所干燥;若场所潮湿,就得用干燥木板或绝缘物隔离后方准作业,以防焊机电路受潮烧蚀和作业者触电造成事故。

(4)在金属容器内进行焊接,必须有人监护,随时准备根据操作者要求,急时切断电源。对封闭、半封闭的容器和存油的容器,不准进行焊接工作,以免发生爆裂和燃烧的危险;若必须施焊,就得在确保安全的措施保护下进行施焊作业。

(5)焊补油箱时,必须放净燃油,彻底清洗确认无残油,敞开油箱盖谨慎施焊。

(6)严禁非交流电工对电焊机进行接火作业,以防触电、烧蚀,造成火灾。

(7)收工后,切断电源,将电极、扳手放置安全可靠位置,收整好电缆软线;严禁和气焊软管混绞在一起;不准放于高温管导、通气管导和电线上,以防触电碰火,造成事故。

二、钣金作业的安全规则

(1)钣金工应穿戴好劳保用品,将所需要的工卡量具准备好,放在适当的位置。

(2)开动有关设备前,须做好检查和准备工作,并严格遵守有关操作规程。

(3)使用的各种手锤,锤柄应安装牢固,不合格的工具不得凑合使用。

(4)切料和打件时,要注意料边抛落方向,防止伤人。

(5)两人以上同时操作应有主次,互相照应,以防产生误伤。

(6)使用大梁校正仪时链条要加保险,应正确夹持、固定、牵制且应避开链条受力方向,防止链条飞出击伤人。

(7)氧气瓶、乙炔气瓶要放到离火源较远的地方,不得在太阳下暴晒,不得撞击,所有氧焊工具不得沾上油污、油漆,并定期检查焊枪、气瓶、表头、气管是否漏气。

(8)搬运氧气瓶及乙炔气瓶时必须使用专门搬运小车,切忌在地上拖拉。

三、烤漆作业的安全规则

(1)喷烤漆前应先将底盘翼子板各部泥土、灰尘擦拭干净,严禁在喷漆房内清除灰尘。

(2)喷漆作业时要穿防止静电产生的化学纤维质料的衣服。

(3)严禁在烤漆房内进行明火保业或吸烟。

(4)在烤漆房内作业时不得打开喷漆房门。

(5)进行保温烘干作业时,不得将温度调节器设定在80℃以上。

(6)残余油漆、稀料及废旧遮蔽纸或报纸应及时清理,不得堆放在烤漆房内。

(7)经常清洁进气滤网、更换顶棉和底棉,以防止阻塞。

(8)供油泵烤炉不得漏油,定期对油箱进行及管路进行检查。

四、车辆检验的安全规则

(1)车辆上、下检验台,应听从指挥,上检验台的车辆,视其检查要求,做好安全保护、垫好三角木等,确保检验中的车、人安全。

(2)车辆需升高进行检验,必须做到落地时前后均得垫三角木,举升点必须选在平稳处,检验人员头、手、身均得避开,以防打滑倒塌或前后冲出造成安全事故。

(3)在车上检验发动机,必须垫三角木,拉紧驻车制动器操纵杆,挡位置于空挡,检验人员应站稳抓牢,头手等均避开风扇叶片断飞的方向。驾驶员应听从发动机熄火的指挥。

(4)加注各种润滑油料,必须有人看管,并有防火措施,严防油液溢出引起火灾,加注补充各种润油料均应避免溢、撒、漏,如有应急时清除。

(5)使用各种工具、量具及其他检验设备,均应遵守有关操作规程。

五、起动发动机时的安全规则

(1)起动发动机前首先应检查机油,散热器中的冷却液,换挡杆是否在空挡位置,拉紧驻车制动器操纵杆,并将前后车轮用三角木楔住。

(2)当用手摇柄起动发动机时,应在手摇柄的一侧,自下而上提动,以防反转伤人。

(3)在室内调试发动机时,应保持空气畅通,最好将排气管接到室外。

(4)发动机起动后,应及时观察仪表的工作情况。调试检查时,应注意安全,防止被风扇打伤及皮带夹伤。

六、车下工作的安全规则

(1)在车下进行维修作业时,应在车门或转向盘等明显位置挂上警示牌"请勿起动发动机",并用三角木楔住前后车轮,拉紧驻车制动器操纵杆。

(2)用千斤顶顶起汽车前,应先将其余车轮用三角木楔住。千斤顶放置要平稳、牢固,不可用砖头、石头或易破碎和滑动的物体垫千斤顶。凡是顶起卸下车轮的汽车,在车下作业时,应用卡凳将车架支起,确保作业安全。

(3)当放下用千斤顶架起的汽车时,拧开千斤顶开关要慢、稳,以防伤人。

(4)车下作业不能直接躺在地上,应尽量使用卧板。

(5)装配作业禁止采用不正确的操作方法,如用手试探螺孔、锁孔等,以免轧伤手指。

(6)当起动发动机时,不得在车下作业。

七、蓄电池使用的安全规则

(1)搬动蓄电池时要轻拿轻放,不可倾斜,以免电解液溅到皮肤或衣服上,烧伤皮肤或衣物,如因意外溅到皮肤或衣服上,应立即用清水冲洗。

(2)禁止将油料容器及各种金属物放在蓄电池盖上。

(3)在配制电解液时,应使用玻璃或陶瓷容器。将硫酸慢慢倒入蒸馏水中,绝对禁止将蒸馏水倒入硫酸中，以防蒸馏水温度急剧升高，产生大量的蒸汽，使硫酸飞溅，烧伤皮肤或衣物。

(4)蓄电池充电作业时，要保持室内通风良好。充电时把蓄电池盖打开，电解液温度不得超过45℃。

八、CNG、LNG 汽车维修的安全规则

(1)维修作业应在符合安全防护要求的专用场地进行。场地通风良好，不得有燃气积聚，宜安装排风装置以及燃气报警装置，配备相应的消防设施，使用防爆灯及防爆电器开关。

(2)在燃气有可能泄露的场所，应设置明示防火、防静电、禁止接打手机、禁止使用无线电设备等明显标志。作业现场应设置警示牌，严禁非作业人员靠近作业现场。

(3)维修作业前，应首先进行专用装置的密封性检查，如有泄漏应先排除故障，在确认系统密封良好后再进行维修作业。

(4)燃气汽车专用装置维修作业应由经过培训的专业人员进行。作业人员在操作前应先进行静电释放，操作时应戴护目镜、绝热手套，以及防护服，裤脚能覆盖鞋面，应避免皮肤直接接触处于低温的管路、阀门等部件；鞋底不应带有铁掌，不应戴手表和戒指等硬物。

(5)进行燃气汽车专用装置维修作业时，严禁用力敲击或者碰撞气瓶、管路及各类阀体；如发现 LNG 汽车阀门结冻时，可用清水或氮气快速解冻后再行开启。

(6)进行燃气汽车专用装置紧固作业时，应关闭截止阀，将管路中的气体排尽后，再用防爆扳手等专用工具进行紧固作业。不应带压进行管路紧固作业。

(7)拆装或调整燃气汽车专用装置管路接头、阀门、仪表、稳压装置时，应先切断电源，关闭出液截止阀，将管路内的气体排尽后，再利用防爆扳手等专用工具进行作业。

(8)进行燃气管路焊接时，应关闭管路与气瓶连接的所有阀门，拆下管路进行焊接，并用氮气吹扫管路，直到可燃气体检测仪检测安全，方可进行焊接作业。

(9)进行燃气汽车其他部位焊接时，应断开蓄电池正负极及重要总成的电控单元插头，关闭管路与气瓶连接的所有阀门，并对气瓶实施隔离；放空管路气体，用氮气吹扫，直到可燃气体检测仪检测安全，方可进行焊接作业。

(10)在气瓶附近进行焊割作业时，应先拆下气瓶放入专用区域妥善保管，或者用挡板、石棉布等对气瓶进行有效隔离，现场经可燃气体检测仪检测安全后，再行作业。

(11)如发生火情，除立即关闭电源和储气瓶截止阀外，应隔离现场，立即采取有效的灭火与救援措施。

九、CNG、LNG 汽车气瓶排放的安全规则

当车用气瓶需要更换安全阀、压力表、截止阀、液位计及相关连接部件等作业时，必须先排放气瓶内的气相天然气，给气瓶减压至正常大气压，然后才可以进行更换安全阀、压力表、截止阀及相关连接部件等作业。当气瓶需要维修、检测或更换自增压系统液相截止阀等作业时必须全部排放瓶内的气体，以确保维修作业的安全。车用气瓶的排放作业安全要求高，其作业操作规程是：

(1)使用不产生火花的工具(如铜扳手、橡胶锤)进行维修，不能使用金属材质工具直接

敲击供气系统的金属部件。

(2)车辆回场后,气瓶内液体较少时安排维修作业为宜,减少 CNG、LNG 的排放损耗。切断电源开关,严禁明火和使用手机。关闭出液截止阀、自增压系统的截止阀。

(3)如果条件允许则优先选择在加气站用回气枪进行排气,将回气枪接到回气口上,打开排放阀将瓶内压力完全排空即可。如果不能在加注站排放,则应将车辆停放在空旷的位置(不允许在封闭及半封闭的厂区内作业),作业区远离火源,确保排放区域 30m 范围内无明火。

(4)排放时要缓慢打开排放阀,排放端口请勿朝向车辆,需朝向车辆外部,便于向空中飘散,不能朝向人体喷射,确保人员安全。

(5)在维修汽化器之后的供给装置及各类阀门管件等部件时,先要关闭截止阀,少许拧松需要拆卸的部位,让管路中的天然气缓慢排放,全部排空后再进行维修作业。

(6)更换了安全阀、压力表、截止阀或管路部件及供气系统部件后,必须检测拆装部位的密封性。因气瓶排空减压后为正常大气压,此时打开自增压系统进行增压,当气瓶压力达到 0.6MPa 时再打开出液截止阀,然后可以使用肥皂水喷涂在接头连接处或使用检漏仪进行检漏,发现问题及时处理。

(7)维修作业人员必须穿戴工作服、头盔和防护手套,确保身体部位不受 LNG 灼伤。

十、CNG、LNG 汽车维修受伤应急措施

1. LNG 冷灼伤的处理

当皮肤与低温表面粘连时,可用温水加热方法使皮肉解冻,然后再挪开冻结部位,并将伤员移至温暖的地方(约 20℃)。除去所有妨碍冻伤部位血液循环的衣物;将冻伤的部位立即进行水浴,水温要求 40 ~45℃;应急处理后,应立即将伤员送往医院做进一步治疗。

2. 窒息的处理

当操作人员因缺氧呼吸困难或失去知觉时,应当立即将其撤离现场,移至有新鲜空气的地方并进行人工呼吸。如果操作人员停止呼吸,应当立即进行人工呼吸并马上送往医院治疗。

3. 火灾的处理

当 CNG、LNG 车处于火灾环境时,在保证人身安全的条件下,应关闭储气瓶上的所有阀门,同时疏散人员,尽快向有关部门报告,隔离现场,保护现场,必须用干粉灭火器进行灭火,不能用水喷向泄漏的 LNG。

第四节 车辆维护作业

一、维护周期的确定方法和依据

(一)维护周期的表示

汽车维护周期以行驶里程间隔或行驶时间间隔表示,通常以汽车行驶里程间隔为基本依据,对于不便统计、考核行驶里程的车辆,可用行驶时间间隔表示。

(二)体现车辆使用特性

确定汽车维护周期,要充分考虑车辆的技术状况和使用特性,主要包括以下要素:

(1)车辆类别,比如客车、货车、危货运输车等。

(2)车辆使用年限,即车辆的车龄或新旧程度,可以通过总行驶里程或使用年限反映,对于老、旧车辆应适当缩短维护周期。

(3)车辆运行状况,即车辆的使用强度,可以通过日均行驶里程来反映,通常日均行驶里程超过400km,应适当缩短维护周期。

(4)车辆使用条件,包括地形条件、道路条件和气候条件。对于长期在山区、沙漠、炎热、寒冷等特殊环境运行的车辆,应适当缩短维护周期。

(5)车辆运行材料和配件质量。重点分析整车机件损坏、橡胶件老化、润滑油变质、各主要部位间隙变化等规律特性,可以根据企业车辆历史维修记录分析确定。

(6)强化汽车排放污染控制。防止排放系统技术状况恶化和排放超标,特别是排气后处理系统关键零部件的零部件品质和使用寿命。

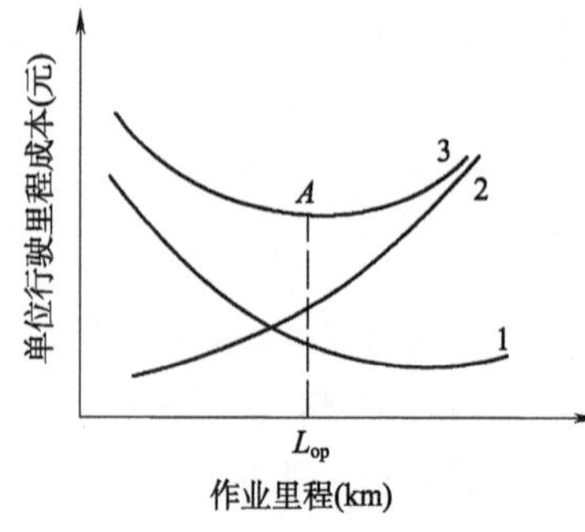

图7-2 汽车维护和修理费用与作业里程的关系

(三)体现车辆技术经济特性

确定汽车维护周期,要体现技术与经济相结合的原则,在保证汽车良好的技术状况下尽量使汽车维修费用最低,如图7-2所示。

图7-2中,曲线1为单位行驶里程的维护费用,它随汽车维护作业里程延长而减少。曲线2为单位行驶里程的修理费用,它随汽车维护作业里程延长而增加。曲线3为单位行驶里程汽车维修总费用,对应曲线3上的最低点(图7-2中A点)的作业里程L_{op},即为汽车维护和修理总费用最小的维护作业周期里程。

(四)国家推荐周期

确定汽车维护周期,还要依据国家有关标准和车辆维修手册、使用说明书等进行。《汽车维护、检测、诊断技术规范》(GB/T 18344)给出了道路运输车辆维护推荐周期,见表7-23。

道路运输车辆维护推荐周期 表7-23

适用车型		一级维护行驶里程间隔上限值或行驶时间间隔上限值	二级维护行驶里程间隔上限值或行驶时间间隔上限值
客车	小型客车(含乘用车)(车长≤6m)	10000km或30日	40000km或120日
	中型及以上客车(车长>6m)	15000km或30日	50000km或120日
货车	轻型货车(最大设计总质量≤3500kg)	10000km或30日	40000km或120日
	轻型以上货车(最大设计总质量>3500kg)	15000km或30日	50000km或120日
挂车		15000km或30日	50000km或120日

二、维护计划及实施

(一)维护计划编制

维护计划是车辆维护的时间依据,运输企业应根据确定后的一、二级维护周期,制订车辆维护计划。维护计划按间隔日期编排的,间隔时间不得超过工艺标准规定的间隔时间和间隔里程的上限;维护计划按间隔里程编排的,间隔里程应在工艺标准规定的上、下限内。

维护计划的编排应遵循"均衡生产、均匀路线"原则,通常由车辆所属单位(或车队)根据下月的生产任务和维护周期要求编制,并报送车辆技术管理部门汇总后下达,也是维护站(厂)编制月度生产计划的依据。一般按周、旬或月编制,并提前3~5个工作日下达到修理单位和车队。

维护计划原则上不得临时变动,遇特殊情况时,允许作个别调整(在2个工作日内),但应提前1~2天向车辆技术管理部门申报,由技术机务管理部门作出变更计划。

以下给出二级维护(月度)计划表式样(表7-24),供参考。

××年××月营运车辆二级维护月度计划(式样)　　　　表7-24

填报单位(盖章):　　　　　　　　填报日期:

日　期	二级维护车辆牌号	台　数	备　注
1			
2			
…			
30			
31			

主管:　　　　分管:　　　　制表:

(二)维护计划执行

车辆维护计划一旦下达后,车辆所属单位(或车队)和修理单位应严格按计划执行。如果运输生产与维护时间发生冲突,必须服从维护计划安排。

修理单位应严格执行维护技术要求和工艺规范,遇特殊情况确需调整的,须征得所在企业技术管理部门同意。

(三)维护计划执行监督

技术管理部门要定期开展维护计划执行情况抽查,建立抽查管理台账,对抽查中发现的问题应及时处理,企业应将"维护计划执行率"纳入年度考核序列。

三、汽、柴油车维护作业

(一)日常维护

日常维护包括日常安全检查全部项目,由驾驶员在出车前、行车中、收车后进行。

（二）一级维护

汽、柴油车一级维护基本作业项目包含日常维护作业项目和表7-25所列的作业项目。

汽、柴油车一级维护基本作业项目及技术要求 表7-25

序号	作业项目		作业内容	技术要求
1	发动机	空气滤清器、机油滤清器和燃油滤清器	清洁或更换	(1)按规定的里程或时间清洁或更换滤清器； (2)滤清器应清洁，衬垫无残缺，滤芯无破损； (3)滤清器安装牢固，密封良好
2		发动机润滑油及冷却液	检查油(液)面高度，视情更换	按规定的里程或时间更换润滑油、冷却液，油(液)面高度符合规定
3	转向系	部件连接	检查、校紧万向节、横直拉杆、球头销和转向节等部位连接螺栓、螺母	各部件连接可靠
4		转向器润滑油及转向助力油	检查油面高度，视情更换	按规定的里程或时间更换转向器润滑油及转向助力油，油面高度符合规定
5	制动系	制动管路、制动阀及接头	检查制动管路、制动阀及接头，校紧接头	制动管路、制动阀固定可靠，接头紧固，无漏气(油)现象
6		缓速器	检查、校紧缓速器连接螺栓、螺母，检查定子与转子间隙，清洁缓速器	缓速器连接紧固，定子与转子间隙符合规定，缓速器外表、定子与转子间清洁，各插接件与接头连接可靠
7		储气筒	检查储气筒	无积水及油污
8		制动液	检查液面高度，视情更换	按规定的里程或时间更换制动液，液面高度符合规定
9	传动系	各连接部位	检查、校紧变速器、传动轴、驱动桥壳、传动轴支撑等部位连接螺栓、螺母	各部位连接可靠，密封良好
10		变速器、主减速器和差速器	清洁通气孔	通气孔通畅
11	车轮	车轮及半轴的螺栓、螺母	校紧车轮及半轴的螺栓、螺母	扭紧力矩符合规定
12		轮辋及压条挡圈	检查轮辋及压条挡圈	轮辋及压条挡圈无裂损及变形
13	其他	蓄电池	检查蓄电池	液面高度符合规定，通气孔畅通，电桩、夹头清洁、牢固，免维护蓄电池电量状况指示正常
14		防护装置	检查侧防护装置及后防护装置，校紧螺栓、螺母	完好有效，安装牢固
15		全车润滑	检查、润滑各润滑点	(1)润滑嘴齐全有效，润滑良好； (2)各润滑点防尘罩齐全完好； (3)集中润滑装置工作正常，密封良好
16		整车密封	检查泄漏情况	全车不漏油、不漏液、不漏气

(三)二级维护

1. 作业流程

二级维护的作业流程如图 7-3 所示。

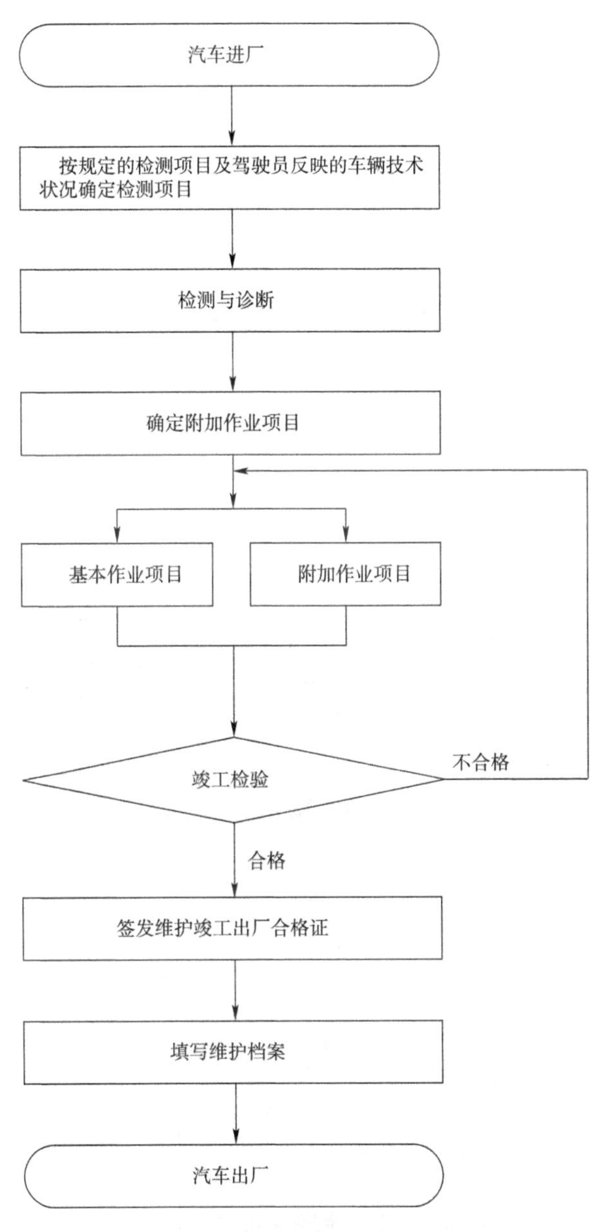

图 7-3　二级维护作业流程图

2. 维护作业项目

二级维护作业项目包括基本作业项目和附加作业项目。附加作业项目主要是根据驾驶员的反映和车辆的技术状况,对车辆进行不解体诊断、检测进行确定。检测项目主要包括车载诊断系统(OBD)的故障信息、行车制动性能以及排气污染物检测三项。

汽、柴油汽车二级维护作业项目及维护技术要求见表7-26。

二级维护基本作业项目及技术要求 表7-26

序号	作业项目		作业内容	技术要求
1	发动机	发动机工作状况	检查发动机起动性能和柴油发动机停机装置	起动性能良好,停机装置功能有效
			检查发动机运转情况	低、中、高速运转稳定,无异响
2		发动机排放机外净化装置	检查发动机排放机外净化装置	外观无损坏、安装牢固
3		燃油蒸发控制装置	检查外观,检查装置是否畅通,视情更换	碳罐及管路外观无损坏、密封良好、连接可靠,装置畅通无堵塞
4		曲轴箱通风装置	检查外观,检查装置是否畅通,视情更换	管路及阀体外观无损坏、密封良好、连接可靠,装置畅通无堵塞
5		增压器、中冷器	检查、清洁中冷器和增压器	(1)中冷器散热片清洁,管路无老化,连接可靠,密封良好; (2)增压器运转正常,无异响,无渗漏
6		发电机、起动机	检查、清洁发电机和起动机	发电机和起动机外表清洁,导线接头无松动,运转无异响,工作正常
7		发动机传动带/链	检查空压机、水泵、发电机、空调机组和正时传动带/链磨损及老化程度,视情更换或调整传动带	传动带/链无裂痕和过量磨损,表面无油污;松紧度符合规定
8		冷却装置	检查散热器、水箱及管路密封	(1)散热器、水箱及管路固定可靠,无变形、堵塞、破损及渗漏; (2)箱盖接合表面良好,胶垫不老化
			检查水泵和节温器工作状况	水泵不漏水、无异响,节温器工作正常
9		火花塞、高压线	检查火花塞间隙、积炭和烧蚀情况,按规定里程或时间更换火花塞	无积炭,无严重烧蚀现象,电极间隙符合规定
			检查高压线外观及连接情况,按规定里程或时间更换高压线	高压线外观无破损、连接可靠
10		进排气歧管、消声器、排气管	检查进排气歧管、消声器、排气管	外观无破损、无裂痕,消声器功能良好
11		发动机总成	清洁发动机外部,检查隔热层	无油污、无灰尘,隔热层密封良好
			检查、校紧油底壳、发动机支撑、水泵、空压机、涡轮增压器、进排气歧管、消声器、排气管、输油泵和喷油泵等部位的连接螺栓、螺母	螺栓、螺母连接完好,固定牢靠

续上表

序号	作业项目		作业内容	技术要求
12	制动系	储气筒、干燥器	检查、紧固储气筒,检查干燥器功能,按规定里程或时间更换干燥剂	(1)储气筒安装牢固,密封良好; (2)干燥器功能正常,排水阀通畅
13		制动踏板	检查、调整制动踏板自由行程	符合规定
14		驻车制动	检查驻车制动性能,调整操纵机构	功能正常,操纵机构齐全完好、灵活有效
15		防抱死装置	检查连接线路,清洁轮速传感器	各连接线及插接件无松动,轮速传感器清洁
16		鼓式制动器	检查制动间隙调整装置	功能正常
			拆卸制动鼓、轮毂、制动蹄,清洁轴承位、轴承、支承销和制动底板等零件	清洁,无油污,轮毂通气孔畅通
			检查制动底板、制动凸轮轴	(1)制动底板安装牢固、无变形、无裂损; (1)凸轮轴转动灵活,无卡滞和松旷现象
			检查轮毂内外轴承	滚柱保持架无断裂,滚柱无缺损、脱落,轴承内外圈无裂损和烧蚀
			检查制动摩擦片、制动蹄及支承销	(1)制动摩擦片表面无油污、裂损,厚度符合规定; (2)制动蹄无裂纹及明显变形,铆接可靠,铆钉沉入深度符合规定; (2)支承销无过量磨损,与制动蹄轴承孔衬套配合无明显松旷
			检查制动蹄复位弹簧	复位弹簧不得有扭曲、钩环损坏、弹性损失和自由长度改变等现象
			检查轮毂、制动鼓	轮毂无裂损,制动鼓无裂痕、沟槽、油污及明显变形
			装复制动鼓、轮毂、制动蹄,调整轴承松紧度、调整制动间隙	(1)装复制动蹄时,轴承孔均应涂抹润滑脂,开口销或卡簧固定可靠; (2)制动摩擦片与制动鼓摩擦面应清洁,无油污; (3)制动器间隙符合规定; (4)轮毂转动灵活且无轴向间隙; (5)锁紧螺母、半轴螺母及车轮螺母齐全,扭紧力矩符合规定
17		盘式制动器	检查制动摩擦片和制动盘磨损量	制动摩擦片和制动盘磨损量应在标记规定或制造商要求的范围内,其摩擦工作面不得有油污、裂纹、失圆和沟槽等损伤
			检查制动摩擦片与制动盘间的间隙	符合规定
			检查密封件	密封件无裂纹或损坏
			检查制动钳	制动钳安装牢固、无油液泄漏,制动钳导向销无裂纹或损坏

续上表

序号	作业项目		作业内容	技术要求
18	转向系	转向器和转向传动机构	检查转向器和转向传动机构	转向轻便、灵活，转向无卡滞现象，锁止、限位功能正常
			检查部件技术状况	转向节臂、转向器摇臂及横直拉杆无变形、裂纹和拼焊现象，球销无裂纹、不松旷，转向器无裂损、无漏油现象
19		转向盘最大自由转动量	检查、调整转向盘最大自由转动量	符合 GB 7258 规定
20	行驶系	车轮及轮胎	检查轮胎规格型号	符合 GB 7258 规定
			检查轮胎外观	符合 GB 7258 规定
			轮胎换位	根据轮胎磨损情况或相关规定进行轮胎换位
			检查、调整车轮前束	车轮前束值符合规定
21		悬架	检查悬架弹性元件，校紧连接螺栓、螺母	(1)空气弹簧无泄漏、外观无损伤； (2)钢板弹簧无断片、缺片、移位和变形，各部连接可靠，U 形螺栓扭紧力矩符合规定
			减振器	减振器固定牢靠，无漏油现象，橡胶垫无松动、变形及分层
22		车桥	检查车桥、车桥与悬架之间的拉杆和导杆	车桥无变形、表面无裂痕、油脂无泄漏，车桥与悬架之间的拉杆和导杆无松旷、移位和变形
23	传动系	离合器	检查离合器工作状况	离合器接合平稳，分离彻底，操作轻便，无异响、打滑、抖动及沉重等现象
			检查、调整离合器踏板自由行程	符合规定
24		变速器、主减速器、差速器	检查、调整变速器	操纵轻便、档位准确，无异响、打滑及乱挡等现象，主减速器、差速器工作无异响
			检查变速器、主减速器、差速器润滑油液面高度，视情更换	液面高度符合规定
25		传动轴	检查防尘罩	无裂痕、损坏，卡箍连接可靠，支架无松动
			检查传动轴及万向节	传动轴无弯曲，运转无异响。传动轴及万向节无裂损、不松旷
			检查传动轴承及支架	轴承无松旷，支架无缺损和变形
26	灯光导线	前照灯	检查远光灯发光强度，检查、调整前照灯光束照射位置	符合 GB 7258 规定
27		线束及导线	检查发动机舱及其他可视的线束及导线	插接件无松动、接触良好。导线布置整齐、固定牢靠，绝缘层无老化、破损，导线无外露。导线与蓄电池桩头连接牢固，并有绝缘套

续上表

序号	作业项目		作业内容	技术要求
28	车架车身	车架和车身	检查车架和车身	(1)车架和车身无变形、断裂及开焊现象,连接可靠,车身周正; (2)发动机罩启闭有效,锁止牢靠; (3)车厢铰链完好,锁止牢靠; (4)固定集装箱箱体、货物的锁止机构工作正常
			检查车门、车窗启闭和锁止	(1)车门和车窗启闭正常,锁止可靠; (2)客车动力启闭车门的车内应急开关及安全顶窗机件齐全、完好有效
29		支撑装置	检查、润滑支撑装置,校紧连接螺栓、螺母	完好有效,润滑良好,安装牢固
30		牵引车与挂车连接装置	检查牵引销及其连接装置	牵引销安装牢固,无损伤、裂纹等缺陷,牵引销颈部磨损量符合规定
			检查、润滑牵引座及牵引销锁止、释放机构,校紧连接螺栓、螺母	牵引座表面油脂均匀,安装牢固,牵引销锁止、释放机构工作可靠
			检查转盘与转盘架	转盘与转盘架贴合面无松旷、偏歪。转盘与牵引连接部件连接牢靠,转盘连接螺栓应紧固,定位销无松旷、无磨损,转盘润滑
			检查牵引钩	牵引钩无裂纹及损伤,锁止、释放机构工作可靠

3. 竣工质量检验

二级维护竣工质量检验是机动车维修企业对二级维护及其附加作业项目的作业质量进行检测评定,以此作为维修企业的质量检验员签发竣工出厂合格证的依据。

汽、柴油车二级维护竣工检验项目及技术要求见表7-27。

汽、柴油车二级维护竣工检验项目及技术要求 表7-27

序号	检验项目		技术要求
1	整车	清洁	全车外部、车厢内部及各总成外部清洁
2		紧固	各总成外部螺栓、螺母紧固,锁销齐全有效
3		润滑	全车各个润滑部位的润滑装置齐全,润滑良好
4		密封	全车密封良好,无漏油、无漏液和无漏气现象
5		故障诊断	装有车载诊断系统(OBD)的车辆,无故障信息
6		附属设施	后视镜、灭火器、客车安全锤、安全带、刮水器等齐全完好、功能正常
7	发动机及其附件	发动机工作状况	在正常工作温度状态下,发动机起动3次,成功起动次数不少于2次,柴油机3次停机均应有效,发动机低、中、高速运转稳定、无异响
8		发动机装备	齐全有效

续上表

序号	检验项目		技术要求
9	制动系	行车制动性能	符合 GB 7258 规定，道路运输车辆符合 GB 18565 规定
10		驻车制动性能	符合 GB 7258 规定
11	转向系	转向机构	转向机构各部件连接可靠，锁止、限位功能正常，转向时无运动干涉，转向轻便、灵活，转向无卡滞现象
			转向节臂、转向器摇臂及横直拉杆无变形、裂纹和拼焊现象，球销无裂纹、不松旷，转向器无裂损、无漏油现象
12		转向盘最大自由转动量	最高设计车速不小于 100km/h 的车辆，其转向盘的最大自由转动量不大于 15°，其他车辆不大于 25°
13	行驶系	轮胎	符合 GB 7258 规定
14		转向轮横向侧滑量	符合 GB 7258 规定，道路运输车辆符合 GB 18565 规定
15		悬架	空气弹簧无泄漏、外观无损伤。钢板弹簧无断片、缺片、移位和变形，各部件连接可靠，U 形螺栓螺母扭紧力矩符合规定
16		减振器	减振器稳固有效，无漏油现象，橡胶垫无松动、变形及分层
17		车桥	无变形、表面无裂痕，密封良好
18	传动系	离合器	离合器接合平稳，分离彻底，操作轻便，无异响、打滑、抖动和沉重等现象
19		变速器、传动轴、主减速器	变速器操纵轻便、挡位准确，无异响、打滑及乱挡等异常现象，传动轴、主减速器工作无异响
20	牵引连接装置	牵引连接装置和锁止机构	汽车与挂车牵引连接装置连接可靠，锁止、释放机构工作可靠
21	照明、信号指示装置和仪表	前照灯	完好有效，工作正常，性能符合 GB 7258 规定
22		信号指示装置	转向灯、制动灯、示廓灯、危险报警灯、雾灯、喇叭、标志灯及反射器等信号指示装置完好有效
23		仪表	各类仪表工作正常
24	排放	排气污染物	汽油车采用双怠速法，应符合 GB 18285 规定。柴油车采用自由加速法，应符合 GB 3847 规定

四、CNG 汽车维护作业

(一) 日常维护

日常维护包括日常安全检查全部项目，由驾驶员在出车前、行车中、收车后进行。

(二) 一级维护

对于 CNG 汽车的一级维护，除汽、柴油车一级维护相关作业项目外，还应按照表 7-28 的规定进行维护作业。

CNG 汽车一级维护增加的基本作业项目及技术要求 表 7-28

序号	作业项目		作业内容	技术要求
1	储气装置	CNG 气瓶及固定支架	(1)检查气瓶检定证明; (2)检查气瓶外观; (3)检查气瓶紧固情况	(1)气瓶检定审验有效; (2)气瓶表面无严重划伤、凹凸、裂纹等缺陷; (3)固定支架及扎带完好、无裂纹,固定牢固,垫层完好、无损坏,气瓶固定可靠,无窜动和旋动现象; (4)安装位置、方式符合 GB/T 19240 和 GB/T 18437.1 的要求
2	储气装置	CNG 管路及卡箍	(1)检查紧固管路及接头; (2)检查各连接部位有无泄漏	(1)高压管路及接头无擦伤及其他损伤; (2)接头紧固良好,无漏气现象; (3)软管无老化、油垢、裂纹,连接可靠,与其他部件无擦碰; (4)卡箍齐全完好,安装牢固,位置布局合理; (5)安装位置、方式符合 GB/T 19240 和 GB/T 18437.1 的要求
3	储气装置	手动截止阀、充气阀、组合阀等各类控制阀及相关仪表	检查密封和工作性能	(1)各种阀密封良好、开闭灵活有效,相关仪表工作正常、安装牢固可靠; (2)安装位置、方式符合 GB/T 19240 及 GB/T 18437.1 和出厂技术规定的要求
4	储气装置	加气口	(1)检查加气口的安装及紧固情况; (2)检查单向阀或充气阀	(1)加气口固定牢固、清洁; (2)加气口、单向阀、充气阀工作可靠无漏气现象,防尘盖、防尘塞可靠有效
5	CNG供给装置	减压调节器	(1)外观检查; (2)卸下排污塞,放掉残液; (3)检查滤网、滤芯,必要时清洗; (4)视情检修调试各部件	(1)外观清洁,安装牢固,无泄漏现象; (2)各部件性能良好
6	CNG供给装置	混合器	检查各部件连接状况和接口密封状况	(1)混合器清洁,装配正确,牢固可靠; (2)各气道通畅、无阻塞、无泄漏
7	CNG供给装置	高压电磁阀	(1)检查各电磁阀及其控制装置技术状况; (2)检查阀芯是否有异常磨损	(1)连接可靠、工作正常; (2)阀芯无磨损、无泄漏
8	CNG供给装置	CNG 电喷控制装置	检查使用性能	各参数均正常
9	燃料转换及控制要求	燃料转换开关及仪表	(1)检查开关使用性能; (2)检查压力显示器性能	(1)燃料转换开关标识准确,转换灵活、可靠; (2)压力显示与储气瓶气压协调一致
10	燃料转换及控制要求	CNG 电磁阀	(1)检查安装接线情况; (2)检查使用性能	(1)接线牢固、可靠; (2)开闭性能良好、无泄漏

续上表

序号	作业项目		作业内容	技术要求
11	燃料转换及控制要求	汽油电磁阀及管路	(1)检查安装及接线情况; (2)检查油路及接头; (3)检查使用性能	(1)电磁阀及油管安装牢固,管路无碰擦现象; (2)汽油管路无老化及损伤,接头密封良好; (3)电磁阀开闭性能良好,无泄漏
12		线束	检查线束及接头	线束插接可靠,无破损及摩擦现象
13	整车		(1)工作性能测试; (2)标志检查	(1)燃料供给系统工作正常; (2)CNG 汽车标志符合 GB/T 17676 规定

(三)二级维护

1. 作业项目及技术要求

对于 CNG 汽车的二级维护,除汽、柴油车二级维护相关作业项目外,还应进行表 7-29 所示作业。

CNG 汽车二级维护增加的基本作业项目及技术要求 表 7-29

序号	作业项目		作业内容	技术要求
1	储气装置	CNG 气瓶及固定支架	(1)检查气瓶检定证明; (2)紧固连接部位; (3)视情更换安全装置	(1)气瓶检定审验有效; (2)气瓶及支架安装紧固,安装位置符合 GB/T 19240 和 GB/T 18437.1 的规定; (3)气瓶有下列情况应更换: ①瓶体或附件出现裂纹、灼伤、鼓疱、渗漏或明显的凹陷、膨胀、弯曲; ②外表明显损伤、瓶口螺纹损伤或严重锈蚀。 (4)更换用的气瓶应符合 TSG R0009—2009 的规定
2		CNG 管路及卡箍	(1)检查紧固卡箍、高压管路及接头; (2)视情更换密封圈、卡箍、管路及接头; (3)检查导流管	(1)管路及接头无损伤及挤压变形,CNG 管路无老化、腐蚀,与相邻部件无碰擦现象; (2)接头紧固良好,无漏气、阻塞现象,涂检漏液至少观察 1min 后,无气泡出现; (3)卡箍齐全完好,安装牢固,位置布局合理
3		手动截止阀、充气阀、组合阀等各类控制阀及相关仪表	(1)紧固阀门接头; (2)检查各阀门工作性能及接口有无泄漏; (3)视情拆检阀门,更换密封圈、垫	阀门开关灵活,紧固处无松动,阀门无泄漏,性能满足要求
4		加气口	(1)清洁、紧固加气口; (2)视情更换单向阀阀芯或充气阀及防尘盖、防尘塞	(1)加气口无油污、灰尘; (2)单向阀、充气阀工作可靠,无渗漏; (3)防尘盖、防尘塞完好
5		压力传感器及压力表	(1)紧固压力传感器螺栓; (2)视情送检或更换压力表	(1)传感器信号准确,压力表显示准确; (2)连接处无泄漏

续上表

序号	作业项目		作业内容	技术要求
6	CNG供给装置	滤清器	清洁或更换滤网或毛毡	清洁、工作良好
7		高压电磁阀	清除电磁阀滤芯中的杂物、沉淀物，必要时更换	工作正常
8		安全阀	检查	在标定压力范围内能及时开启和关闭
9		减压调节器	(1)拆检总成，清洁各工作腔，定期更换滤网； (2)高压进气装置泄漏检查，视情更换密封圈； (3)检查各级压力，视情更换弹簧、膜片； (4)检查安全阀； (5)检查热循环装置，并视情更换恒温器、密封胶圈等部件	(1)减压调节器外观清洁，工作正常、可靠； (2)各处无泄漏，气密性等指标符合GB/T 20735的规定； (3)安全阀工作可靠； (4)热循环装置工作正常，各密封胶圈完好，水管及接头无漏水现象
10		混合器	(1)拆洗混合器各部件； (2)检查、更换密封胶圈	(1)各部件清洁； (2)各处密封良好，无泄漏，工作正常，连接牢固、可靠
11		低压管路及卡箍	检查并视情更换	(1)管路完好，无老化、开裂现象； (2)管路密封良好，无泄漏； (3)卡箍齐全完好，安装牢固，位置布局合理
12	燃料转换及控制装置	燃料转换开关及仪表	(1)检查开关及控制电路； (2)检查电源、插接件及搭铁； (3)视情更换相关部件； (4)检查仪表	(1)开关标识准确，转换灵活、可靠； (2)开关转换至“气”位时，当发动机不运转时，气路电磁阀能在规定时间范围内自动关闭； (3)各接插件及搭铁性能良好； (4)气量显示正确
13		线束	(1)清理、检查线束； (2)视情更换线束或接头	(1)线束连接可靠，无磨损现象； (2)线束接头连接正确、可靠； (3)电路电源连接正确
14		CNG电磁阀	(1)检查工作性能； (2)检查线圈电阻值	(1)开闭灵活可靠，关闭时密封良好，不漏气； (2)线圈电阻值符合规定要求
15		汽油电磁阀	检查工作性能	开闭灵活可靠，关闭时密封良好，不漏油
16		步进电机或动力阀	检查、调整	工作正常
17		电控单元及传感器	用故障诊断仪检查各传感器信号及电控系统工作性能	各传感器信号正常，系统无故障码显示，工作正常、可靠
18		泄漏报警装置	检查工作性能	装有泄漏报警装置的汽车，报警装置应完好，功能有效

2. 竣工质量检验

CNG汽车除了汽、柴油车二级维护竣工检验规定的内容外，还应进行以下项目的检验。

1)紧固程度检验

储气瓶、管路、电路及专用装置等主要部件安装紧固程度应符合相关技术要求，卡箍牢固，无窜动、松动现象。

各类控制阀阀门接头、管路连接处应连接可靠，无松动。

2)气密性检验

储气装置、燃料供给装置、燃料转换及控制装置应密封良好，无气体泄漏。

(1)检漏液检验方法1：在各部件正常工作压力下，用肥皂水等非腐蚀性起泡水涂于所有管路接头上，观察有无气泡持续产生，试验持续时间不得少于1min。

(2)检漏仪检验方法2：使用气体检漏仪检查所有管路接头，不应出现漏气现象。当气体检漏仪发现泄漏后，需采用检漏液检验方法确定泄漏部位。

按照以上任一方法检查，管路应密封良好。如发现有气体泄漏，应关闭气瓶阀，待管路中的气体排出后，再紧固接头。

3)排放性能

符合《点燃式发动机汽车排气污染物排放限值及测量方法(双怠速法及简易工况法)》(GB 18285)及相关要求的规定及相关要求的规定。

4)燃气汽车标志

符合《天然气汽车和液化石油气汽车标志》(GB/T 17676)的规定。

五、LNG汽车维护作业

(一)日常维护

日常维护包括日常安全检查全部项目，由驾驶员在出车前、行车中、收车后进行。

(二)一级维护

对于LNG汽车，除汽、柴油车一级维护作业项目外，还应按照表7-30的规定进行维护作业。

LNG汽车一级维护增加的基本作业项目及技术要求 表7-30

序号	作业项目	作业内容	技术要求
1	气瓶及固定支架	(1)检查外观； (2)检查安装情况； (3)紧固松动部位	(1)气瓶表面应无严重划伤、凹凸、裂纹等，以及无异常冒汗或结霜； (2)气瓶安装应牢固可靠，无窜动或旋动现象； (3)固定支架、紧固带及垫层应完好，并安装牢固
2	加液口、回气口	(1)检查外观； (2)检查安装情况； (3)检查气密性	(1)加液口和回气口应保持清洁，安装牢固，无泄漏； (2)防尘盖应功能正常

续上表

序号	作 业 项 目	作 业 内 容	技 术 要 求
3	管路、卡箍	(1)检查外观； (2)检查安装情况； (3)检查密封性； (4)紧固松动部位	(1)管路及其接头应无擦伤等损伤,安装牢固,与其他部件无摩擦,无泄漏； (2)卡箍安装位置和方式应符合 GB/T 20734 的规定,并齐全完好,安装牢固
4	安全阀	(1)检查安装情况； (2)检查气密性	安全阀应安装牢固,无泄漏
5	截止阀、单向阀、过流阀、调压阀	(1)检查安装情况； (2)检查气密性	各阀门安装牢固,无泄漏
6	压力表、液位计	(1)检查安装情况； (2)检查气密性； (3)检查仪表工作情况； (4)视情更换	(1)压力表安装牢固,无泄漏； (2)仪表工作正常、读数可靠
7	汽化器及其循环水路、缓冲罐	(1)检查外观； (2)检查安装情况； (3)检查气密性	(1)汽化器、缓冲罐应保持清洁,无变形、锈蚀等,安装牢固,无泄漏； (2)循环水路应无弯折、无泄漏；软管应无老化、油垢、裂纹,连接可靠
8	燃气滤清器	排污	燃气滤清器应保持清洁,工作正常
9	低压电磁阀	(1)检查安装情况； (2)检查使用功能	低压电磁阀及其控制装置连接可靠,工作正常
10	混合器、燃气计量阀	(1)检查外观； (2)检查安装情况； (3)检查气密性	(1)混合器、燃气计量阀应保持清洁,安装牢固；装配正确； (2)气道应保持通畅,无泄漏
11	LNG 专用标志	检查标志完好性	LNG 汽车标志应符合 GB/T 17676 的规定

(三)二级维护

1.作业项目及技术要求

对于 LNG 汽车,除汽、柴油车二级维护作业项目外,还应按照表 7-31 的规定进行维护作业。

LNG 汽车二级维护增加的基本作业项目及技术要求 表 7-31

序号	作 业 项 目	作 业 内 容	技 术 要 求
1	气瓶及固定支架	(1)清洗外部； (2)视情更换部件	(1)气瓶应清洁； (2)出现以下情形应更换部件： ①瓶体出现裂纹或明显的凹陷、膨胀、弯曲； ②支架无明显损伤或严重锈蚀； ③气瓶失真空。 (3)安装位置与方式应符合 GB/T 20734 的规定

续上表

序号	作业项目	作业内容	技术要求
2	加液口、回气口	(1)检查并视情更换防尘盖及密封圈(或垫); (2)检查加液面板接地情况; (3)更换部件后检查气密性	(1)防尘盖及密封圈(或垫)应完好,功能正常; (2)加液面板应接地良好; (3)更换部件后系统应无泄漏
3	管路、卡箍	(1)按产品说明书规定周期更换管路密封件及卡箍; (2)更换部件后检查气密性。	更换部件后,应管路通畅,接头牢固,无泄漏
4	安全阀	(1)检查检定证明; (2)检查管路通畅性	(1)安全阀检定合格证应在有效期内; (2)一级安全阀管路应保持通畅
5	截止阀、单向阀、过流阀、调压阀	(1)紧固阀门接头; (2)视情拆检阀门,更换密封圈、垫及阀芯等; (3)视情更换调压阀修理包; (4)更换部件后检查气密性	(1)安装位置和方式应符合 GB/T 20734 及产品说明书要求; (2)各阀门功能正常,截止阀开关灵活; (3)更换部件后系统应无泄漏
6	压力表	(1)检查检定证明; (2)视情更换; (3)更换后检查气密性	(1)压力表检定合格证应在有效期内; (2)更换压力表后系统应无泄漏
7	汽化器及循环水路、缓冲罐	(1)视情清洗汽化器内部水垢; (2)更换部件后检查密封性	(1)循环水路应工作正常,无泄漏; (2)汽化器及缓冲罐重新安装后,应无泄漏
8	燃气滤清器	(1)清洁滤芯; (2)视情更换滤芯; (3)更换部件后检查气密性	燃气滤清器应清洁,功能正常,无泄漏
9	低压电磁阀	检查电磁阀磨损情况,视情清洗或更换阀芯、阀座	低压电磁阀应清洁,功能正常
10	燃气计量阀、混合器、节气门	(1)清洗燃气计量阀、混合器各部件以及节气门蝶片; (2)视情更换混合器密封胶圈; (3)重新安装后检查气密性	(1)各部件应清洁; (2)燃气计量阀、混合器、节气门应功能正常; (3)系统应无泄漏
11	燃气报警装置	检查	燃气报警装置应功能正常

2. 竣工质量检验

LNG 汽车竣工质量检验项目与 CNG 汽车基本一致。

六、汽车排放系统的专项维护作业

减少汽车污染物排放的最根本途径是实施严格的汽车排放标准,进而推进汽车排放控制技术的开发和应用,提高新车的排放性能。汽车出厂时,其排放性能达到国家或地方标准,但随着汽车使用时间的增加,就必须要对影响车辆排放性能的部件和系统(如发动机电控系统故障和三元催化器老化等)进行严格的维护、修理,才能使其保持正常的技术状态。

国外主要通过在用车检查和维护(I/M)制度的实施,来控制在用车的排放污染。具体的I/M制度方案因国家、城市情况的不同而不同,实践证明,完善的I/M制度,是目前最科学、合理、经济、有效的汽车排放污染控制途径。

目前我国对在用汽车排气污染的维护技术体系不完善,由于造成汽车排放超标的原因众多,所以必须要让汽车在一定的周期内进行全面的技术状况检测和测试,对维护项目进行认真维护和故障排查,才能保证汽车排放性能始终保持在正常的状态下。

(一)维护流程

排放系统的维护流程如图7-4所示。

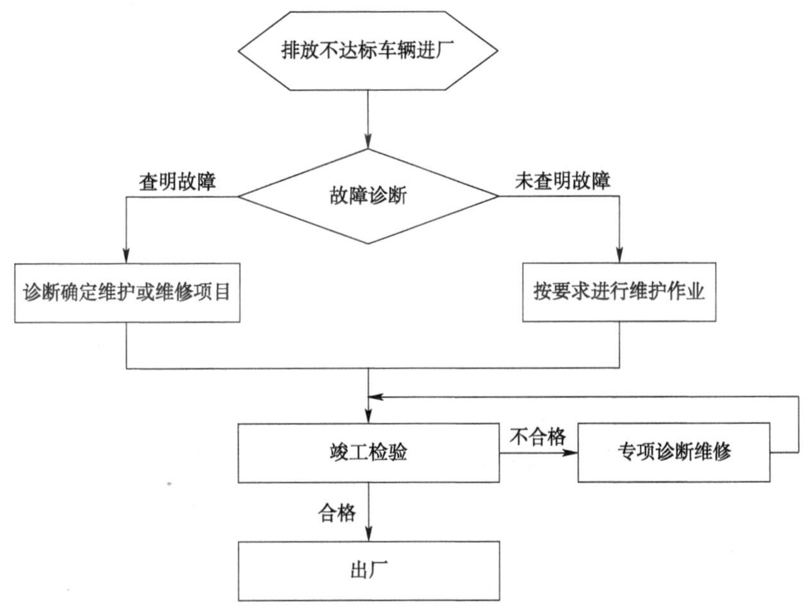

图7-4 尾气排放维护流程图

(1)车载诊断系统(OBD)故障灯报警的车辆,利用汽车故障电脑诊断仪读取故障代码,确定维护项目。

(2)对于无故障码的车辆,应利用诊断仪读取车辆电控单元数据流,按发动机转速、水温、喷油脉宽、进气流量、进气压力、进气温度、氧传感器、爆震传感器、点火时刻、节气门位置传感器等顺序,分析确定维护项目。

(3)对于汽油车,诊断仪未能检出故障时,可采用五气排气分析仪进行排放分析,确定维护项目。

(4)对确定的维护项目,根据汽车维修手册进行维护或维修。

(5)维护作业后,应进行竣工检验。竣工检验不合格的车辆应对发动机和排气后处理装置等进行专项诊断维修,竣工检验合格后方可出厂。

(二)维护作业项目

排放系统的维护作业项目见表7-32。

维护项目、技术要求及作业内容　　表 7-32

维护项目		作业内容	技术要求
进气系统	空气滤清器	清洁、视情更换	滤芯应清洁,无破损;连接管无破损漏气,密封良好,安装牢固
	涡轮增压器	清理内部杂质;或更换增压器	内部无杂质;壳体组装紧密无松脱;无漏气、漏油
	涡轮增压压力传感器	紧固接插件;或更换传感器	安装可靠,不漏气,与线束连接紧固外观无明显损伤、清洁;密封部件无破损;传感器功能正常
	涡轮增压控制电磁阀	紧固接插件;或更换电磁阀或更换相关管路、线束	外观无明显损伤、清洁;各接口正确连接;接插件和线束无破损,安装牢固;电磁阀功能正常
	节气门	清洁;或更换节气门	外观及内部清洁,无明显损伤;节气门阀片无起边、磕碰等问题
	节气门位置传感器	清洁,紧固接插件;或更换传感器	安装可靠,不漏气,与线束连接紧固;外观无明显损伤、清洁;密封部件无破损;传感器功能正常
	进气流量传感器	清洁,紧固接插件;或更换传感器	安装可靠,不漏气,与线束连接紧固;外观无明显损伤、清洁;密封部件无破损;传感器功能正常
	进气温度传感器	清洁,紧固接插件;或更换传感器	安装可靠,与线束连接紧固;外观无明显损伤、清洁;密封部件无破损;传感器功能正常
	进气压力传感器	清洁,紧固接插件;或更换传感器	安装可靠,不漏气,与线束连接紧固;外观无明显损伤、清洁;密封部件无破损;传感器功能正常
排气系统	氧传感器	清洁,紧固接插件;或更换传感器	安装可靠,与线束连接紧固;外观无明显损伤、清洁;密封部件无破损;传感器功能正常
	废气再循环系统	清洁或更换真空软管;或更换控制阀或传感器	各接口正确连接;系统各元件外观清洁,连接可靠;管路畅通;各控制阀、传感器功能正常
	EGR 阀	清洁,紧固接插件;或更换 EGR 阀	接插件连接可靠;功能正常
	催化转化器	清洁;或更换催化转化器	外观无明显损伤、清洁;陶瓷体无明显损坏破损;催化剂功能正常
	微粒捕集器	除去微粒过滤器内部沉积的颗粒物;或更换微粒捕集器	外观无明显损伤、清洁;安装牢固;功能正常
	尿素罐及管路	紧固电器接插件及管路接头;或更换尿素罐及管路	外观清洁,无破损;管路接头连接可靠;无进水和灰尘杂质等
	计量喷射泵	紧固电器接插件及管路接头;或更换计量喷射泵	接插件及管路接头连接可靠;外观清洁;无进水和灰尘杂质等;功能正常
	热反应器	清洁;或更换热反应器	外观清洁,无破损;保温功能正常
	二次空气系统	清洁;或更换阀门、管路	系统各元件外观清洁,连接可靠;管路畅通;各控制阀功能正常
	曲轴箱强制通风系统	清理杂质;或更换相关管路、阀门	管路清洁畅通,连接可靠不漏气,各阀门无堵塞、卡滞现象
	PCV 阀	清洁,紧固接插件;或更换 PCV 阀	接插件连接可靠;功能正常

续上表

维护项目		作业内容	技术要求
供油系	高压共轨系统	紧固电器接插件及管路接头;或更换控制阀、传感器	管路无破损;各控制阀、传感器功能正常
	喷油器	清洗,紧固;或更换喷油器	外观清洁,安装紧固,燃油管路连接可靠外观无明显损伤;密封部件无破损;喷油器工作正常
	供油量及供油定时控制电磁阀	紧固接插件;或更换电磁阀或相关管路、线束	外观无明显损伤、清洁;各接口正确连接;接插件和线束无破损,安装牢固;电磁阀功能正常
	炭罐	排除通气孔里的杂物;或更换炭罐总成	炭罐通气顺畅;外观清洁,无明显损伤;支架安装牢固可靠
点火系	火花塞	清洁表面积炭;或调整间隙;或更换火花塞	清洁陶瓷体,铜帽紧固;外观清洁,无明显损伤;火花塞间隙在正常范围内;工作正常
	点火线圈	紧固接插件;或更换点火线圈	安装紧固;外观清洁,无明显损伤;工作正常
	高压线	清洗表面灰尘、油污;或更换高压线	安装紧固;外观清洁,无明显损伤;工作正常
冷却系	冷却液温度传感器	清洁,紧固接插件;或更换传感器	安装可靠,不漏水,与线束连接紧固;外观清洁,无明显损伤;传感器功能正常
	节温器	定期检查;或更换节温器	节温器工作性能符合规定
配气机构	凸轮轴位置传感器	清洁,紧固接插件;或更换传感器	安装可靠,与线束连接紧固;外观无明显损伤、清洁;传感器功能正常
其他	发动机转速传感器	清洁,紧固接插件;或更换传感器	安装可靠,与线束连接紧固;外观无明显损伤、清洁;传感器功能正常
	曲轴位置传感器	清洁,紧固接插件;或更换传感器	安装可靠,与线束连接紧固;外观无明显损伤、清洁;传感器功能正常
	车速传感器	清洁,紧固接插件;或更换传感器	安装可靠,与线束连接紧固;外观无明显损伤、清洁;传感器功能正常
	爆震传感器	清洁,紧固接插件;或更换传感器	安装可靠,与线束连接紧固;外观无明显损伤、清洁;传感器功能正常
	OBD 报警系统	检查故障灯;使用工具软件进行故障检测和清除	工作正常

第五节　汽车修理作业

汽车修理的目的在于及时消除故障,恢复车辆的技术性能。运输企业应根据车辆的技术状况,有计划地安排修理,既要防止拖延修理造成车况恶化,又要防止提前修理造成浪费。车辆修理应遵循视情修理的原则,即根据车辆检测诊断和技术鉴定的结果,确定作业范围和深度，车辆修理应按照国家和行业相关规定、标准或整车制造厂提供的维修手册、使用说明书和有关技术资料进行。

一、发动机修理技术要求

(一)点火系统

(1)点火系统高、低压特性符合原设计规定，无异常现象。

(2)断电器触头(白金)工作正常，间隙符合技术要求。

(3)无触点式点火信号发生器绝缘良好，工作正常。

(4)分电器、点火线圈、火花塞、高(低)压线性能符合原设计规定。

(5)电控点火系统可靠有效，工作正常。

(6)点火正时符合原设计规定。

(二)燃油供给系统

(1)燃油供给系统在各种工况下工作正常，无漏油、渗油、溢油现象。

(2)燃油箱及管路内部清洁通畅，连接可靠，无泄漏。油箱盖开启方便，工作正常。油箱液位指示传感器工作正常。

(3)燃油泵工作正常，无漏油，无异响。

(4)燃油供给系统工作压力、流量、喷油正时等应符合原设计规定。

(三)进排气系统

(1)空气滤清器安装牢固，密封垫齐全、密封良好、工作正常。

(2)空气滤芯清洁、齐全、完整，无破损。

(3)节气门体内外清洁，操纵机构灵活有效。

(4)怠速控制稳定有效，电动节气门应按原设计规定进行初始化设置。

(5)进气系统真空度应保持稳定，不允许有泄漏现象。

(6)曲轴箱通风阀应清洁、畅通，工作正常。

(7)排气系统工作正常，密封良好，无堵塞，无泄漏，无异常噪声。

(8)三效催化转化器应安装正确，牢固可靠，工作正常。

(9)增压装置应按原设计进行装配和检验，增压器工作应正常。

(四)冷却系统

(1)散热器应安装牢固，位置正确。

(2)散热器内部畅通无积垢，不漏水，散热隔栅清洁无堵塞。

(3)水泵工作正常，无裂损，不松旷，无异响，不渗漏。

(4)风扇工作正常，风扇皮带无老化、开裂现象，张紧度符合原设计规定；风扇离合器、电动风扇工作正常，运转平稳，无异响，温度控制参数符合原设计规定。

(5)节温器工作正常，温度控制参数符合原设计规定。

(6)水管完整无老化、无泄漏,卡固可靠。
(7)冷却系统及相关器件应按规定进行压力测试,压力值符合原设计规定。

(五)润滑系统

(1)润滑油品质及用量应符合原设计规定。
(2)机油泵工作正常,无异响;发动机各部位润滑良好,机油压力符合原设计规定。
(3)机油集滤器清洁、通畅;管、罩、网齐全有效。
(4)机油滤清器内外清洁,油道通畅、滤芯完整、效能完好。
(5)机油散热器清洁、通畅;附属件装配齐全、工作正常。
(6)油底壳及衬垫清洁、完好,不漏(渗)油;放油螺栓及衬垫完好有效。
(7)曲轴箱强制通风管工作正常。

(六)起动系统及充电系统

(1)起动机运转正常,不打滑、不咬齿、无异响。
(2)蓄电池外观整洁、安装牢固,电解液比重和液面高度符合规定。
(3)发电正常,调节器工作良好,充电指示工作良好。
(4)起动线路连接可靠,工作正常。

(七)配气机构

(1)配气相位应符合原设计规定。
(2)配气机构运转正常,润滑良好,各部件安装牢固,无异响,各部间隙符合规定。
(3)各气门无积炭,开启灵活,密封良好;气门导管、气门油封工作良好,安装符合原设计规定。
(4)可变配气相位控制机构应工作正常、可靠。

(八)曲柄连杆机构

(1)曲柄连杆机构应运转正常,无异响。
(2)各部配合间隙应符合原设计规定;各部螺栓的紧固顺序、紧固力矩应符合原设计规定,锁止销、锁齐全有效。
(3)曲柄连杆机构装配后,曲轴转动均匀轻便,转动力矩符合原设计规定。
(4)曲柄连杆机构各部润滑油路畅通、清洁。

(九)性能要求

1.起动性能

汽油发动机在环境温度不低于-5℃,柴油发动机在环境温度不低于5℃时,应能顺利起动。允许起动3次,每次不超过5s。在正常工作温度下,发动机应能在5s内一次顺利起动。

2.怠速运转性能

从起动后到正常工作温度,发动机怠速应运转平稳,其怠速转速应符合整车厂规定,并能保证向其他工况圆滑过渡。

3. 运转状况

在正常工作温度下,发动机在各种工况下应运转稳定、无异响,不得有过热、异常燃烧和爆震等现象;发动机各工况过渡应平稳,不得有突爆、回火、放炮等异常现象,无失火。

当柴油发动机转速超过额定转速时,调速控制装置应正常有效。紧急停机装置在发动机整个运转过程中可靠有效,不得出现失控现象。

4. 额定功率和最大转矩

在标准状态下,发动机额定功率和最大转矩应不低于原设计的 90%。检验方法按《汽车发动机性能试验方法》(GB/T 18297)的规定进行。

环境温度在 15 ~ 30℃(288 ~ 303K)范围内,考虑海拔高度变化的因素,发动机额定功率可按式(7-1)进行修正。

$$P_{修正} = P_{实测}/k \tag{7-1}$$

式中:$P_{修正}$——修正功率,kW;

$P_{实测}$——实测功率,kW;

k——海拔高度额定功率、最大转矩修正系数。

不同海拔高度的输出功率修正系数见表 7-33。

不同海拔高度的输出功率修正系数 表 7-33

海拔高度(m)	1000	2000	3000	4000	5000
汽油机修正系数 k	0.87	0.77	0.67	0.57	0.47
柴油机修正系数 k	0.93	0.85	0.77	0.69	0.61

5. 最低燃料消耗率和机油消耗量

最低燃料消耗率应不大于原设计的 105%;机油消耗量应符合原设计规定。

6. 排放性能

发动机排放装置齐全有效;车载诊断系统(OBD)应工作正常;排放污染物应符合相关标准要求。

二、传动系统修理技术要求

(一)离合器

(1)分离彻底,结合平稳,不打滑、不发抖,无异响。

(2)踏板自由行程和有效行程符合原设计规定。

(3)机械式操纵机构操纵轻便,无卡滞,无异响。

(4)液压式操纵机构工作正常,不漏油、不渗油;液压油的品质及油面高度应符合原设计规定。

(5)自动离合器控制系统工作正常。

(二)变速器

1. 手动变速器(M/T)

(1)外观整洁、无漏(渗)油,通气孔畅通。

(2)各部件齐全、有效,工作正常、可靠、不过热。

(3)操纵机构轻便、灵活,不自行脱挡、不乱挡,且运转无异响。

(4)齿轮油的品质及液面高度应符合原设计规定。

(5)各部件装配应符合原设计规定。

2. 自动变速器(A/T)

(1)外观整洁、无漏(渗)油,通气孔畅通。

(2)各部件齐全、有效,工作正常、可靠、不过热。

(3)控制系统工作可靠,报警装置工作正常。

(4)检测各挡位油路油压,压力值应符合原设计规定。

(5)液压油的品质及液面高度应符合原设计规定。

(6)换挡点及换挡品质符合原设计要求。

(三)传动轴

(1)传动轴外观无凹陷、无裂纹;齿套与花键滑动顺畅,不松旷;配合间隙符合原设计规定;花键防尘套完好。

(2)传动轴万向节及中间轴承应工作正常,无松动、抖动、异响及过热现象。

(3)传动轴万向节叉和十字轴无裂纹、无变形、无松旷,万向节叉相对位置应符合原设计规定;连接盘、连接螺栓应完好,锁销齐全有效,紧固扭矩应符合原设计规定。

(4)传动轴动平衡应符合原设计规定。

(5)半轴球笼应按原设计规定加注润滑脂,防尘密封完好,不漏(渗)油、无松旷、无异响。

(四)减速器

(1)外观整洁,工作正常;无异响、无过热现象,不漏(渗)油。

(2)各部件齐全、有效,工作正常、可靠、不过热。

(3)差速器、中间差速器锁止机构应工作可靠,无异响。

(4)主减速器主、从动齿轮的啮合位置及啮合间隙应符合原设计规定。

(5)齿轮油的品质及液面高度应符合原设计规定。

三、转向系统修理技术要求

(一)转向器

(1)转向器壳体无裂纹、无弯曲变形。

(2)转向啮合副各零件及轴承滚道无金属剥落和明显的阶梯磨损。

(3)摇臂轴无裂纹,无扭曲变形。

(4)转向器装配后,转向轴在全程范围内转动轻便、灵活,不松旷,无漏(渗)油现象;转向器防尘套密封良好;啮合面及配合间隙应符合原设计规定。

(二)转向操纵机构

(1)转向轴、转向传动轴、万向十字叉、十字轴、转向管柱不得有裂纹。

(2)转向操纵机构转动轻便、灵活,不松旷,无卡滞现象;各部件装配齐全、紧固可靠。

(3)带有保险装置的转向管柱碰撞变形后应更换,不得修理再使用。

(三)转向传动机构

(1)转向摇臂、直拉杆、横拉杆、转向节、转向节臂及球头销不得有裂纹;不得进行任何焊接加热修理;各部配合符合原设计规定。

(2)转向摇臂不应扭曲,直拉杆无弯曲变形。

(3)球头销装合后应转动灵活,不松旷;防护套良好,通气孔畅通。

(4)转向节各部螺纹有效,连接可靠;主销的装配角度和装配间隙符合原设计规定。

(四)转向助力装置

(1)动力转向系统的工作性能指标应符合原设计规定。

(2)助力转向操纵机构应全程助力良好,无卡滞、无异响。

(3)电子控制系统应工作正常,无故障码显示。

四、车架及车身修理技术要求

(一)车架

(1)车架及各构件加固修复或更换新件后,应符合原设计规定。

(2)车架及车身各部整形后,外形平整,曲面衔接变化均匀;车架及车身表面应进行除锈及防腐处理。

(3)车架修复后,各基准点及各总成部件的安装定位点应符合原设计规定。

(二)车身修复

(1)铆接件的接合面应贴紧,并坚实牢固;铆钉应充满钉孔,不得用螺栓代替。

(2)蒙皮铆钉排列平直整齐、间隔均匀,位置符合原设计规定。

(3)车身骨架焊前应清除表面的油污、铁锈,焊接工艺及焊条的选择应符合原设计规定。

(4)焊缝表面平整,宽度均匀,无咬边、弧坑、烧穿、虚焊、夹渣、裂纹、焊瘤等缺陷。

(5)玻璃钢材质制件可采用粘接的方法进行修复,修复后粘接牢固,表面过渡圆滑平顺。

(6)对使用的旧蒙皮、零部件,涂漆前清除旧漆皮、腻子、底漆及铁锈。

(7)对换用的新板料、零部件,应彻底清除油污及铁锈。

(8)腻子应粘接牢固,打磨平整光滑。

(9)表面漆膜应结合牢固,无脱层、龟裂、起泡、橘皮。

(三)内外蒙皮

(1)各部位表面漆面完整、清洁,无泥沙、裂损、翘曲、锈蚀。

(2)驾驶室、货厢、车身与车架周正,缝隙均匀,连接紧固,安全可靠。

(3)车身挖补或局部更换的部位外表平整,外形曲面过渡均匀,无裂损;所有铆钉或螺钉应平贴紧固,排列整齐,间距均匀。

(4)车身外表各部位装饰条、防护件安装位置正确、牢固可靠。

(5)车身内部装饰板应平整清洁,曲面过渡均匀,无凹凸变形裂损、皱褶、刮痕;各压条与板之间应密合牢固。

(四)车身内外附件

(1)车身内饰应使用阻燃材料。

(2)汽车安全带及安全气囊装配应符合原设计要求,工作正常,无故障显示。

(3)内外后视镜成像清晰、安装牢固、调节正常。

(4)汽车座椅总成连接牢固、使用可靠,整洁、无污迹破损;座椅调节自如、锁止可靠,操纵轻便、无卡滞。

(5)风窗除雾系统工作正常,应能除去风窗玻璃内外表面上的霜或水。

(6)遮阳板板面清洁,无翘曲、裂损;操纵灵活,并能停止在任意位置。

(7)门泵无裂纹,无缺陷,安装牢固,操纵灵活,密封良好,无卡滞现象。

(8)车门锁的全锁紧、半锁紧,两个位置可靠有效;门锁处于锁止时,操纵外手柄,不能打开车门;门锁运动件灵活,开关轻便,无异常噪声;儿童锁应正常有效;电动锁控制系统正常有效。

(9)车门铰链最大开启、半开启或关闭角度应符合原设计规定。

(10)车门、车窗用密封条齐全有效,密封良好,安装牢固。

(11)玻璃升降平稳,工作可靠无异响。

(12)行李架、牌照支架无裂损扭曲,安装牢固。

(13)排气管支架、油箱支架、备胎支架无裂损扭曲,安装牢固。

(14)燃油箱支架夹箍与油箱之间应装衬垫,不允许有摩擦或碰撞现象,油管、放油螺塞安装牢固,无渗油现象。

(15)发动机、变速器和催化转化器应装有隔热装置,安装牢固、可靠。

(16)汽车防护板、导流板及防护装置装配齐全,安全牢固、可靠。

(17)发动机罩盖、行李舱盖、油箱盖等开闭灵活,锁止可靠,二次开启功能正常有效。

五、行驶系统修理技术要求

(一)悬架

1. 钢板弹簧

(1)钢板弹簧表面无损伤,刚度、片数及厚度应符合原设计规定。

(2)钢板弹簧弧度及拱高允许滚压修理,加工后应符合原设计要求。

(3)装配时每片应涂抹润滑脂。定位卡、销齐全有效。

(4)钢板弹簧安装位置应符合原设计要求。

(5)U形螺栓表面不得磨损,螺纹应完整有效,螺栓紧固力矩及装配后螺纹外露部分应符合原设计规定。

(6)钢板弹簧固定销、孔配合应符合原设计规定。

2. 螺旋弹簧

(1)使用原设计规定的螺旋弹簧。

(2)左右弹簧自由长度及弹簧弹力应符合原设计规定。

(3)螺旋弹簧应无损伤,垂直度误差应符合原设计规定。

(4)弹簧座、垫应无裂痕、老化,安装正确,无卡滞、无异响。

3. 空气弹簧及油气液压弹簧

(1)空气弹簧及油气弹簧表面清洁,表面无裂痕,无渗漏,密封良好。

(2)空气弹簧及油气弹簧在整个行程内工作有效,安装及调试应符合原设计规定。

(3)控制系统应正常有效,其左右弹簧高度差应符合原设计规定。

4. 减振器

(1)外观清洁,不得有凹痕、变形及渗漏。

(2)橡胶支撑套、缓冲块及防尘套不得老化和损伤。

(3)螺纹完好无损,紧固良好,螺母锁止可靠,采用一次性自锁螺母的,二次使用时应更换或涂抹螺纹防松胶。

(二)前桥及后桥

(1)前、后桥应安装牢固、可靠,不得有裂纹、变形。

(2)前桥主销承孔与主销的配合及前桥主销孔上下端面对其轴线的垂直度应符合原设计规定。

(3)驱动桥管不得弯曲,变形,应密封良好,不得泄漏。

(4)前桥加工定位尺寸及安装位置应符合原设计规定。

(三)轮胎

(1)轮胎表面不得有凹陷、突起、龟裂和划伤。

(2)轮胎与轮辋连接处应密封可靠,表面光滑清洁。

(3)同轴轮胎型号及花纹深度应一致并符合规定。

(4)轮胎动不平衡量应符合原设计规定,平衡块应安装牢固可靠。

(四)车轮定位

(1)主销内倾角、主销后倾角、车轮外倾角及车轮前束角应符合原设计规定。

(2)车轮最大转向角符合原设计规定。

(3)侧滑量应符合原设计规定。

（4）汽车直线行驶时转向盘应在中间位置。

六、制动系统修理技术要求

（一）总泵与分泵

（1）制动总泵、分泵缸筒不得有生锈、腐蚀现象。

（2）总泵活塞、分泵活塞、密封圈、防尘罩不得有渗漏，活塞表面不得有划痕、裂纹、凹坑、腐蚀和麻点。总泵、分泵运动灵活，性能可靠。

（3）浮钳盘式制动器导向装置的配合面应光洁完好，并涂有润滑脂；防护套完整有效；螺栓应完整有效，不得使用其他螺栓代替。

（4）制动钳安装架不得有裂纹和严重磨损，支撑弹簧不得有断裂和变形，制动块支撑板不应有损伤。

（二）制动盘及制动鼓

（1）制动盘及制动鼓不得有任何裂纹，其工作表面不得有较重划痕、锈斑等。

（2）制动盘表面划痕深度不得大于规定的极限。

（3）装配后制动盘端面全跳动不得大于原设计规定。

（4）装配后制动鼓径向全跳动不得大于原设计规定。

（三）制动摩擦蹄片

（1）制动摩擦片应不小于规定的极限。

（2）制动蹄工作直径及铆接沉孔均应符合原设计规定。

（3）摩擦衬片材料应符合原设计规定。

七、电气系统修理技术要求

（1）汽车前照灯、信号灯安装牢固、功能有效，性能符合相关标准规定。

（2）刮水器各部件应齐全有效，刮水器关闭时，刮片应能自动返回至初始位置。

（3）喇叭装置部件齐全有效，按键开关应在方向盘旋转360°连续有效，且工作可靠。

（4）各仪表安装牢固，显示清晰，指示有效。

（5）空调各部件齐全有效，管路畅通，密封良好，不得泄漏。压缩机运转平稳，无异响，传动皮带清洁无油污，张紧度符合原设计规定。

（6）车辆防盗系统应工作正常、有效。

（7）装备有与制动、行车安全有关的电子控制系统的元器件，应按原设计装备齐全，监控有效、工作正常。

第八章　车辆综合性能检测评定与实施要求

汽车检测是分析和研究汽车技术状况，提高汽车完好率的重要手段，是国外发达国家汽车管理的通行做法，也是实行周期维护、视情维修的重要基础，对保证交通安全、加强环境保护和提高运输能力等都具有极其重要的作用。实践证明，只有定期检测车辆各项性能指标，才能全面掌握车辆的技术状况，确定运输车辆的工作能力，从根本上消除车辆隐患，保障车辆技术状况良好。

第一节　车辆检测分类及方法

一、相关术语及定义

汽车检测是指为确定汽车的技术状况或工作能力所开展的检查评价活动。多用于在用车辆的检测。

所谓汽车技术状况是指运用检测设备定量测得的，表征某一时刻汽车外观和性能参数值的总和。表征汽车技术状况的参数分为结构参数和性能参数两类。

(1)结构参数是指表征汽车结构的各种特性的物理量，如几何尺寸、电学、热学参数等。

(2)性能参数是指评价汽车使用性能的物理量和化学量，如制动距离、发光强度、燃料消耗量、排放值等。

二、车辆检测的作用

汽车检测的主要内容包括动力性、安全性、燃料经济性、使用可靠性、舒适性及法规适应性(环保性)等。汽车检测具有如下作用：

(1)检测诊断汽车使用过程中的异常征象和已暴露的故障，提出汽车维护、修理和使用的建议。

(2)监测汽车技术状况，预测汽车的使用寿命。

(3)监督和评定维护和修理质量。

(4)评定营运车辆技术等级、划分营运客车类型及合理规划车辆用途和运行线路。

(5)为交通、公安、环保等有关部门发放有关证件提供技术依据。

三、车辆检测的分类

根据检测的不同目的，在用汽车检测分为机动车安全技术检验、环保检测和综合性能检测。

(1)机动车安全技术检验：检测汽车外观和安全性能是否符合安全标准的有关规定，主要强化汽车的安全管理。

检验周期根据车辆用途、车型规格、使用年限等情况确定。对于营运载客汽车,5 年以内的,每年检验 1 次;超过 5 年的,每年检验 2 次;营运货车 10 年以内的,每年检验 1 次;超过 10 年的,每年检验 2 次。

(2)机动车环保检测:检测汽车是否符合防止公害法规的有关规定,确保汽车符合污染物排放标准的排放性能,主要强化汽车的环保管理。

目前普遍采用的检测方法为简易工况法,各省依据当地空气质量状况和机动车污染防治等情况制定地方排放限值。检测周期与安全技术检验一致。

(3)汽车综合性能检测:在不解体情况下,确定运输车辆的工作能力和技术状况,对维修车辆实行质量监督,以保证运输车辆的安全运行,提高运输效能及降低消耗。

客车、危货运输车自首次经国家机动车注册登记主管部门登记注册不满 60 个月的,每 12 个月进行 1 次检测和评定;超过 60 个月的,每 6 个月进行 1 次检测和评定。其他运输车辆自首次经国家机动车注册登记主管部门登记注册的,每 12 个月进行 1 次检测和评定。

四、车辆检测的基本方法

(1)人工经验检测诊断法。是通过路试和对汽车或总成工作情况的观察,凭借检测诊断人员丰富的实践经验和一定的理论知识,利用简单工具以及眼看、手摸、耳听等手段,边检查、边试验、边分析,进而对汽车技术状况进行定性分析或对故障部位和原因进行判断的诊断方法。该方法不需要专用仪器设备,可随时随地应用,但缺点是检测诊断速度慢,准确性差,并要求检测诊断者具有丰富的实践经验和较高的技术水平。

(2)现代仪器设备检测诊断法。是在人工经验检测诊断法的基础上发展起来的检测诊断方法。该方法可在不解体情况下,利用建立在机械、电子、流体、振动、声学、光学等技术基础上的专用仪器设备,对汽车总成或机构进行测试,并通过对诊断参数测试值、变化特性曲线、波形等的分析判断,定量确定汽车的技术状况。采用微机控制的专用仪器设备能够自动分析、判断、打印检测诊断结果。现代仪器设备检测诊断法的优点是检测诊断速度快、准确性高、能定量分析;缺点是投资大、占用固定厂房等。

第二节　车辆综合性能检测能力与服务要求

一、汽车综合性能检测机构的服务功能

汽车综合性能检测机构是按照规定的程序和方法,对汽车综合性能(包括汽车动力性、安全性、燃料经济性、使用可靠性、污染物排放和噪声,以及整车装备完整性与状态等)进行检验、评价并提供检验数据或报告的技术服务机构。主要提供以下服务:

(1)接受委托,对道路运输车辆技术状况及性能进行检验和评定。

(2)接受委托,对车辆维修竣工质量进行检验。

(3)接受委托,对车辆改装、改造、技术评估以及相关新技术、科研鉴定等项目进行检验。

(4)接受交通、公安、环保、商检、质检、保险、司法等部门和机构的委托,依据相关标准对车辆进行规定项目的检验与核查。

二、汽车综合性能检测机构的技术能力条件

(一)从业人员岗位及要求

汽车综合性能检测机构应有机构负责人、技术负责人、质量负责人、授权签字人、网络管理员、仪器设备管理员、档案管理员,以及引车员、外观检验员、底盘检验员、尾气检验员、登录员等检验人员。技术负责人与质量负责人不应相互兼任。具体要求见表8-1。

岗位及要求 表8-1

岗位	要求
机构负责人	(1)熟悉国家、行业、地方有关汽车检测的法律、法规、规章和标准; (2)熟悉汽车检测业务,具备经营管理能力
技术负责人	(1)具有理工科类专业的大专(含)以上学历、中级(含)以上专业技术职称或职业水平(含技师)或同等能力; (2)掌握汽车理论和汽车构造知识,有三年以上的汽车维修或检测工作经历; (3)掌握国家、行业、地方有关汽车维修、检测的法律、法规、规章和标准; (4)掌握汽车检测设备的性能,具有检测设备计量检定、校准知识以及分析测量误差的能力
质量负责人	(1)具有大专(含)以上学历、中级(含)以上专业技术职称或职业水平(含技师)或同等能力; (2)掌握汽车理论和汽车构造知识,有三年以上的汽车维修或检测工作经历; (3)掌握国家、行业、地方有关汽车维修、检测的法律、法规、规章和标准; (4)掌握质量管理体系和检验检测机构资质认定的要求
授权签字人	除了满足技术负责人的条件要求外,还应满足以下条件: (1)掌握质量管理体系和检验检测机构资质认定的要求; (2)熟悉报告审核签发程序,经考核合格
网络管理员	(1)具有中专(含技校)以上学历,经过计算机相关专业培训; (2)了解汽车检测标准,熟悉计算机控制系统及网络维护要求
检验员	(1)具有高中(含技校)以上学历,了解汽车的构造和原理; (2)了解所在工位仪器、设备的构造、原理、性能和使用方法; (3)掌握检测标准,熟练掌握检测操作规程,能进行数据处理工作; (4)熟悉汽车综合性能检测工艺流程,具有计算机操作的基本知识; (5)引车员还应持有与承检车型相适应的有效机动车驾驶证,具有3年以上驾驶经历; (6)外观检验员、底盘检验员和尾气检验员还应具备汽车维修或检测工作3年以上经历,熟练掌握检测标准所规定的检验项目及方法,并具备正确评判的能力; (7)登录员还应具备熟练操作和使用计算机的能力
仪器设备管理员	(1)具有理工类专业中专(含技校)以上学历; (2)了解汽车构造和原理; (3)掌握检测仪器设备的结构、原理、性能和使用方法,具备仪器设备计量检定和管理知识,能对检测仪器设备进行维护和校准
档案管理员	(1)具有高中(含技校)以上学历,熟悉档案管理、保密法规和综检机构管理工作程序; (2)熟悉综检机构管理体系文件及其运行记录、报告等资料的管理

注:以上同等能力可视为具有"博士研究生毕业,从事相关专业检验检测工作1年及以上;硕士研究生毕业,从事相关专业检验检测工作3年及以上;大学本科毕业,从事相关专业检验检测工作5年及以上;大学专科毕业,从事相关专业检验检测工作8年及以上"。

(二)仪器设备

检测站配备的仪器设备要与检测技术能力相符,满足相关产品标准、计量检定规程的要求,并按规定周期进行检定/校准。具体要求见表 8-2。

汽车综合性能检测站检测参数及仪器设备对照表 表 8-2

序号	仪器设备名称	检测项目/参数	设备要求			备 注
			测量范围	分辨力	准确度等级或允许误差	
1	钢卷尺或激光测距仪	外廓尺寸	与承检车型相适应	1mm	Ⅱ级	二者任选其一
2	汽车外廓尺寸检测仪			分度值 1mm	符合《汽车外廓尺寸检测仪》(JT/T 1012)	
3	钢卷尺	货车车厢栏板高度		1mm	Ⅱ级	
4	钢直尺	轮胎胎面状况	(0~300)mm	1mm	Ⅱ级	
5	轮胎花纹深度尺	轮胎花纹深度	(0~30)mm	0.1mm	2 级或 ±0.02 mm	
6	轮胎气压表	轮胎气压	(0~1000)kPa	10kPa	2.5 级或 ±2%	
7	钢卷尺	车身对称部位高度差	(0~3000)mm	1mm	Ⅱ级	
8	大气压力表	驱动轮轮边稳定车速	(80~170)kPa	0.1kPa	符合气象仪表要求	3t 级检测线配备额定承载质量为 3t 或 10t 的两轴四滚筒式底盘测功机,10t(含)以上级检测线配备额定承载质量为 10t 或 13t 的底盘测功机;检测并装双驱车辆采用三轴六滚筒式底盘测功机
9	温度计		(−50~100)℃	1℃		
10	湿度计		(0~100)%	2%		
11	底盘测功机		符合《汽车底盘测功机》(JT/T 445)和《测功装置检定规程》(JJG 653)			
12	汽车故障电脑诊断仪	发动机排放控制系统、制动防抱死装置(ABS)、电动助力转向系统(EPS)、其他与行车安全相关的故障信息	符合《汽车故障电脑诊断仪》(JT/T 632)			通用型,具有 OBD 功能
13	汽车悬架转向系间隙检查仪	转向部件连接、部件技术状况	符合《汽车悬架转向系间隙检查仪》(JT/T 633)			

续上表

序号	仪器设备名称	检测项目/参数	设备要求			备注
			测量范围	分辨力	准确度等级或允许误差	
14	碳平衡油耗仪	等速百公里燃料消耗量	符合《碳平衡法汽车燃料消耗量检测仪》(JT/T 1013)和《碳平衡法汽车燃料消耗量检测仪》(JJG(交通)127)			
15	底盘测功机		符合《汽车底盘测功机》(JT/T 445)和《测功装置检定规程》(JJG 653)			10t(含)以上级检测线配备额定承载质量为10t或13t的底盘测功机;检测并装双驱车辆采用三轴六滚筒结构;可与其他工位的底盘测功机共享
16	轴(轮)重仪	轮(轴)质量	符合《机动车检测专用轮(轴)重仪》(JJG 1014)			
17	滚筒反力式制动检验台	制动力(率)、制动不平衡力(率)、驻车制动力(率)、制动特性曲线	符合《滚筒反力式汽车制动检验台》(GB/T 13564)和《滚筒反力式制动检验台检定规程》(JJG 906)			二者选其一,还应配制动踏板力计
18	平板式制动检验台		符合《平板式制动检验台》(GB/T 28529)和《平板式制动检验台检定规程》(JJG 1020)			
19	汽车列车制动性能检验台	列车制动时序、列车制动协调时间、列车制动力分配、制动特性曲线	符合《平板式制动检验台检定规程》(JJG 1020)的规定,还应具备轮(轴)质量、制动力(率)、制动不平衡力(率)、驻车制动力(率)的检验能力			汽车列车检验用,还需配制动踏板开关
20	非接触式速度计	制动距离、制动减速度(FMDD)	符合《非接触式汽车速度计校准规范》(JJF 1193)			二者选其一
21	便携式制动性能检测仪		符合《便携式制动性能测试仪》(GB/T 28945)和《便携式制动性能测试仪检定规范》(JJF 1168)			
22	排气分析仪	双怠速工况法(CO、HC、λ)	符合《汽车排气分析仪》(JT/T 386)、《汽油车双怠速法排气污染物测量设备技术要求》(HJ/T 289)和《汽车排放气体测试仪检定规程》(JJG 688)			(1)根据各行政区域规定的检测方法配备相应的排气污染物检测设备,最低配备双怠速工况法和自由加速法所要求的排气污染物检测设备。
23	汽油车稳态加载污染物排放检测系统	稳态工况法(CO、HC、NO)	符合《汽油车稳态工况法排气污染物测量设备技术要求》(HJ/T 291)、《汽油车稳态加载污染物排放检测系统校准规范》(JJF 1227)			

续上表

序号	仪器设备名称	检测项目/参数	设备要求			备注
			测量范围	分辨力	准确度等级或允许误差	
24	汽油车简易瞬态工况法排气污染物测量系统	简易瞬态工况法（CO、HC、NO）	符合《汽油车简易瞬态工况法排气污染物测量设备技术要求》（HJ/T 290）、《汽油车简易瞬态工况法用流量分析仪校准规范》（JJF 1385）、《汽车排放污染物检测用底盘测功机校准规范》（JJF 1221）			（2）排气污染物检测系统中的底盘测功机可与其他工位的底盘测功机共享
25	汽车瞬态工况法排气污染物测量系统	瞬态工况法（CO、HC、NO）	符合《点燃式发动机汽车瞬态工况法排气污染物测量设备技术要求》（HJ/T 396）、《汽车排放气体测试仪检定规程》（JJG 688）、《汽车排放污染物检测用底盘测功机校准规范》（JJF1221）			
26	压燃式发动机汽车自由加速法排气烟度检测系统	自由加速法（光吸收系数）	符合《压燃式发动机汽车自由加速法排气烟度测量设备技术要求》（HJ/T 395）、《滤纸式烟度计》（JJG 847）、《不透光烟度计》（JT/T 506）、《压燃式发动机汽车自由加速法排气烟度测量设备技术要求》（HJ/T 395）和《透射式烟度计检定规程》（JJG 976）			
27	柴油车加载减速工况法排气烟度检测系统	加载减速法（光吸收系数）	符合《不透光烟度计》（JT/T 506）、《柴油车加载减速工况法排气烟度测量设备技术要求》（HJ/T 292）、《汽车排放污染物检测用底盘测功机校准规范》（JJF 1221）			
28	侧滑检验台	转向轮横向侧滑量	具有双转向桥检测功能，符合《汽车侧滑检验台》（JT/T 507）和《滑板式侧滑检验台检定规程》（JJG 908）			检验双转向轴的车辆应采用具有双转向桥检验功能的侧滑检验台
29	转向盘转向力-角仪	转向盘自由转动量	符合《机动车转向盘转向力—转向角检测仪检定规程》（JJF 1196）			
30	汽车悬架装置检测台	悬架吸收率，左、右轮吸收率差	符合《汽车悬架装置检测台》（JT/T 448）和《汽车悬架装置检测台》（JJF 1192）			检验设计车速不小于100km/h，轴质量不大于1500kg的载客汽车需配备
31	前照灯检测仪	发光强度、光束照射位置	符合《机动车前照灯检测仪》（JT/T 508）和《汽车前照灯检测仪检定规程》（JJG 745）			
32	汽车车速表检验台	车速表示值误差	符合《滚筒式汽车车速表检验台》（GB/T 13563）和《滚筒式车速表检测台检定规程》（JJG 909）			
33	滚筒反力式制动检验台	车轮阻滞力（率）	符合《滚筒反力式汽车制动检验台》（GB/T 13564）和《滚筒反力式制动检验台检定规程》（JJG 906）			
34	声级计	喇叭声压级	符合《电声学 声级计》（GB/T 3785）和《声级计检定规程》（JJG 188）			

（三）场地和设施

1. 基本要求

（1）应合理规划和设置检测车间（含外检）、检测线、检测工位、停车场、试车道路和业务厅等设施，并与检验能力相适应。

（2）应配备消防设施和设备，并符合相关规定。

（3）供电设施应符合《通用用电设备配电设计规范》（GB 50055）的有关规定。

（4）建筑物防雷措施、防雷装置应符合《建筑物防雷设施规范》（GB 50057）的有关规定。

（5）检测线地沟的长度应与承检车型相适应。地沟应设置通行通道、进排风通道及照明装置。地沟边缘应设置防止车辆跌入地沟的安全防护装置。

2. 检测车间

（1）检测车间的长度、宽度和高度应满足承检车型检测的需要，并方便承检车辆进入和驶出。

（2）检测车间应通风、防雨，并设置排（换）气装置和排水装置，并有温度、湿度、大气压力测量装置。

（3）检测车间路面的承载能力应适应承检车型的轴荷要求，行车路面纵向和横向坡度应不大于0.1%，平整度应不大于2.0‰。在滚筒反力式制动检验台工位前、后，对于10t（含）以上级检测线6m内和3t级检测线3m内的行车地面，其附着系数应不低于0.7，平板制动检验台工位除外。

（4）检测车间内的采光和照明应符合《建筑采光设计标准》（GB/T 50033）和《工业企业照明设计标准》（GB 50034）的有关规定。

3. 检测线

（1）检测线应布置在检测车间内，应按检验流程合理布置。

（2）检测线出入口应设引车道和必要的交通标志以及安全防护装置等。

4. 停车场和试车道路

（1）停车场的面积应与检测业务量相适应，不得与试车道路和行车道路等设施共用。

（2）试车道路的承载能力应适应承检车型的轴荷要求，试验车道应铺设平坦、硬实的水泥或沥青路面并设有规范的交通标志标线，路面附着系数应不小于0.7。试验车道宽度应不小于6m，纵向坡度在任意50m长度范围内应不大于1.0%，横向坡度应不大于3.0%。大型车辆试验车道应不小于100m，小型车辆试验车道应不小于80m。

（3）用于驻车制动性能检验的驻车坡道，坡度分别为15%和20%，坡道的长度应当比承检车型的最大轴距长1m，宽度应当比承检车型的最大宽度宽1m。采用符合规定的驻车制动检测设备检验时，可不构建驻车坡道。

（四）计算机控制系统

（1）控制系统应具有车辆信息登录、调度、数据采集及处理、传输与保存、报告生成、信息数据查询与统计等功能。

（2）控制系统应具有承检车型及其发动机的数据库。

(3)控制系统不应改变联网检验仪器设备的结构、原理、分辨力、测量结果有效位数和检验数据,检验参数的采集、处理、判定以及数据修约应符合相关规定。

(4)控制系统应具有人工检验项目和未能联网的仪器设备的检验结果录入功能。

(5)控制系统应设置检验标准、系统参数的访问权限,并生成操作日志。

(6)控制系统应能实现信息共享,并能实时、准确传输车辆检验的相关数据和信息。

(7)控制系统应具有异常检测数据报警功能。

(8)控制系统的其他要求应符合《汽车检测站计算机控制系统技术规范》(JT/T 478)的相关规定。

三、汽车综合性能检测规范服务要求

(一)服务信息

(1)汽车综合性能检测站应向社会公示名称、地址、联系方式、服务电话。

(2)站内各服务区域应统一使用以下名称标识:

①营业室(厅);

②待检车停车处;

③下线车停车处;

④检测室(若建有2个以上检测室的可分别用承检车型标识,如3t、10t或13t检测室,并用箭头标牌标识进、出口,并悬挂限速、限高、限宽和限制轴重禁止标志);

⑤驻车道(应用标牌标识坡度百分比);

⑥试车道(应用标牌标识试车方向)。

(3)在有限速行驶的区域应设置标准限速标牌,试车道与人行道或行车道有交叉的,应在道口设置醒目标识,必要时应实行红绿灯管制。

(4)各类标识、标牌应固定设置在显而易见的地方,且不得妨碍车辆移动,用汉字标识的内容一律使用黑体加粗。

(5)检测室及重要场所应在室外显要位置悬挂或张贴"非本站人员谢绝入内"的警示牌。

(6)营业场所应公示以下信息:

①营业证照;

②计量认证合格证照;

③检验范围;

④依据检验标准项目及限值;

⑤收费许可证及标准;

⑥站区建筑布局示意框图;

⑦检验业务程序说明;

⑧检测流转程序框图;

⑨工作人员免冠彩色证件照片并配有工号。

(7)营业场所内设有的服务设施和区域应有规范标识,如饮水处、休息区、营业区及禁烟、注意卫生和严禁随地吐痰等标识。

(8)营业区域内应设有以下业务办理窗口告示标牌：

①交费；

②登录；

③取单；

④咨询。

(9)在营业柜台显要处设置顾客意见箱，意见箱上应注明投诉电话号码，并在旁边放置顾客对服务项目质量评价的意见簿。

(二)服务礼仪

(1)所有工作人员应统一佩戴工号卡。

(2)工作人员着装整齐统一，仪表端正，举止大方，精神饱满，思想集中，待客热情周到，用语文明，声调亲和。

(3)工作期间不得饮食带有酒精成分的饮料，不得在禁烟区吸烟，不得聊天，不得吃零食。

(4)接待顾客寻问的工作人员应热情回答问题，无论是否属于职责范围，都应给予明确答复或引领到相关责任人处解决，涉及检验以外的问题，应针对具体情况准确提供咨询单位及联系方式，必要时可替顾客联系，直至顾客满意为止。

(5)不论顾客以何种方式或途径反映的意见、报怨、投诉，都应有专人接待及处理，并以当面沟通、书面或电话等方式予以答复，答复时限一般不超过24h，需要调查及写出书面材料的不超3个工作日。

(6)对于检验不合格项目，负责技术咨询的专家应仔细审阅检测结果报告上相应项目数据或图形，结合车辆使用时间、车辆类别、维护状况、制动形式、悬架形式、发动机供油形式、排放控制形式等情况及特征，综合分析并做出判断，且与顾客进行耐心、详细的沟通后提出故障的排除方法，必要时可跟踪验证。

(7)顾客对检验结果提出质疑时，负责技术咨询的专家应结合检测结果报告上所列车辆使用维护情况及特征，将综合分析的结果耐心、详细地向顾客讲解，必要时对异议项目进行复检。

(8)站区发生车辆碰撞、车辆伤人、车辆损物等情况时，应组织人员维护好现场，需要就医的伤员应及时联系120救护，自身无能力解决的事件应及时求助辖区内公安机关处理。

(9)在检测过程中出现车辆故障或零部件损坏时，由本单位技术专家进行公正、客观分析并做出结论，确属检测人员操作不当造成损失的，应给予赔偿，顾客不同意分析结论的，应尊重顾客维权行为，向上级领导机构提出仲裁要求或向司法机关提起诉讼。

(三)服务环境

(1)营业场所入口处地面应铺有防滑垫，室内温度、照明及通风条件应符合相关国家标准要求。场内应设顾客休息区，并放置桌椅、自动饮水机及果皮箱等必要设施。

(2)保持站区及营业场所内清洁卫生，杜绝烟头、果皮、纸屑等杂物随地可见的现象，公厕应使用水冲式便具，地面保持清洁、干燥，通风条件良好，保持空气清新无异味。

(3) 营业场所内应装有闭路视屏，顾客可通过视屏观看车辆在线检测过程，同时应在适当位置安放顾客档案自查装置，方便顾客查询车辆历次技术等级评定、客车类型划分及等级评定等档案。

(4) 营业场所内使用的检测动态电子信息点阵屏，实时显示车辆在各工位检测出的数据，内容包括：

①牌照号码；

②排放；

③车速表误差；

④轴重、制动力（轴/左、右）；

⑤制动平衡（轴/%）；

⑥喇叭声级；

⑦前照灯配光（左 cd、右 cd）；

⑧转向轮横向侧滑量；

⑨转向盘最大自由转动量；

⑩底盘功率（%）；

⑪百公里耗油量（L）；

⑫悬架振动吸收效率（%，轴/左、右）。

(5) 营业场所内应设置技术咨询窗口，由技术专家或精通汽车故障诊断和维修的专门人员，负责解答顾客质疑并向顾客提出排除故障的方法。

(6) 检测作业关键工位（包括外检工位和道路试验工位）应安装摄像头，检测线内不得少于 3 处，摄像头规格、技术要求及上传视频效果应满足行业主管部门的要求。

第三节　在用车辆综合性能检测

一、检测依据

《营运车辆综合性能要求和检验方法》(GB 18565)、《道路车辆外廓尺寸、轴荷及质量限值》(GB 1589)等国家、行业标准。

二、检测流程

检测流程如图 8-1 所示。

三、检测内容

在用道路运输车辆综合性能检测分为“人工检测”和“性能检测”。人工检测项目中，标记“★”的项目为关键项，标记“■”的项目为一般项。性能检测项目中，“车速表示值误差”和“前照灯光束垂直偏移”为“一般项”，“前照灯光束水平偏移”不参与评价，其他项目为“关键项”。

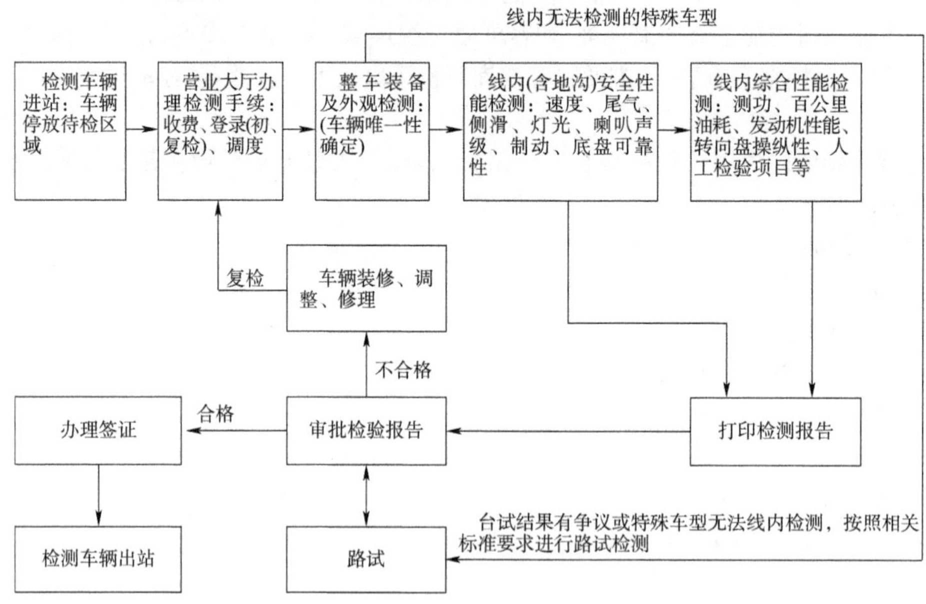

图 8-1　汽车综合性能检测流程

(一)人工检测

1. 唯一性认定

(1)基本信息：号牌号码★、类型★、品牌型号★、车身颜色★、发动机号★、底盘号★、VIN号★、挂车架号★；

(2)主要参数：外廓尺寸(中、重型货车及挂车)★、车厢栏板高度(货车及挂车)★、客车座(铺)位数★。

2. 电子控制系统故障信息诊断

(1)发动机排放控制系统★；

(2)制动防抱死装置(ABS)★；

(3)电动助力转向系统(EPS)★；

(4)其他与行车安全相关的故障信息★。

3. 底盘及外观检查

(1)发动机：助力转向传动带★、空气压缩机传动带/齿轮箱★、燃料供给管路与部件★、密封性；

(2)行驶系：车轮及螺栓、螺母★、轮胎胎面状况★、轮胎胎面磨损、轮胎花纹深度★、同轴轮胎规格和花纹★、轮胎速度级别★、轮胎气压★、翻新轮胎的使用★、子午线轮胎★、备用轮胎★；车架★、车桥的可视裂纹及变形★、车桥密封性、拉杆和导杆★、悬架弹性元件★、悬架部件连接★、减振器；

(3)制动系：制动管路★、制动泵(缸)及气(油)路★、缓速器★、储气筒★；

(4)转向系：部件连接★、部件技术状况★、转向助力装置★；

(5)传动系：万向节与轴承★；

(6)照明/信号装置/标识：前照灯与远/近光光束变换★、转向灯★、示廓灯★、危险报警闪光灯★、雾灯★、反射器与侧标志灯★、货车车身反光标识和尾部标志板★；

(7)电气线路：导线绝缘层/线束固定★、电缆线及连接蓄电池接头/绝缘套★、穿过金属孔时的绝缘护套★；

(8)车身：车门应急控制器★、应急门★、安全顶窗★、应急窗开启★、玻璃破碎装置★、门/窗玻璃、客车车厢灯和门灯、车身与驾驶室、对称部位高度差★、外部和内部尖锐凸起物★、车身表面涂装、货车货箱车门/栏板/底板和栏板锁止机构★、驾驶室车窗玻璃附加物及镜面反光遮阳膜★；

(9)附属设备：后视镜和下视镜★、防炫目装置★、排气管和消声器；

(10)安全防护：安全带★、侧面防护装置、后部防护装置★、保险杠★、汽车列车牵引装置和安全锁止机构★、固定集装箱箱体的锁止机构★、安全架与隔离装置★、灭火器材★、警示牌★、停车楔★；

(11)危货运输车辆附属设备安全防护：排气管/隔热和熄灭火星装置★、切断总电源和隔离电火花装置★、导静电拖地带★、标志及标识★、罐体有效检验合格证明或报告★、气瓶/可移动罐(槽)紧固装置★。

4. 运行检查

(1)发动机：起动性能、柴油发动机停机装置★、低、中、高速运转；

(2)制动系：制动报警装置★、气压制动弹簧储能装置、制动踏板★、驻车制动装置★；

(3)转向系：转向盘最大自由转动量★；

(4)传动系：离合器、变速器、传动件异响；

(5)仪表：指示器与仪表★、卫星定位系统车载终端★；

(6)附属设备：风窗刮水器★、洗涤器、除雾/除霜装置★。

(二)性能检测

1. 动力性

车辆动力性以《汽车动力性台架试验方法和评价指标》(GB/T 18276)中规定的驱动轮轮边稳定车速进行评价。

额定功率工况下，驱动轮轮边稳定车速应不小于额定功率车速，即：

$$V_w \geqslant V_e \tag{8-1}$$

式中：V_w——驱动轮轮边稳定车速，km/h；

V_e——额定功率车速，km/h。

额定转矩工况下，驱动轮轮边稳定车速应不小于额定转矩车速，即：

$$V_w \geqslant V_m \tag{8-2}$$

式中：V_m——额定转矩车速，km/h。

2. 燃料经济性

燃用柴油或汽油、总质量大于3500kg的在用车辆，其燃料消耗量限值及评价方法应符合《道路运输车辆燃料消耗量检测评价方法》(GB/T 18566)的规定。

3. 制动性

(1)系统密封性。

采用气压制动的车辆,当气压升至600kPa时,空气压缩机停止运转3min,其气压降低值应不大于10kPa。在气压600kPa的情况下,空气压缩机停止运转,将制动踏板踩到底,待气压值稳定后观察3min,单车气压降低值应不大于20kPa;汽车列车气压降低值不得超过30kPa。

采用液压制动的车辆,发动机在怠速运转状态下,将制动踏板踩下,保持550N的踏板力并持续1min,踏板不应有向地板移动的现象;采用真空辅助的系统,在制动踏板上持续施加220N(乘用车为110N)的力,在发动机起动时制动踏板应轻微地下降。

(2)起步气压建立时间。

采用气压制动的车辆,发动机在75%的额定转速下,气压表的指示气压从零升至起步气压的时间,汽车列车不大于6min,其他车辆不大于4min,未标起步气压的,按400kPa计。

(3)台架检验行车制动性能。

①制动率和制动不平衡率。整车制动率、轴制动率和制动不平衡率应符合表8-3的要求。

台架检验制动性能要求　　表8-3

车辆类型		整车制动率(%)		轴制动率(%)		制动不平衡率(%)
		空载	满载	前轴[a]	后轴[a]	
M1类客车		≥60	≥50	≥60[b]	≥20[b]	前轴≤24 后轴≤30或10[d]
M2、M3类客车		≥60	≥50	≥60[b]	≥50[c]	
N_1类货车		≥60	≥50	≥60[b]	≥20[b]	
N_2、N_3类货车		≥60	≥50	≥60[b]	≥50[c]	
牵引车		≥60	≥50	≥60	≥50	
O3、O4类挂车	半挂车	—	—	≥55[e]	≥55[e]	
	全挂车	—	—	—	≥55[e]	

注:1. [a]前轴是指位于机动车(单车)纵向中心线中心位置以前的轴,除前轴之外的其他轴均为后轴;第二转向桥视为前轴;挂车的所有车轴均视为后轴。

2. [b]空载和满载状态下测试均应满足此要求。

3. [c]满载测试时不做要求,空载用平板制动检验台检验时应大于等于35%;总质量大于3500kg的客车,空载用滚筒反力式制动检验台检验时应大于等于40%,用平板制动检验台检验时应大于等于30%。

4. [d]对于后轴,当轴制动率大于等于该轴轴荷60%时,不平衡率不大于30%;当轴制动率小于该轴轴荷60%时,不平衡率不大于该轴轴荷的10%。

5. [e]满载状态下测试时应大于等于45%。

②汽车列车制动时序。挂车各轴的制动动作应不滞后于牵引车各轴的制动动作,汽车列车的制动协调时间不大于0.8s。

③汽车列车制动力分配。牵引车(挂车)整车制动力与汽车列车整车制动力的比值不应小于牵引车(挂车)质量与汽车列车质量比值的90%,也即牵引车(挂车)的整车制动率不应小于汽车列车整车制动率的90%。

(4)路试检验行车制动性能。当对台架检验结果有质疑或被检车辆无法进行台架检验时，可采用路试检验并以路试检验结果进行评价（汽车列车制动时序和制动力分配除外）。路试检验制动距离和制动稳定性应符合表8-4的要求。

路试检验制动距离和制动稳定性 表8-4

车辆类型	制动初速（km/h）	空载制动距离（m）	满载制动距离（m）	试验通道宽度[a]（m）
M_1类客车	50	≤19.0	≤20.0	2.5
N_1类货车	50	≤21.0	≤22.0	2.5
M_2、M_3类客车，N_2、N_3类货车（含半挂牵引车）	30	≤9.0	≤10.0	3.0
汽车列车	30	≤9.5	≤10.5	3.0

注：[a]路试制动不得超出试验通道宽度。

路试检验充分发出的平均减速度（MFDD）和制动稳定性应符合表8-5的要求，制动协调时间应符合要求。

路试检验充分发出的平均减速度（MFDD）和制动稳定性 表8-5

车辆类型	制动初速度（km/h）	空载平均减速度（m/s^2）	满载平均减速度（m/s^2）	试验通道宽度[a]（m）
M_1类客车	50	≥6.2	≥5.9	2.5
N_1类货车	50	≥5.8	≥5.4	2.5
M_2、M_3类客车，N_2、N_3类货车（含半挂牵引车）	30	≥5.4	≥5.0	3.0
汽车列车	30	≥5.0	≥4.5	3.0

注：[a]路试制动不得超出试验通道宽度。

（5）驻车制动。

台架检验时，驻车制动力的总和不应小于测取的整车质量的20%，总质量为整备质量1.2倍以下的车辆应不小于15%。

路试检验时，在空载状态下，驻车制动装置应能保证车辆在坡度为20%（对总质量为整备质量的1.2倍以下的车辆为15%）的坡道上行和下行两个方向保持静止不动，时间不应少于5min。

4. 排放性

（1）点燃式发动机。

采用双怠速法检测的排气污染物应符合《点燃式发动机汽车排气污染物排放限值及测量方法（双怠速法及简易工况法）》（GB 18285）的要求。

采用简易工况法检测的排气污染物应符合各行政区域依据《确定点燃式发动机在用汽车简易工况法排气污染物排放限值的原则和方法》（HJ/T 240）的限值要求。

（2）压燃式发动机。

采用自由加速法检测的排气烟度应符合《车用压燃式发动机和压燃式发动机汽车排气烟度排放限值及测量方法》（GB 3847）要求。

采用加载减速法检测的排气可见污染物应符合各行政区域依据《确定压燃式发动机在用汽车加载减速法排气烟度排放限值的原则和方法》（HJ/T 241）的限值要求。

5. 转向操纵性

(1)转向轮横向侧滑量。

转向桥采用非独立悬架的车辆,其转向轮(含双转向桥的转向轮)的横向侧滑量应在±5m/km 范围内。

(2)转向盘最大自由转动量。

最高设计车速不小于 100km/h 的道路运输车辆,其转向盘的最大自由转动量不大于 15°,其他道路运输车辆不大于 25°。

6. 悬架特性

设计车速不小于 100km/h,轴质量不大于 1500kg 的客车,其轮胎在激励振动条件下测得的悬架吸收率应不小于 40%,同轴左、右轮悬架吸收率之差不得大于 15%。

7. 灯光性能

(1)远光发光强度。

前照灯远光光束发光强度的最小限值见表 8-6。

前照灯远光光束发光强度最小限值 表 8-6

道路运输车辆	二灯制,cd	四灯制,cd
最大设计车速≥70km/h 的车辆	≥15000	≥12000

注:四灯制是指前照灯具有四个远光光束。采用四灯制的车辆,其中两只对称灯达到两灯制的要求时视为合格。

(2)前照灯光束照射位置。

前照灯照射在距离 10m 的屏幕上的位置应符合表 8-7 的要求。

前照灯光束照射位置 表 8-7

车辆类型	近光光束			远光光束[a]	
	明暗截止线转角或中点高度	水平方向位置(mm)		光束中心离地高度	水平方向位置(mm)
M1 类客车	0.7H~0.9H	左偏≤170	右偏≤350	0.85H~0.95H[b]	左灯左偏≤170 左灯右偏≤350 右灯左偏≤350 右灯右偏≤350
其他车辆	0.6H~0.8H			0.8H~0.95H	

注:1. H—— 前照灯基准中心高度,mm;

2. [a] 能单独调整远光光束且不影响近光光束照射角度的前照灯;

3. [b] 不得低于前照灯近光光束明暗截止线转角或中点的高度。

8. 车速表指示值误差

车速表指示车速与实际车速间应符合下列关系式:

$$0 \leq V_1 - V_2 \leq V_2 \div 10 + 4 \tag{8-3}$$

式中:V_1——车速表指示车速,km/h;

V_2——实际车速,km/h。

9. 车轮阻滞率

各车轮的阻滞力不大于静态轴荷的 3.5%。

10. 喇叭

喇叭应能发出连续、均匀的声响,声压级应为 90~115dB(A)。

四、检验结果及判定

人工检验项目及性能检验项目中，“关键项”的检验结果为合格且“一般项”的不合格项数不超过6项时，检验结果判定为合格。当有任一“关键项”的检验结果为不合格，或“一般项”的不合格项数多于6项时，检验结果判定为不合格。

检验结果为合格但存在“一般项”不合格时，送检人应在“检验报告单”上签字确认并及时调修。检验结果为不合格时，送检人应在规定的时间内调修并进行复检。具备条件时，对于能立即排除的故障和缺陷可在场调修，在得到确认后，可不进行复检。对以下不合格项进行复检时，应进行关联检验：

(1)对于装用压燃式发动机车辆，动力性不合格时，调修后复检动力性、燃料经济性和排放性；燃料经济性不合格时，调修后复检燃料经济性和动力性；排放性不合格时，调修后复检排放性和动力性。

(2)轴制动率不合格时，调修后复检轴制动率和同轴车轮阻滞率。

(3)驻车制动率不合格时，调修后复检驻车制动率和同轴车轮阻滞率。

(4)同轴车轮阻滞率不合格时，调修后复检该轴的车轮阻滞率、轴制动率、制动不平衡率，并重新计算整车制动率。

第四节　车辆技术等级评定

一、评定依据及分级

技术等级评定依据《道路运输车辆技术等级划分和评定要求》(JT/T 198)进行。

技术等级分为两级，即一级车和二级车。

二、评定程序

(1)运输经营者在检测评定时间内，将车辆送到综合性能检测站进行检测。

(2)依据《道路运输车辆综合性能要求和检验方法》(GB 18565)和《道路车辆外廓尺寸、轴荷及质量限值》(GB 1589)等标准进行检测，并出具加盖了车辆综合性能检测站专用章的全国统一式样的检测报告单。

(3)依据检测结果，由汽车综合性能检测站对照《道路运输车辆技术等级划分和评定要求》(JT/T 198)进行车辆技术等级评定。

(4)管理部门根据汽车综合性能检测报告单及车辆技术等级评定结果，将评定结论的技术等级在《道路运输证》审验记录栏内注明。

三、评定项目

道路运输车辆技术等级评定项目包括“核查评定项目”和“技术评定项目”。申请从事道路运输经营的车辆，按“核查评定项目”和“技术评定项目”进行评定。在用道路运输车辆按“技术评定项目”进行评定。

(一)核查评定项目

核查评定项及要求见表8-8。

核查评定项目和评定要求　　表8-8

序　号	评 定 项 目	客车评定要求		货车及挂车评定要求	
		一级	二级	一级	二级
1	制动防抱死装置	√	√	√	√
2	盘式制动器	√	√	//	//
3	缓速器或其他辅助制动装置	√	√	√	√
4	制动间隙自动调整装置	√	√	√	√
5	压缩空气干燥器或油水分离器	√	√	√	√
6	子午线轮胎	√	√	√	//
7	安全带	√	√	√	//
8	限速功能或限速装置、超速报警功能	√	√	√	//
9	卫星定位系统车载终端	√	√	√	√
10	发动机舱自动灭火装置	√	√	//	//

注:标记为"√"项为参与评级项,标记为"//"项为不参与评级项。

(二)技术评定项目

技术评定项目分为关键项、一般项和分级项。

其中,关键项包括:

(1)唯一性认定:号牌号码、车辆类型、品牌型号、车身颜色、发动机号、底盘号、VIN号、挂车架号、整备质量、外廓尺寸、货车车厢栏板高度、客车的座(铺)位数。

(2)电子控制系统:与发动机排放控制系统、制动防抱死装置和电动助力转向系统及其他与行车安全相关的故障信息。

(3)发动机:柴油发动机熄火装置、助力转向传动带、空气压缩机传动带/齿轮箱和燃料供给(输料管路、燃料箱及燃料管路、燃料箱盖、燃料箱改动或加装)。

(4)制动系:行车制动管路、制动泵(缸)及气(油)路、制动报警装置、缓速器、储气筒、制动踏板、整车制动率、轴制动率和驻车制动。

(5)转向系:部件连接、部件技术状况、转向助力装置、转向轮横向侧滑量。

(6)行驶系:车架、车桥裂纹及变形、拉杆和导杆、车轮及螺栓/螺母、轮胎外观、同轴轮胎规格和花纹、轮胎速度级别、充气压力、翻新轮胎、轮胎类型、备用轮胎、悬架弹性元件、悬架吸收率。

(7)传动系:万向节与轴承、车轮阻滞力。

(8)照明、信号装置和标识:外部照明和信号装置、前照灯远/近光光束变换功能、反射器与侧标志灯、货车车身反光标识和尾部标志板、前照灯远光发光强度。

(9)电气线路及仪表:导线绝缘层/线束固定、导线及连接蓄电池接头、导线绝缘套、金属孔绝缘护套、仪表与指示器、卫星定位系统车载终端。

(10)车身及附属设备:车门应急控制器、应急门和安全顶窗、应急窗和玻璃破碎装置,车身外部和内部的尖锐凸起物,货车货箱、车门、栏板、底板、栏板锁止机构,驾驶室车窗玻璃附加物及镜面反光遮阳膜，后视镜和下视镜、风窗刮水器，防炫目装置、除雾/除霜装置、排气管和消声器，喇叭声级。

(11)安全防护：安全带、侧面防护装置、后部防护装置、牵引装置和安全锁止机构、安全架与隔离装置、灭火器材、警示牌和停车楔、危险货物运输车辆安全装置与标识、装运危险货物的罐(槽)式车辆罐体的检验合格证明或报告。

(12)燃料经济性：燃料消耗量。

(13)排放性：排气污染物。

其中，一般项包括：

(1)发动机：起动性能、发动机运转及发动机缸体、油底壳、冷却水道边盖、放水阀、水箱的密封性。

(2)制动系：气压制动弹簧储能装置。

(3)行驶系：车桥密封性、减振器。

(4)传动系：离合器、变速器、传动件异响。

(5)电气及仪表：前照灯光束垂直偏移、车速表示值误差。

(6)车身及附属设备：客车车厢灯和门灯、风窗洗涤器、排气管和消声器、保险杠。

其中，分级项包括：

轮胎胎冠花纹深度、门/窗玻璃、车身与驾驶室、车身两侧对称部位的高度差、车身表面涂装、制动不平衡率、驱动轮轮边稳定车速、转向盘最大自由转动量。

四、结果判定

(一)一级车技术要求

满足“核查评定项”对一级车的要求，且“基本评定项”中的关键项为合格，一般项的不合格项数不超过3项，分级项达到一级。其中：

(1)最高设计车速大于或等于100km/h的车辆，转向盘最大自由转动量不大于10°，其他车辆不大于20°。

(2)乘用车和挂车轮胎花纹深度不小于2.5mm，其他车辆转向轮轮胎花纹深度不小于3.8mm，其余轮胎花纹深度不小于2.5mm。

(3)门、窗玻璃齐全完好。

(4)车身、驾驶室完好。

(5)车身两侧对称部位的高度差不大于20mm。

(6)客车车身和货车驾驶室无破损，补漆颜色与原色基本一致。

(7)发动机功率为0.82Pe时，驱动轮轮边稳定车速大于额定功率车速或驱动轮轮边稳定车速大于额定转矩车速。

(8)制动不平衡率前轴≤20%，后轴≤24%(当后轴制动力小于后轴轴荷的60%时≤后轴轴荷的8%)。

(二)二级车技术要求

满足“核查评定项”对二级车的要求，且“基本评定项”中的关键项为合格，一般项的不合格项数不超过6项,分级项达到二级。

第五节　营运客车类型划分及等级评定

一、评定依据

《营运客车类型划分及等级评定》(JT/T 325)。

二、营运客车类型划分

营运客车分为客车及乘用车两类。

客车按车长分为特大型、大型、中型和小型四种,见表8-9,乘用车不分类型。

客车类型划分　　表8-9

类型	特大型[a,b]	大型	中型	小型
车长(L)	13.7m≥L>12m	12m≥L>9m	9m≥L>6m	6m≥L>3.5m

注:1. [a] 三轴客车;
　2. [b] 包括双层客车。

特大型和大型营运客车主要在一类客运班线(地区所在地与地区所在地之间的客运班线或者营运线路长度在800km以上的客运班线)及二类班线(地区所在地与县之间的客运班线)运营中使用;中型客车主要在二类班线及三类班线(非毗邻县之间的客运班线)中使用;小型营运客车主要在三类及四类班线(毗邻县之间的客运班线或者县境内的客运班线)运营中使用。

三、营运客车等级划分

营运客车等级划分共五种,22个等级,见表8-10。

等级划分　　表8-10

类型	客车																		乘用车			
	特大型					大型					中型				小型							
等级	高三级	高二级	高一级	中级	普通级	高三级	高二级	高一级	中级	普通级	高二级	高一级	中级	普通级	高二级	高一级	中级	普通级	高二级	高一级	中级	普通级

四、新客车等级评定

(一)评定内容

客车主要评定内容:客车结构与底盘配置、安全性、动力性、舒适性及服务设施等。

客车等级评定指标的必要条件需满足表8-11的要求,其中车内噪声应符合客车车内匀速行驶噪声限值及测量方法的相关规定。

营运客车等级评定性能指标 表 8-11

评定项目			特大型客车					大型客车					中型客车				小型客车			
			高三	高二	高一	中级	普通	高三	高二	高一	中级	普通	高二	高一	中级	普通	高二	高一	中级	普通
客车结构	发动机位置[a]		后/中	后/中	后/中	—	—	后/中	后/中	后/中	—	—	后/中	后/中	—	—	—	—	—	—
	乘客门结构		单扇	单扇	单扇	—	—	单扇	单扇	单扇	—	—	单扇	单扇	—	—	单扇	—	—	—
	胶黏车窗玻璃		√	√	√	—	—	√	√	√	—	—	√	√	—	—	√	—	—	—
	行李舱		√	√	√	√	√	√	√	√	√	√	√	√	√	√	—	—	—	—
	车内行李架[b]		√	√	√	√	√	√	√	√	√	√	√	√	√	√	√	√	√	√
	车身全承载式结构[c]		√	√	√	√	√	√	√	—	—	—	—	—	—	—	—	—	—	—
	通道宽(mm)		≥350	≥350	≥350	≥350	≥350	≥350	≥350	≥350	≥300	≥300	≥350	≥350	≥300	≥300	≥300	≥300	≥300	≥300
底盘	悬架结构型式[d]		A	B	B	—	—	A	B	B	—	—	A、B	B、C	—	—	C	C	—	—
配置	制动系	前桥盘式制动器	√	√	√	√	√	√	√	√	√	√	√	√	—	—	√	√	—	—
		ABS(一类)	√	√	√	√	√	√	√	√	√	√	√	√	—	—	√	√	—	—
		蹄片间隙自调装置	√	√	√	√	√	√	√	√	√	√	√	√	√	√	√	√	√	√
		缓速器	√	√	√	√	√	√	√	√	√	√—	√	—	—	—	—	—	—	—
	动力转向		√	√	√	√	√	√	√	√	√	√	√	√	√	—	√	—	—	—
	底盘自动润滑系统[e]		√	√	√	√	—	√	√	—	—	—	√	—	—	—	—	—	—	—
	车轮及轮胎	无内胎子午线胎	√	√	√	√	√	√	√	√	√	√	√	√	—	—	√	√	—	—
		子午线轮胎	—	—	—	—	—	—	—	—	—	—	—	—	√	√	—	—	√	√
		胎压监测报警系统	√	√	—	—	—	√	—	—	—	—	—	—	—	—	—	—	—	—
	电磁风扇离合器或其他节能风扇散热系统		√	√	√	—	—	√	√	√	—	—	√	√	—	—	—	—	—	—
动力性	比功率[f] kW/t		≥13	≥12	≥11	≥10	≥9	≥15	≥13.5	≥12	≥10	≥9	≥14	≥13	≥12	≥11	≥21	≥19	≥14.5	≥13
车内噪声(v_a=50km/h)dB(A)			≤66	≤69	≤72	≤75	≤79	≤66	≤69	≤72	≤75	≤79	≤70	≤72	≤75	≤79	≤70	≤72	≤75	≤79

续上表

评定项目			特大型客车					大型客车					中型客车				小型客车			
			高三	高二	高一	中级	普通	高三	高二	高一	中级	普通	高二	高一	中级	普通	高二	高一	中级	普通
空气调节与控制	配置		冷暖	冷暖	冷暖	冷或暖	—	冷暖	冷暖	冷暖	冷或暖	—	冷暖	冷暖	冷或暖	—	冷暖	冷暖	冷或暖	—
	制冷量(人均)(kJ/h)		≥2000	≥2000	≥1900	≥1800		≥2000	≥2000	≥1800	≥1800		≥1900	≥1900	≥1800		≥1900	≥1900	≥1800	
	供热量(人均)(kJ/h)		≥2000	≥2000	≥1900	≥1800		≥2000	≥2000	≥1800	≥1800		≥1900	≥1900	≥1800		≥1900	≥1900	≥1800	
	强制通风换气量[g](人均)(m^3/h)		≥25	≥25	≥25	≥25	—	≥25	≥25	≥25	≥25	—	≥25	≥25	≥25	—	≥25	≥25	≥20	—
	温度自动控制装置		√	√	√	—	—	√	√	√	—	—	√	√	—	—	—	—	—	—
	空气净化装置(不小于人均10m^3/h)		√	√	—	—	—	√	√	—	—	—	—	—	—	—	—	—	—	—
座垫宽(mm)			≥450	≥440	≥440	≥420	≥420	≥450	≥440	≥440	≥420	≥420	≥440	≥440	≥420	≥420	≥440	≥440	≥420	≥420
座椅深(mm)			≥440	≥440	≥440	≥420	≥420	≥440	≥440	≥440	≥420	≥420	≥440	≥440	≥420	≥420	≥440	≥440	≥420	≥420
靠背高(mm)			≥720	≥720	≥680	≥650	≥650	≥720	≥720	≥680	≥650	≥650	≥720	≥680	≥650	≥650	≥720	≥680	≥650	≥650
靠背角度可调(调节角度15°~30°)			√	√	√	—	—	√	√	√	—	—	√	√	—	—	√	√	—	—
扶手(靠通道)			可调	可调	可调	√	√	可调	可调	可调	√	√	可调	可调	√	√	可调	可调	—	—
座椅脚蹬			可调	可调	可调	—	—	可调	可调	可调	—	—	可调	—	—	—	—	—	—	—
座间距(同方向)[h](mm)			≥780	≥760	≥740	≥740	≥720	≥780	≥760	≥720	≥720	≥700	≥750	≥720	≥700	≥680	≥680	≥670	≥650	≥650
座椅左右调整[i](mm)			≥60	≥60	≥60	—	—	≥60	≥60	≥60	—	—	≥60	≥60	—	—	—	—	—	—
汽车安全带[j]			√	√	√	√	√	√	√	√	√	√	√	√	√	√	√	√	√	√
行李舱容积[k](m^3/人)	车长 L(m)	13.7≥L>12	0.17	0.15	0.13	0.12	0.10	—	—	—	—	—	—	—	—	—	—	—	—	—
		12≥L>11	—	—	—	—	—	0.19	0.17	0.15	0.13	0.13	—	—	—	—	—	—	—	—
		11≥L>10	—	—	—	—	—	0.17	0.15	0.13	0.10	0.10	—	—	—	—	—	—	—	—
		10≥L>9	—	—	—	—	—	0.15	0.13	0.11	0.09	0.09	—	—	—	—	—	—	—	—
		9≥L>8	—	—	—	—	—	—	—	—	—	—	0.10	0.09	0.08	0.08	—	—	—	—
		8≥L>7.5	—	—	—	—	—	—	—	—	—	—	0.08	0.06	0.06	0.06	—	—	—	—

续上表

评定项目	特大型客车					大型客车					中型客车				小型客车			
	高三	高二	高一	中级	普通	高三	高二	高一	中级	普通	高二	高一	中级	普通	高二	高一	中级	普通
卫生间	√	√	—	—	—	√	√	—	—	—	—	—	—	—	—	—	—	—
CAN 总线	√	√	—	—	—	√	√	—	—	—	—	—	—	—	—	—	—	—
卫星定位系统	√	√	√	√	—	√	√	√	√	—	√	√	√	—	—	—	—	—
影音播放及麦克风设备	√	√	√	√	√	√	√	√	√	√	√	√	√	√	√	√	√	√

注:1. 表中"√"——要求配置;"—"——不做规定。

2. [a]前置发动机机舱在客舱外,且在车外设舱盖时,可视同为中、后置。

[b]车长不大于5.5m,可不设车内行李架。

[c]下述任一车身结构均为全承载式:

(1)客车车身骨架及底架是由异型管制成的格栅结构,没有单独的纵梁式车架结构,局部格栅上可有覆板。

(2)客车车身骨架及底架是由异型管制成的格栅结构,但允许在底架局部(发动机、悬架处)有加强结构,且与格栅构件刚性连接(焊、铆及防松螺栓);整车悬架上支撑件在底架结构上,从而使悬架承载力传递到车身骨架上共同承载。

[d]A-前独立及后气囊;B-全气囊;C-前独立及后为少片板簧不大于四片。(例:A、B;B、C——两种型式中任一种均可)。

[e]底盘润滑点少于五处时,可选装自动润滑装置。

[f]比功率等于发动机额定功率与最大设计总质量之比。

[g]换气量(人均)等于安全顶窗风扇、独立式风扇、空调新风风扇进气量之和与核定的乘员人数(乘客人数+驾驶员+导游员)的比值。

[h]大型高一级和大型中级客车座位总数:不大于49+1+1;低驾驶区车型不大于53+1+1。

[i]靠通道座椅。每个座椅两侧有扶手且间距不小于500mm时,不要求左右调整。

[j]全部座椅和卧铺应安装安全带,特大型双层客车及低驾驶区前排座位应安装三点式安全带。

[k]特大型高级双层客车的行李舱容积为同等级单层客车的50%,燃气客车的行李舱容积为同等级燃油客车的50%。

(二)等级评定要求

营运客车类型划分及等级评定具体要求如下：

(1)在中国境内从事营业性道路旅客运输的客车均应进行等级评定。

(2)交通运输部主管全国营运客车类型划分及等级评定工作。地(市)级以上交通主管部门主管本行政区域内营运客车类型划分及等级评定工作,其所属的道路运政管理机构负责组织实施。

(3)交通运输部负责国产或进口高级客车的类型划分及等级评定工作,并向社会发布《高级客车类型划分及等级评定表》。

(4)省级交通主管部门或其所属的道路运政管理机构负责本行政区域内生产的或进口的中级客车的类型划分及等级评定工作,并在本行政区域内发布《中级客车类型划分及等级评定表》。

(5)省级交通主管部门在本行政区域内发布《中级客车类型划分及等级评定表》时,应同时抄报交通部并抄送全国其他各省、自治区、直辖市交通主管部门。其他各省、自治区、直辖市交通主管部门对该省交通主管部门发布的《中级客车类型划分及等级评定表》应当予以认可,不得重复进行中级客车类型划分及等级评定。

(6)凡在《高级客车类型划分及等级评定表》中发布的车型,不得再申请中级客车评定;凡在《中级客车类型划分及等级评定表》中发布的车型,不得再申请高级客车评定。

五、在用营运客车类型等级复核

(一)复核内容

由各级交通主管部门和道路运输管理机构按照中、高级客车评定表确定的技术参数和服务装备要求,对营运客车的类型和等级进行审查和复核。复核内容见表8-12。

(二)复核要求

在用营运客车经检测符合《道路运输车辆综合性能要求和检验方法》(JT/T 198)有关规定时,才具备评定等级资格。在用营运客车经检测,按《道路运输车辆技术等级划分和评定要求》(JT/T 198)标准评为一级车时,才具有评定高级客车资格。

对达到中、高级客车评定表中各项技术参数和服务装备要求的,道路运输管理机构应按评定表中相应的等级给予核定,并将核定的等级和乘员人数在《道路运输证》上予以注明。凡在车辆结构、配置和准乘人数等方面达不到《道路运输证》上核定的等级要求,道路运输管理机构应当责令其限期整改,整改合格后方可通过年度审验。

凡已在《高级客车类型划分及等级评定表》中发布的车型,实际投入使用的营运客车达不到《高级客车类型划分及等级评定表》确定的技术参数和服务装备要求的,如道路客运经营者申请降级,道路运输管理机构可以受理,由地市级道路运输管理机构对该车进行现场核查及实测后,批准其降级申请,并按照其实际技术参数和服务装备要求,核定车型等级。高级客车只能下降一个等级。

营运客车类型等级复核表

表 8-12

车主单位			联系电话		复核日期	
客车车型			生产厂家		车牌号码	
登记日期			发动机型号		总质量	
类型等级发布			评定标准版本		复核次数	
客车结构	复核项目	复核记录	底盘配置	复核项目	复核记录	
	座位数+驾驶员+导游≤			悬架类型		
	车身长度			车桥随动转向		
	发动机位置			动力转向		
	乘客门位置			CAN 总线		
	车外行李架			行驶记录仪		
	胶粘车窗玻璃			缓行器		
	内饰成型件			旋压车轮		
	车身承载式结构			无内胎子午胎		
座椅及通道	通道宽 mm≥			子午线轮胎		
	座间距 mm≥			盘式制动器		
	坐垫宽 mm≥			ABS(一类)		
	座椅深 mm≥			蹄隙自调装置		
	靠背高 mm≥			底盘自动润滑		
	座椅横移 mm≥			发动机舱自动灭火装置		
	靠背角度可调		服务设施	卫生间		
	扶手(靠通道)			影视设备		
	座椅脚蹬			音响设备		
	座椅安全带			侧窗帘		
动力性	额定功率 kW			阅读灯		
	比功率 kW/t			时钟		
	最高车速 km/h≥			饮水机		
行李舱测量(m^3)	总容积		测量记录:			
	人均容积					

第九章　车辆更新与规范处置

车辆技术状态直接影响企业向社会输出成果的数量、质量以及经济效益。运输企业要时刻掌握车辆的技术状况，建立科学的车辆更新报废制度，要在国家车辆报废政策下，坚持经济与技术相结合的原则，合理设定车辆报废条件，既要防止提前报废带来的资源浪费，又要防止延迟报废增加的管理成本，要及时更新不能满足运输要求的车辆并规范处置，持续保证企业的运输能力。

第一节　车辆更新方法及要求

一、车辆更新的概念

以新车辆或高效率、低消耗、性能先进的车辆更换在用车辆，称为车辆更新。

车辆更新包含四个方面的含义：

(1)同类型新车辆替换在用车辆；

(2)高效率、低消耗、性能先进的汽车或大吨位车辆替换低效率、高消耗、性能差或小吨位车辆；

(3)在用车辆尚未达到报废程度，但性能较差而被替换；

(4)在用车辆已达报废条件而被替换。

二、车辆更新依据

车辆从开始使用到不能使用的整个时期称为车辆使用寿命。

影响车辆使用寿命的因素很多，基本上可分为技术因素和经济因素两大类。

1. 技术因素

(1)车辆本身的制造和维修质量；

(2)车辆的运行条件，如道路条件、货物种类、驾驶操作水平、车速和装载质量等；

(3)有形损耗等。

2. 经济因素

(1)大修费、维修费和运行材料费等；

(2)基本折旧率的规定等。

从技术角度上看，车辆在使用中，机件会不断地磨损、腐蚀、疲劳和老化。随着车龄的增长，整车、总成和部件的性能会逐渐老化，直到不能保持正常的运行技术状况为止，这之间的年限称作车辆的技术寿命，是可以通过恢复性的修理来延长的。至于延长到何种程度，或者说经过几次大修再报废,其合理性需要通过营运分析来确定。

经济使用寿命是指车辆使用年均总费用最低的使用年限。其确定原则是使用车辆年均总费用(包括折旧费、维修费和运行材料费等)低于再延期使用该车所需的年均总费用。

发达国家的车辆使用寿命完全按经济规律确定,除考虑车辆本身的运行费用增长外,还考虑新车型性能的改进和价格下降等因素。

三、最佳更新期的确定依据

车辆更新换代的时机很难有固有的计算模式,因为涉及的因素过多,如经营效益、运营安全、单车油耗、成本核算、市场竞争力、企业形象等。从技术上分析,营运车辆更新换代的最佳时机在折旧为零,燃料、材料及维修成本呈现上升趋势的时候。但现实情况下很难做到,大多数运输企业会将技术标准与经济效益挂钩。

当前业内车辆更新主要有三种模式:

(1)时间模式。一般5~8年不等,部分客运班线为3~4年。

(2)里程模式。不同业务类型里程不同,通常分60万、80万、100万km不等。

(3)快速折旧模式。主要为了车辆的转让、调配,保留最大残值。

有些企业更新换代按里程、时间模式相结合的方式进行,5~6年更新;也有根据经营情况决定更新年限,运营效益好的班线优先更新,3~4年不等;也有采用时间模式决定更新年限,采取"4+1"或"4+2"的模式,即根据经营效益决定是5年还是6年更新。但无论参考哪一个标准对车辆进行更新换代,保证收益是不变的规律。

车辆最佳更新期的确定方法有多种,下面以面值法为例说明经济寿命的确定方法。

面值法是以设备的有形损耗理论为基础确定设备最佳更新期的方法。面值法以车辆的账面数据作为分析依据,根据同类型车辆的统计资料进行分析计算来确定车辆经济使用寿命的方法。从理论上讲,年均总费用最低的使用年限就是车辆经济使用寿命。

例:某汽车运输企业购买一批车辆,单价是60000元,同类车型各年经营费用和年末估计净值见表9-1,其理论最佳更新期为多少年?

同类车型经营费用和净值 表9-1

年限	1	2	3	4	5	6	7
年经营费用	10000	12000	14000	18000	23000	28000	34000
年末净值	30000	15000	7500	3750	2000	2000	2000

解:同类车型年均总费用见表9-2。

同类车型年均总费用计算表 表9-2

年限	1	2	3	4	5	6	7
累计年经营费用	10000	22000	36000	54000	77000	105000	139000
累计折旧费	30000	45000	52500	46250	58000	58000	58000
年均总费用	40000	33500	29500	27563	27000	27167	28143

表9-2中累计年经营费用由表9-1各年经营费用累加得到,累计折旧费由车辆投资总额减去各年年末车辆净值得到,年均总费用为累积年经营费用与累计折旧费之和除以年数。

由表9-2可知,取年均总费用最低的年限为车辆最佳经济更新年限,即为5年。

四、更新车辆的处理

更新下来的运输车辆,运输单位可根据国家有关规定进行处理。处理后的变价收入应用于车辆更新改造,不得挪作他用。

如果被更新下来的运输车辆未达到报废条件,可移为他用或转让出售,如:作为使用强度较低的非专业运输车或按质论价出售给外单位或出租给外单位。如果属于报废车辆更新,应按报废车辆处理,不得转让或挪作他用。

第二节　车辆停驶与封存管理

一、车辆停驶与封存要求

车辆技术状况达不到评级要求的,在短期内不能修复或无修复价值的车辆,运输企业应作停驶处理;凡技术状况良好,因其他原因需要较长时间停驶的车辆,企业应作封存处理。

停驶、封存的车辆应集中停放并派专人保管,不得随意拆换原车机件。存放的地点可以设在停车库、露天停车场或建有车棚的停车场。凡露天停放的车辆,必须遮盖妥善,防止日晒雨淋。停驶和封存期间,应根据整车制造厂的要求或当地实际情况,做好停驶车辆的维护,必要时可原地发动或行驶检查。

封存4个月以上的车辆在启封使用时,应进行一次二级维护。刷洗车辆、清洁车厢、根据季节更换润滑油、清洗燃油箱及散热器、检查电路连线、拆除各密封装置、调整传动带等,然后进行路试检查,合格后方能参加运输生产。

二、车辆停驶与封存注意事项

1. 防止橡胶制品的老化变质

汽车上的橡胶制品很多,如轮胎、传动带、防尘罩及皮碗等,车辆长期停驶会出现橡胶制品的老化、膨胀或者变形现象,致使性能变坏,使用寿命变短。橡胶制品老化主要是由于橡胶属于不饱和高分子碳氢化合物,容易吸收空气中的氧而氧化,同时硫化橡胶还有一定的透气性,氧容易进入内部起氧化作用。特别是在阳光直射下,橡胶制品会迅速老化。橡胶制品沾上汽油或润滑油后,会导致体积膨胀,胶质变松,弹性下降。橡胶制品应避免阳光直接照射及与矿物油接触,以免老化。

2. 防止金属零件锈蚀

锈蚀主要是空气中的水分、氧气以及腐蚀性物质的共同作用造成的。因此,停放车辆的车库内应经常保持通风,使空气相对湿度保持在70%以下。同时需及时清除汽车上的灰尘、脏物和水分,在易锈蚀的部位和机件表面应涂以润滑油、润滑脂或者用油纸包扎起来。对于各总成机构上的孔隙应加以密封,避免空气、水分和灰尘进入内部。

3. 防止霉变

棉麻制品及地毯等很容易吸收水分,特别是在潮湿地区和阴雨季节,更容易受潮霉变。

因此,车主应对车上的棉麻制品经常进行检查,适时晾晒,保持干燥。

4. 防止汽油的抗爆性能降低

汽油的抗爆性能决定于汽油辛烷值的高低。汽车长期停驶,汽油的辛烷值会随着轻质成分的损失和胶质含量的增加而下降,从而使其抗爆性降低。因此,汽油箱要严密封闭,并且要避免温度过高。汽油储存的时间最好不要太长。

5. 防止燃油系统堵塞

若停放的汽车燃油箱内没有或只有少量的燃油,水分就有可能侵入系统中而造成生锈和腐蚀。因此,汽车长期停放时要将燃油箱加满。另外,如果燃油箱和管道中燃油长时间不用,就有可能与氧气发生化学反应而产生胶质沉淀物质,容易堵塞燃油管路。

6. 防止轮胎变形

汽车停驶后,汽车质量由四个轮胎接触地面的部位承受,容易造成接触部位变形。停驶时间越长,变形部位越不易恢复,使轮胎四周的质量分布发生变化,滚动半径不均匀,造成轮胎不平衡。汽车高速行驶时,不仅影响乘车的舒适性,加速轮胎的磨损,还会带来不安全因素。因此,应在汽车停放期间适时移动车辆,以改变轮胎接触地面的部位。

7. 防止润滑油变质

汽车长期停驶,要注意润滑油的氧化问题。润滑油氧化后,不仅润滑效果会变差,一些酸性物质还会对机件造成严重的腐蚀。另外,变质的润滑油易产生许多沉淀物,会堵塞油道或对摩擦表面造成严重磨损。因此,如果车辆长期停驶,建议放掉润滑油或经常性起动车辆。

8. 防止蓄电池亏电

车辆停放不用时,最好能将蓄电池取出妥善保存,防止其结冰被冻坏。如果不能取出,也要摘掉蓄电池的负极电缆,避免电量消耗。另外,蓄电池的电解液液面必须符合使用要求,不足时应及时添加蒸馏水,并经常性对蓄电池进行充电,保持适当的剩余电量。

9. CNG、LNG 特殊要求

CNG、LNG 车长期停放时,应将气、液体耗尽,关闭气瓶截止阀。断开电源,拆下蓄电池接线,将车辆置于通风、防潮、防火、防晒的场所。

CNG、LNG 车重新使用时,应确认气管路完好,连接部位没有松动、泄漏,必要时进行储气瓶多次充液置换操作,方能再次使用。

第三节　车辆报废管理

车辆经过长期使用后,技术性能变坏,小修频率增高,运输效率降低,物料消耗增加,维修费用增高,经济效果不好。因此,车辆使用后期必然导致报废。车辆报废应严格掌握车辆报废条件,符合经济合算、技术合理的原则,任何提早报废必然造成运力的浪费,也不符合经济原则;过迟报废则增高运输成本,影响运力更新。

一、营运车辆报废条件

营运车辆存在以下情形之一的应予以强制报废:

(1)达到规定使用年限的;

(2)经修理和调整仍不符合机动车安全技术国家标准对在用车有关要求的;

(3)经修理和调整或者采用控制技术后,向大气排放污染物或者噪声仍不符合国家标准对在用车有关要求的;

(4)在检验有效期届满后连续3个机动车检验周期内未取得机动车检验合格标志的。

二、营运车辆报废年限

营运车辆报废年限见表9-3。

营运车辆使用年限及行驶里程参考值汇总表 表9-3

车辆类型与用途			使用年限(年)	行驶里程参考值(万 km)
载客	出租客运	小、微型	8	60
		中型	10	50
		大型	12	60
	租赁		15	60
	教练	小型	10	50
		中型	12	50
		大型	15	60
	公交客运		13	40
	其他	小、微型	10	60
		中型	15	50
		大型	15	80
载货	微型		12	50
	中、轻型		15	60
	重型		15	70
	危险品运输		10	40
挂车	半挂车	集装箱	20	/
		危险品运输	10	/
		其他	15	/
	全挂车		10	/

注:1. 表中机动车主要依据《机动车类型 术语和定义》(GA 802—2008)进行分类;

2. 对小、微型出租客运汽车(纯电动汽车除外),省、自治区、直辖市人民政府有关部门可结合本地实际情况,制定严于表中使用年限的规定,但小、微型出租客运汽车不得低于6年;

3. 使用年限起始日期按照注册登记日期计算,但自出厂之日起超过2年未办理注册登记手续的,按照出厂日期计算。

对于未达到报废年限的车辆,变更使用性质或者转移登记的机动车应当按照下列有关要求确定使用年限和报废:

(1)营运载客汽车与非营运载客汽车相互转换的,按照营运载客汽车的规定报废,但小、微型载客汽车和大型轿车转为营运的,应按照下列公式核算累计使用年限。

$$累计使用年限 = 原状态使用年限 + (1 - \frac{原状态已使用年限}{原状态使用年限}) \times 状态改变后年限$$

式中原状态已使用年限不足一年的按一年计,例如,已使用2.5年按照3年计算;原状态使用年限数值取定值为17;累计使用年限计算结果向下圆整为整数,且不超过15年。

(2)不同类型的营运载客汽车相互转换,按照使用年限较严的规定报废。

(3)小、微型出租客运汽车和摩托车需要转出登记所属地省、自治区、直辖市范围的,按照使用年限较严的规定报废。

(4)危险品运输载货汽车、半挂车与其他载货汽车、半挂车相互转换的,按照危险品运输载货车、半挂车的规定报废。

三、营运车辆报废流程

对于达到报废标准的车辆,由车属单位根据使用情况和报废标准,向公司提出申请,列具报废车辆清单,填报车辆报废审批表。在规定时间内,车属单位要组织相关技术人员或委托第三方检测机构对车辆进行技术鉴定,编制技术鉴定报告。经车辆技术管理部门会同财务部审核后,报企业负责人批准。所有报废车辆由企业车辆技术管理部门进行汇总、审核,制订车辆年度报废计划。表9-4为车辆报废审批表样式,供参考。

×××运输公司车辆报废审批表　　表9-4

单位(章):　　填报日期:

自编号		发动机号	
牌照号码		车架号	
车辆类别		购置日期	
厂牌型号		总驶里程	
座(吨)位		账面原值	
注册登记日期		已提折旧	
制造单位		账面净值	
技术状况及报废原因			
基层单位意见			
车辆技术部门意见			
财务部门意见			
总经理室意见			

车辆报废基本流程见图9-1。

车属单位应当向公安机关办理机动车报废手续,开具《机动车报废证明》,并按照国家有关规定将报废车辆交由政府认定的报废汽车回收企业进行登记、拆解、销毁等处理,报废汽车回收企业回执商务部门开具的《报废汽车回收证明》,并将报车辆登记证书、号牌、行驶证交公安机关交通管理部门注销,不得随意转让或挪作他用。

车辆报废后,车属单位持《车辆报废审批表》和《报废汽车回收证明》等材料,按规定手续到财务部门对车辆进行固定资产核销,并将有关凭证原件或复印件交由车辆技术管理部门保存。

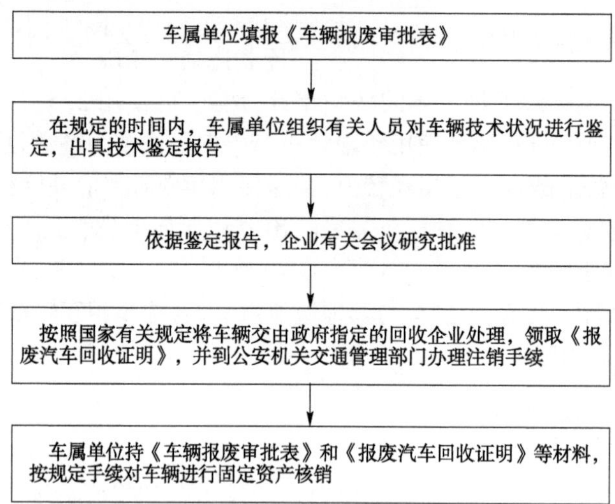

图 9-1　车辆报废流程

申请报废而尚未得到批准的车辆应妥善保管,不得转让或挪作他用,禁止拆卸总成或零部件拼装车辆。

第十章　运输企业车辆技术管理监督与考核

落实车辆技术管理责任制的一项重要手段就是制定切实可行的考核奖惩制度，通过奖惩正确处理技术管理全过程的责、权、利关系，保障各项技术管理措施保质、保量、按时实现。要使奖惩有据可依，合情合理，必须建立科学合理的考评体系，明确各项技术、经济指标定额及各项管理要求，及时进行评比、考核，奖优罚劣，提高各级人员的责任心和学习操作技能的自觉性。

第一节　车辆技术管理日常监督检查

一、组织实施

车辆技术管理监督检查由集团（企业）车辆技术管理部门组织实施，必要时，可以会同物资采购、运营管理等部门共同实施，有条件的企业可以在技术管理部门内设置专门的技术稽查队。各分公司、子公司要经常性开展自查自评，及时总结、发现问题，并自觉接受上一级车辆技术管理机构的监督。

二、实施依据

运输企业要结合单位实际情况，根据国家、行业与地方行政管理部门颁布的相关法律、法规以及企业标准和责任目标，制定相应的实施细则和检查、考核办法，明确考核内容、方法及奖惩措施，引导和推进车辆技术管理逐步走上制度化、规范化轨道。

三、检查方式及内容

监督检查实行例行检查与抽样巡查相结合方式。检查日期、暴露的问题及整改处置情况必须有记录、可溯源，作为技术管理基础资料备查。

（一）日常检查

在停车场进行检查，每月进行一次巡检，检查车辆出车前驾驶人员日常维护执行情况和收车后回场检查、专业维护执行率和维护质量。

（二）技术状况检查

以“路线”为单位安排抽查，抽查数量不低于抽查路线核定配车数的50%，以2个月为一个循环周期，循环周期内抽查覆盖到所有路线。

(三)维护情况检查

每季度对各成员企业进行一次抽样巡查,检查的重点是车辆维护计划及工艺执行率,并组织质量解剖分析。检查内容为:

(1)维护计划管理情况(计划编制、变更管理、执行率);

(2)工艺执行率(工艺执行情况、完成质量),每次抽查维护车辆不少于5辆;

(3)维修质量控制情况(检验、检测,含尾气排放检测执行情况);

(4)维修资料管理(原始记录、台账、微机管理系统应用);

(5)零部件规范应用情况。

(四)专项检查

根据单位总体要求和季节性特点安排检查,项目内容:

(1)尾气排放稽查,采用目测与仪器检测结合的方式进行抽查;

(2)重大节假日(例如十一黄金周、春运等)的车辆安全检查;

(3)冬季车辆冷却液应用情况检查,每年冬季前抽样检查冷却液质量、冰点;

(4)车载空调性能检查,在冷、暖空调使用季节内安排检查;

(5)机务管理项目实施情况、车辆技术状况及企业自查和整改记录;

(6)根据管理要求开展其他专项检查(驾驶员规范操作、车辆防火等)。

四、违规情形

(一)一般违规责任

发生如下事项之一的,视为一般违规责任:

(1)出车前未执行日常维护和安全检查,直接发动车辆出场的;

(2)各种台账记录不全,且无法提供足够证据的;

(3)违反车辆操作规范,驾驶操作不规范的;

(4)未按规定工艺执行各级维护项目的;

(5)驾驶有以下缺损的车辆执行路线营运的:

①车窗玻璃缺损1块或以上的;

②客座缺少1个或破损2个及以上的(破损包括严重松动);

③轮胎有穿透性裂纹、花纹深度不满足标准要求、轮胎螺丝缺少的;

④发动机润滑油、冷却液不符合液位标准的;

⑤车辆尾气排放明显冒黑烟的;

⑥空调使用季节中空调无效的;

⑦外车身破损2处及以上的;

⑧其他不符合车辆出场标准的。

(二)严重违规责任

发生如下事项之一的,视为严重违规责任:

(1)进场停驶车辆不执行专岗例保,或行车人员不按规定配合执行的;
(2)车辆超期未进行法定检验的(安全技术检验、环保检验和综合性能检验);
(3)不按照规定要求进行维护,或者维护项目不全、降低维护标准的;
(4)人为破坏车辆的;
(5)因技术状况、车容车貌(包括车身破损)等问题被媒体曝光,影响企业声誉或被行政、行业管理部门处罚的;
(6)发生严重机械事故、车辆火警或火灾的。

五、违规处罚

企业应制定经济处罚与行政处罚相结合的具体处罚措施。一般违规责任应给予通报批评和相应的经济考核;严重违规责任可视企业损失程度,在加重经济处罚的同时,给予相应的行政处分。

对于出现问题,且整改不力的单位或部门,应给予通报批评,并对责任人进行相应的经济处罚。因技术机务管理不力而影响企业声誉或影响正常营运生产的,可对责任单位和责任人追加经济处罚。

技术监督抽查应以事实为依据,并经过核实确认程序。检查日期、暴露的问题及整改处置情况必须有记录、可溯源,作为车辆技术管理基础资料备查。

第二节　车辆技术管理年度考核

一、组织实施

车辆技术管理考核原则上每年进行一次,由企业车辆技术管理机构组织实施,范围要涉及本单位分公司、子公司车辆技术管理及相关部门。

二、考核依据

(1)《道路运输企业车辆技术管理规范》(JT/T 1045—2016);
(2)本企业车辆技术管理办法、细则和标准规范等;
(3)本企业年度车辆技术管理目标。

三、考核内容

车辆技术管理考核的主要内容包括:
(1)机构设置及人员配备情况;
(2)人员培训情况;
(3)制度建设及执行情况;
(4)技术档案管理情况;
(5)年度技术质量目标完成情况。

四、考核要点及方法

(一)机构及人员

1. 机构设置

考核要点:

(1)危险货物运输企业、拥有10辆(含)以上营运车辆的道路旅客运输企业和拥有30辆(含)以上营运车辆的普通货物运输企业应设置专门的车辆技术管理机构,配备技术负责人和车辆技术管理人员;

(2)拥有10辆以下营运车辆的道路旅客运输企业和拥有30辆以下营运车辆的普通货物运输企业应配备车辆技术管理人员。

考核方法:

(1)按照运输性质、车辆数量规模进行核实;

(2)现场核实机构办公场所、设施及人员;

(3)查阅技术负责人任命书并核对职务;

(4)对照车辆技术管理花名册核实车辆技术管理人员。

2. 管理职责

考核要点:

(1)贯彻执行国家及地方道路运输有关法律法规、方针政策和标准规范;

(2)制定本单位的车辆技术管理规章制度、标准规范和操作规程;

(3)建立车辆技术管理岗位责任制,明确车辆技术管理人员的职责和权限;

(4)建立车辆技术管理考核体系,制定各类定额标准和技术质量指标;

(5)制订车辆技术管理计划(包括人员培训计划、车辆维护计划等),并定期组织实施;

(6)建立车辆技术管理档案,实时更新档案信息和数据记录;

(7)制作管理台账、原始记录及统计报表,定期统计分析车辆技术管理状况;

(8)推广应用信息化技术以及新产品、新材料、新技术和新工艺;

(9)组织开展各种技术协作、技术交流、技术培训、技能竞赛等活动;

(10)做好运输生产和技术管理的衔接,解决生产过程中出现的车辆技术问题。

考核方法:

(1)查阅《车辆技术管理岗位职责》;

(2)核实车辆技术管理人员职责范围及工作权限。

3. 人员配置

考核要点:

(1)危险货物运输车、客车每50辆车配1人,不足50辆的应至少配1人;

(2)普通货车每100辆车配1人,不足100辆的应至少配1人。

考核方法:

核对车辆技术管理岗位人员花名册和车辆台账,计算人员配备数量。

注:若企业同时经营道路旅客运输、普通货物运输、危险货物运输两种及以上的,应分别计算;运输普通

货物的挂车按普通货车单计，运输危险货物的挂车按危险货物运输车单计。

4. 人员条件

考核要点：

(1) 技术负责人应熟悉与道路运输生产相关的政策法规、标准规范、车辆技术及管理知识，并具备以下条件之一：

①大专及以上学历；

②工程师及以上专业技术职称或技师及以上职业技能等级；

③3 年以上道路运输行业从业经历。

(2) 车辆技术管理人员应熟悉与道路运输生产相关的政策法规、标准规范和汽车构造、使用与维修等知识，并具备以下条件之一：

①中专及以上学历；

②助理工程师及以上专业技术职称或中级工及以上职业技能等级；

③2 年以上道路运输行业从业经历。

考核方法：

(1) 询问技术负责人运输生产相关的政策法规、标准规范、车辆技术管理等知识；

(2) 查阅技术负责人履历表、学历证书或职称证书；

(3) 随机抽取部分车辆技术管理人员，询问道路运输生产相关的政策法规、标准规范和汽车构造、使用与维修知识；

(4) 查阅车辆技术管理人员履历表、学历证书或职称证书。

(二) 人员教育培训

1. 制度建设

考核要点：企业应建立车辆技术管理培训制度，内容包括培训部门及职责、培训内容、培训形式、学时要求和培训考核。

考核方法：查阅《车辆技术管理培训管理办法》内容。

2. 培训内容

考核要点：应包括相关法律法规、规章制度、标准规范、操作规程及车辆检验、维护、使用、安全和节能驾驶知识。

考核方法：查阅历次培训记录。

3. 培训对象

考核要点：应包括车辆技术管理员、驾驶员以及与技术管理相关的维修、检验人员等。

考核方法：检查历次培训记录或签到表。

4. 培训计划

考核要点：应制订人员培训年度计划，并按期组织实施，经培训考核合格后方能上岗。

考核方法：查阅培训计划和历次培训记录。

(三) 车辆采购

1. 制度建设

考核要点：企业应建立车辆采购管理制度，内容包括车辆采购相关部门及职责、采购计划、采购流程、选型论证、合同管理和车辆验收。

考核方法:查阅《车辆采购管理办法》。

2. 采购计划

考核要点:企业应根据运输任务需求,提出车辆新增或更新的采购计划,并按照采购流程实施采购。

考核方法:

(1)查阅购置计划审批表;

(2)查阅《车辆采购管理办法》。

3. 技术论证

考核要点:企业应根据车辆的用途、运量、运距、道路、气候及燃料供应等条件,对拟选车型的容载量、动力性、安全性、环保性、经济性、通过性、可靠性及维修方便性等进行技术论证。

考核方法:查阅采购方案、技术论证报告、采购合同等文件。

4. 车辆技术条件

考核要点:车辆技术条件应符合国家有关车辆技术标准要求。

考核方法:对照 GB 18565、JT/T 325、JT 617 等标准现场核查车辆技术状况,也可查询车辆注册登记、办理营运手续的相关检测报告。

(四)车辆使用

1. 投入使用前期管理

(1)新车验收。

考核要点:新车接收时应按照采购合同(或协议),核对车辆及装备信息,清点随车工具及有关资料(出厂合格证明、发动机与车架拓印件、使用说明书和维护修理手册等)。

考核方法:现场核查车辆装备,并查阅核查表。

(2)技术培训。

考核要点:应组织车辆技术管理人员和驾驶员对新购车型的技术性能、使用要求进行技术培训。设有机动车维修机构的运输企业,还应组织维修人员对新购车型的技术性能、修理方法进行技术培训。

考核方法:查阅培训记录。

(3)装备配备。

考核要点:按照相关标准要求配齐三角木、警示牌、消防器材、安全锤(客车)等必要的安全设备。

考核方法:现场核查。

(4)走合维护。

考核要点:在走合期内,驾驶员应严格按照整车制造厂的要求进行新车走合维护,减载限速,规范操作。

考核方法:查阅走合维护记录。

2. 车辆运行管理

(1)车辆装载。

考核要点:车辆装载质(客)量应符合相关规定,不得超员、超载和超限。

考核方法:查阅有无超载违章记录。

(2)驾驶操作。

考核要点:应依据 JT/T 807、JT/T 915 及相关标准制定驾驶操作规程,内容应包括一般条件和高温、低温、高原、山区等特殊条件的驾驶操作要求及安全技术措施。

考核方法:查阅《驾驶员操作规程》。

(3)安全检查。

考核要点:应督促驾驶员在出车前、行车途中和收车后,做好车辆安全检查和日常维护,做好相关记录,发现故障或安全隐患应及时报修。

考核方法:检查行车日志、"三检"记录。

3. 车辆能源管理

(1)制度建设。

考核要点:企业应建立车辆能源消耗管理制度,内容包括能源管理相关部门及职责、能源类别、定额指标和统计考核。

考核方法:查阅《车辆能源消耗管理办法》。

(2)定额指标。

考核要点:应根据车辆类型、使用条件、载质(客)量和能源类别等,依据相关标准制定能源消耗定额指标。

考核方法:查阅车辆能源消耗定额。

4. 车辆轮胎管理

(1)制度建设。

考核要点:企业应建立轮胎管理制度,内容包括轮胎管理相关部门及职责、采购、仓储、领用、维修、报废、定额指标和统计考核。

考核方法:查阅《轮胎管理办法》。

(2)台账管理。

考核要点:应建立轮胎管理台账,准确记录轮胎的厂牌、规格、胎号、换装日期及维修、报废信息,定期登记实际行驶里程、累计行驶里程。

考核方法:查阅《轮胎管理台账》。

(3)定额指标。

考核要点:应根据车辆类型、使用条件和轮胎性能等,制定轮胎行驶里程定额指标(车辆装配的新轮胎从开始使用到停用报废总行驶里程的限额),定期统计考核。

考核方法:查阅轮胎行驶里程定额及考核情况。

(4)轮胎装配。

考核要点:轮胎规格、负荷和速度等级应符合 GB/T 2977、GB/T 2978 的规定。同一轴上的轮胎规格、花纹、厂牌及层级应相同,斜交胎与子午线胎、有内胎与无内胎的轮胎不得同轴混装。

考核方法:现场核查。

5. 卫星定位装置管理

(1)制度建设。

考核要点:按照规定需要安装卫星定位装置的车辆,企业应建立卫星定位车载终端安装、使用及维护制度,并按规定进行安装和使用。

考核方法:查阅《卫星定位车载终端安装、使用及维护管理办法》及安装使用记录。

(2)工作状态检查。

考核要点:

①应督促驾驶员在出车前、行车中和收车后检查卫星定位装置的工作状态,发现故障应及时报修。

②应定期对卫星定位装置进行维护,确保装置完好和系统工作状态正常。

考核方法:

①现场核查定位装置工作状况;

②查阅行车日志、"三检"记录及报修单。

(五)车辆维修

1.制度建设

考核要点:企业应建立车辆维护管理制度,内容包括维护管理部门及职责、作业分类、质量管理、定额指标和统计考核要求。

考核方法:查阅《车辆维护管理办法》。

2.车辆维护计划

考核要点:

(1)应依据 GB/T 18344、GB/T 27876、GB/T 27877、JT/T 1009 等标准以及车辆维修手册、使用说明书等技术文件,结合车辆类别、运行状况、行驶里程、道路条件、使用年限等因素,确定车辆维护周期(用维护间隔时间或间隔里程表示);

(2)应根据车辆维护周期要求,制订车辆维护计划,并按期组织实施。

考核方法:

(1)核实各种车辆的一、二级维护周期;

(2)查阅车辆维护计划、维护记录;

(3)按照车辆维护计划和维护记录计算一、二级维护计划执行率。

注:维护计划执行率是指统计期内,企业全部运输车辆按照维护计划要求,实际维护车辆数占计划维护车辆数的百分比。

3.车辆维护作业

考核要点:

(1)设有机动车维修机构并自行实施车辆维护的企业,应依据 GB/T 18344、GB/T 27876、GB/T 27877、JT/T 1009 等标准制定车辆维护作业规范或细则,明确维护作业项目、内容及技术要求,维护过程中应做好维护记录;

(2)委托外单位维修企业实施二级维护的,作业项目、内容和技术要求应符合国家及地方标准要求,维护完成后应妥善保存竣工出厂合格证及相关凭证。

考核方法:

(1)自行维护的企业,查阅车辆维护作业规范或细则,查阅维护记录;

(2)委托外单位维护的,查阅历次竣工出厂合格证及相关凭证。

4. 维护监督抽查

考核要点：车辆技术管理人员应定期开展维护执行情况抽查并建立台账，对抽查中发现的问题应及时处理。

考核方法：按照车辆维护计划，查阅维护抽查台账。

5. 车辆修理

考核要点：应遵循视情修理的原则开展车辆修理，技术条件应符合 GB/T 3799、GB/T 5336 等标准的要求。

考核方法：检查车辆修理记录及相关凭证。

6. 维修考核

考核要点：

(1)应根据车辆类型和使用条件等，制定车辆维修费用定额指标，并定期统计分析；

(2)车辆完好率及车辆小修频率应符合企业年度目标要求。

考核方法：

(1)查阅材料费用定额指标；

(2)查阅统计、考核记录；

(3)根据维修台账计算完好率。

车辆完好率是指全部运输车辆的完好车日占总车日的百分比。总车日指所有车辆的车日总数；完好车日指所有车辆不需要进行维修就可以随时出车执行运输任务的车日总数(包括因货源不足、缺燃料、缺驾驶员、气候影响等因素影响整日不能运行的车日)。

(4)根据维修台账计算小修频率。

小修频率是指全部运输车辆每千车公里发生小修的次数(不包括维护作业中的小修)。

$$f = 1000 \times \frac{n}{L}$$

式中：f——小修频率，单位为次/(千车·km)；

n——小修总次数，单位为次；

L——车辆总行驶里程，单位为 km。

(六)车辆检测评定

1. 制度建设

考核要点：企业应建立车辆检测评定管理制度，内容包括检测管理部门及职责、检测分类和检测组织。

考核方法：查阅《车辆检测评定管理办法》。

2. 检测实施

考核要点：应按期组织车辆进行安全技术检验、环保检验和综合性能检测(含技术等级评定、客车类型等级评定或年度类型等级评定复核)，检测周期和频次应符合有关规定。

考核要点：查阅《安全技术检验报告单》(含安检合格标志)、《环保检验报告单》(含环检合格标志)、《汽车综合性能检验报告单》(含技术等级评定结论)、《客车类型等级评定报告单》。

3. 档案记录

考核要点：车辆检测后，应及时归档检测报告或凭证，并在档案中记载有关信息。

考核方法：查阅《车辆技术档案》。

（七）车辆处置

1. 车辆停驶与封存

考核要点：

（1）长期停驶或封存的车辆，应指定专人负责保管；

（2）停驶或封存期间，应根据整车制造厂的要求或当地实际情况，做好车辆技术防护；

（3）车辆停驶或封存 4 个月以上的，投入运输生产前应进行二级维护作业。

考核方法：

（1）问询车辆保管员工作职责；

（2）核实车辆停驶或封存交接记录；

（3）查阅维护记录。

2. 车辆转让

考核要点：车辆转让时，应办理完成车辆转让变更手续，完整移交车辆技术档案。

考核方法：查阅车辆装让台账，问询变更手续办理情况。

3. 车辆报废

考核要点：

（1）达到强制报废标准规定的，应按照有关规定进行报废，及时办理报废手续；

（2）应妥善保存回收证明、注销证明等凭证。

考核方法：

（1）查阅车辆报废台账；

（2）查阅回收证明、注销证明等凭证。

（八）车辆技术档案

1. 制度建设

考核要点：企业应建立车辆技术档案管理制度，内容包括档案管理部门及职责、建档、保存、更新和转出。

考核方法：查阅《车辆技术档案管理办法》。

2. 档案内容

考核要点：档案内容应包括车辆基本信息、车辆技术等级评定、客车类型等级评定或年度类型等级评定复核、车辆维护和修理、车辆主要零部件更换、车辆变更、行驶里程、对车辆造成损伤的交通事故等记录。档案应保存以下材料的原件或复印件：

（1）机动车行驶证；

（2）道路运输证；

（3）机动车登记证书；

（4）机动车整车出厂合格证；

(5)机动车维修竣工出厂合格证;
(6)车辆燃料消耗量核查表或报告;
(7)机动车安全技术检验、环保检验报告;
(8)汽车综合性能检测报告(含车辆技术等级评定结论);
(9)客车类型等级评定(复核)报告;
(10)压力容器和罐式专用车辆的罐体检测报告。
考核方法:
(1)检查《车辆技术档案》;
(2)对照要求核查材料的完整性。
注:车辆检测实行电子联网,且不提供纸质报告的地区,可不保存纸质材料。

3. 档案保管

考核要点:
(1)车辆技术档案实行一车一档,由专人负责,妥善保存,未经允许不得随意借出;
(2)档案信息应记载及时、完整和准确,不得损毁、随意涂改和伪造。
考核方法:
(1)查阅档案管理人员职责;
(2)查阅档案借阅手续;
(3)对照车辆数量,核实有无建档遗漏情况;
(4)检查《车辆技术档案》内容填写情况。

五、考核结果应用

车辆技术管理考核要与工作职责相对应,如对驾驶人员,可进行燃油消耗考核、轮胎消耗考核、爱车例保考核;对维修人员,可进行维修质量考核;对技术管理人员,可进行千车公里材料消耗考核、完好率考核、维修停厂时间考核、维修费限额考核等,使各项工作落实到人,不能人人有责任,又人人无责任。

运输企业要重视考核结果的应用,年度考核情况报企业负责人批准后兑现奖惩,并按照考核得分情况评出年度机务技术管理工作优秀单位。

对于经考核评为优秀的单位,要给予表彰奖励,并给予相关荣誉称号;对于经考核不合格的单位,要责令限期整改,对整改没有明显变化且仍达不到要求的单位,给予通报批评。

第三节 车辆技术管理信息化及其应用

一、信息化建设对于开展车辆技术管理的积极作用

信息化技术的发展给交通运输的管理、应用、服务等带来了巨大的技术革命。《道路运输车辆技术管理规定》(交通运输部令 2016 年第 1 号)充分强调了信息化对车辆技术管理的重要作用,明确规定道路运输经营者应当运用信息化技术做好道路运输车辆技术档案管理

工作，道路运输管理机构应当积极推广使用现代信息技术，逐步实现道路运输车辆技术管理信息资源共享。由此可见，加强信息化在车辆技术管理中的应用，对于提升道路运输车辆技术管理水平、促进行业转型升级和加强事中、事后监管具有重大意义。

运输企业车辆技术档案管理系统以大量的数字、文字、图片作为信息载体，运用信息化技术能够迅速将其转化为标准化数据，可大大提高管理效率和精确度，降低信息交换成本，使管理工作实施更加科学、精准，车辆技术管理和企业经营更加高效、便捷，并便于与相关部门实现信息的共享。

信息化很大程度上打破了传统生活以及商业模式下的时空局限，利用好信息化技术能拉近运输管理部门与运输企业、维修企业以及检测机构之间的距离，通过信息化可以实现无缝连接，仅仅通过用户权限控制实现必要的隔离即可。

信息平台可以连接、共享、公开、透明，便于监控进展、评估成效与调整举措，信息平台即是预期的结果，期望与现状的差距就是努力的空间，线下的业务管理大都可以在线上以相应的形式存在，且线上可以指导线下的工作开展。道路运输企业与信息化的融合能够通过流程与组织的变革降低成本、提高效率，能够使企业形成核心能力并提升竞争优势。

二、信息化建设原则

（一）统筹兼顾信息共享原则

要坚持信息共享的原则，避免出现信息孤岛。要以车辆技术档案为基础，完善车辆基础信息。一车一档，不仅仅是道路运输企业的一车一档，也是维修企业、检测机构、运管部门的一车一档。车辆技术管理系统数据的连接、共享包括与运输企业安全管理系统、卫星定位监控平台及其他业务管理系统的链接共享，也包括与道路运输企业、维修企业、检测机构以及运管部门的连接共享。

（二）规范化和标准化原则

系统建设应严格按照国家有关部门软件工程的标准进行设计、开发，遵守交通运输主管部门对系统建设的相关技术规范、标准。业务流程的设置、业务处理的设定应符合交通主管部门有关政策规定和业务管理要求。道路运输车辆技术管理系统功能上要满足运输企业车辆技术管理的需要，数据内容及格式要符合《道路运输企业车辆技术管理规范》（JT/T 1045）、《道路运输车辆综合性能要求和检验方法》（GB 18565）、《道路运输车辆技术等级划分和评定要求》（JT/T 198）、《交通运输法规管理信息数据元》（JT/T 1057）、《交通运输信息系统 数据库字段命名及属性定义》（JT/T 1058）等国家和行业标准。从而可以实现道路运输经营者信息化系统/平台与维修企业、检测机构以及各级运管部门的连接共享。

（三）先进性与实用性原则

应用系统要充分利用成熟、先进的技术，避免盲目追求最新技术，同时又应避免因应用系统在设计上的缺陷，造成系统处理能力不足。系统设计应体现整体技术水平的先进性，符合当今科学的发展潮流。要尽量采用成熟的主流产品，集成优秀和成熟的技术及组件，以保证系统的高质量和高稳定性，要根据应用实际，研究分析选择适合的应用体系结构；在应用系统的设计上，应充分考虑现有业务管理模式和运行模式的要求，兼顾系统在网络平台、硬件平台和系统软件平台技术的要求，分析和设计符合当今技术发展方向，还要保证系统可持续性开发。

（四）开放性和扩展性原则

应用系统应采用智能化参数、业务规则维护管理结构，以提高系统的适应性，解决政策变化导致系统的重新开发问题；按模块化、组件式设计开发，使功能易于扩充；提供查询和报表自定义功能等。在系统网络结构、应用软件体系结构等的设计上，还应符合今后扩充和与其他系统对接互联的要求，满足将来全省、全国联网的要求。系统设计和规划应全面、合理、完整，应具有处理大批量数据的能力，能满足未来若干年业务发展需求，还应建立决策支持模型，具备对所管理对象的业务监控功能等。

三、业务基本需求

（一）管理部门需求

（1）车辆档案管理，包括车辆基本情况、车辆技术等级评定、客车类型等级评定或年度类型等级评定复核、车辆变更等信息查询；

（2）辖区企业基础信息管理，包括运输企业、维修企业、检测机构的基本信息、资质管理和经营范围等；

（3）辖区营运车辆基础信息管理，按地区、车辆类型、燃料类别、厂牌、车龄、车辆技术等级等统计当前营运车辆的车辆数及占比；

（4）运输车辆技术状态查询，包括车辆基本信息、车辆维护与检测结果、技术等级、审验情况等查询；

（5）行业资讯管理。发布行业动态、通知通告及运输管理相关的政策、标准等。

（二）运输企业需求

（1）车辆技术档案管理，记录车辆运营全生命周期内发生的所有情况，包含车辆基本信息、行驶记录、设备变更、年度审验、例检情况、维护与修理、事故记录等，实时、准确地掌握车辆的动态情况。

（2）车辆证照管理，包含驾驶证、行驶证、运输证及车辆保险等。

（3）车辆状态查询，以卫星定位系统为基础，实时掌握车辆车况及运行状态数据信息。

（4）车辆技术管理制度的电子化管理，规范车辆管理业务流程，直观方便地评估执行结果。

（5）经济定额管理，包括燃（润）料消耗、轮胎消耗、维修费用定额的设定、统计和分析等。通过定额管理，根据车辆的实际消耗成本、效益实绩，挖掘出公司在成本消耗上的规律，对不遵从规则的车辆进行更有效的分析和处理，从而使公司在节省成本、提高效益方面具有更好的管理手段。

(6)维修、检测数据信息实时共享和互联互通,包括 GPS 平台相关数据的对接共享。

(7)车辆技术管理预警,通过时间或里程设置,提醒车辆按期维护和检测,使车辆技术管理有计划性、针对性和预见性。

(三)维修企业需求

(1)维修业务管理,为维修企业提供服务接待、维修派工、维修结算、合同管理、客户管理等服务。

(2)维修档案电子化管理,主要实现对所修车辆的维修记录的管理和查询。包括汽车车型信息、汽车属性信息(车牌号、属地、属性、车主信息等)、维修作业项目信息、维修工时、更换配件情况等。

(3)维修质量管理,包括维修配件、从业人员、竣工出厂合格证管理等。

(四)检测机构需求

(1)检测管理。以检测机构现有的检测管理系统为基础,实现检测数据的汇总、统计和上传等;

(2)车辆检测档案管理,包括车辆综合性能检测报告(含车辆基本信息、车辆技术等级)、客车类型等级评定记录;

(3)异地检测信息的互联互通。

四、业务流程

(一)流程框图

业务流程如图 10-1 所示。

(二)流程说明

1. 基础数据录入

车辆基础信息由运输企业录入,在维修、检测以及管理部门可以实现信息共享。基础数据的录入也可以来自于外部接口,譬如运政系统、动态监控平台的数据库数据导入等。

2. 车辆维护

日常维护由驾驶员进行,一级维护和二级维护原则上由运输企业自行组织,若不具备维护能力,可以委托给具有维护能力和资质的企业进行。通过系统,实现维护周期确定、维护计划制订、维护里程或时间设置、维护提醒等功能,并全过程记录维护过程信息、维修档案信息、合格证信息等。

3. 综合性能检测

可与综合性能检测站检测系统直接对接,记录历次综合性能检测和技术等级评定,以及客车类型等级评定或复核信息的检测时间、检测机构、检测结果以及报告编号等信息。

4. 监督、检查与整改

道路运输管理部门通过平台信息统计分析,开展监督检查,并对不达标企业进行处理。

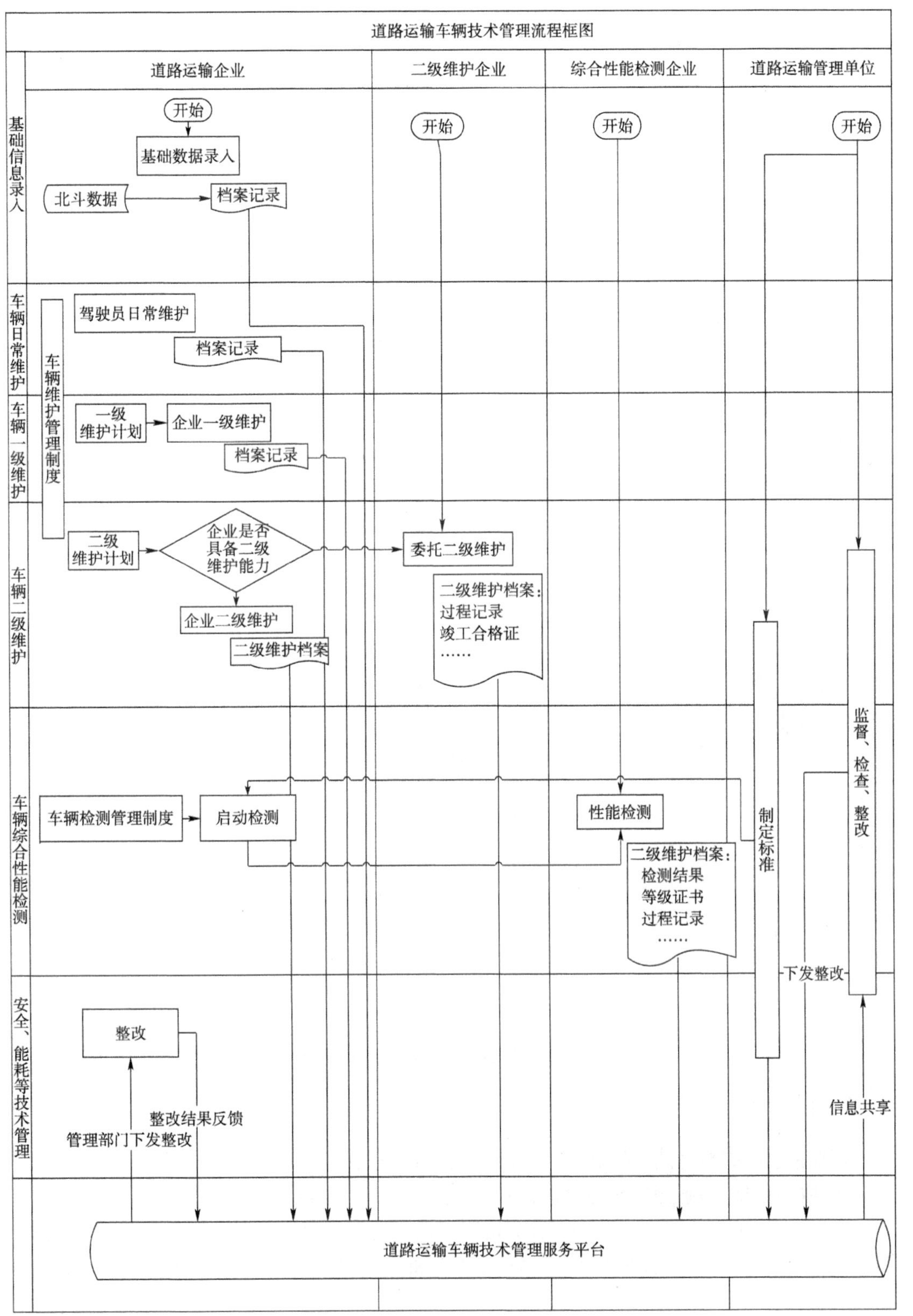

图 10-1　道路运输车辆技术管理流程框图

五、系统架构

系统构架如图 10-2 所示。

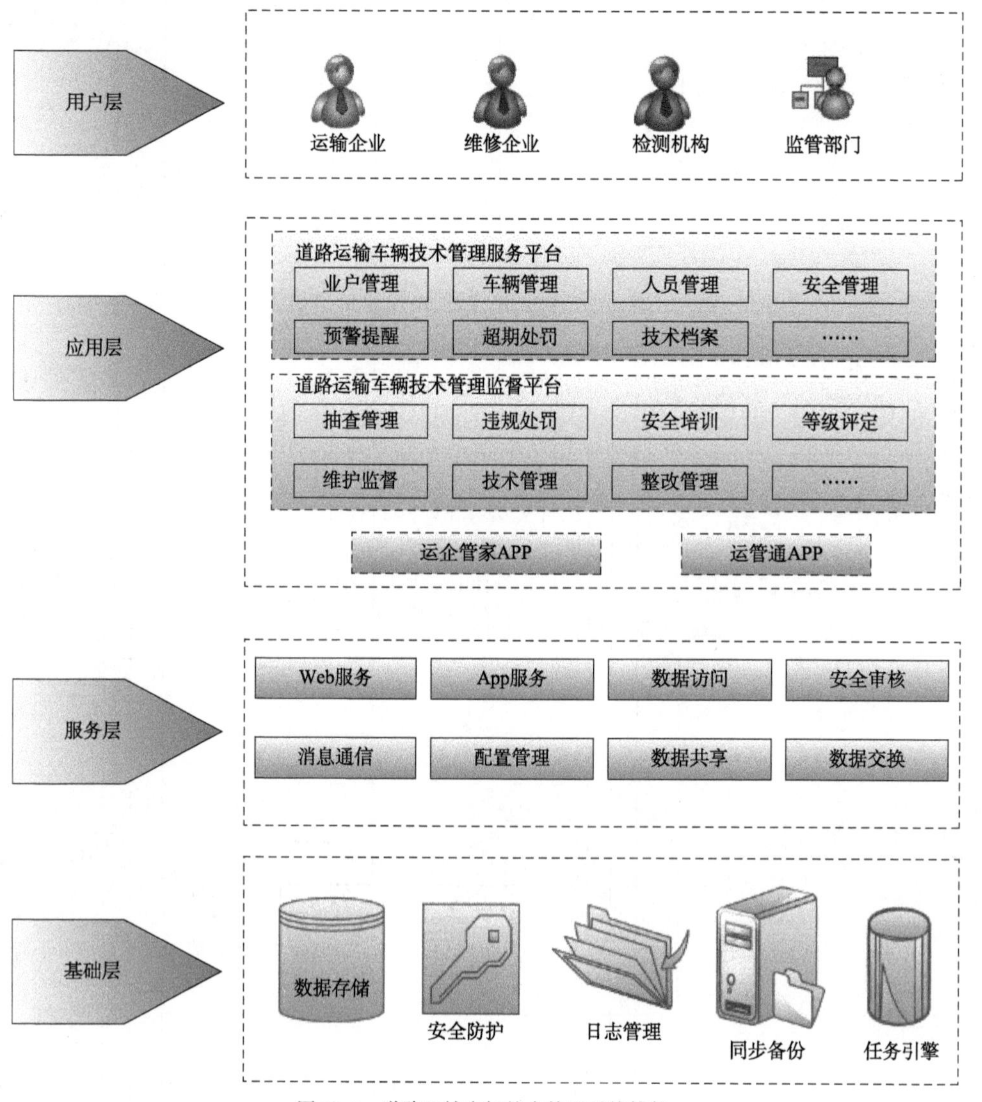

图 10-2　道路运输车辆技术管理系统构架

(一)基础层

基础层包括数据存储、安全防护、日志管理、同步备份、任务引擎。

(1)数据存储:按业务需要选用本地磁盘组、高性能的磁盘柜或分布式文件系统集群。

(2)安全防护:采用 32 字节的 SHA1 密钥存储,硬件保证该存储区中的密钥只能在锁内参与 SHA1 运算,无法被读取或导出,管理密码和登录密码都有重试次数限制,防止暴力破解。

(3)日志管理:对运维日志、业务日志、网站访问、程序运行日志进行采集、搜索、分析、可视化,用于运维监控、安全审计、业务数据分析,帮助我们进行线上业务实时监控、业务异常原因定位、业务日志数据统计分析以及安全与合规审计。

(4)同步备份:实时远程同步备份数据,采用SSL安全通道对传送数据进行加密和隐藏,确保数据在传送中不被改变、不被拦截。

(5)任务引擎:定时对系统做各种数据维护服务、清理临时文件、修复破坏文件、生成各种统计数据。

(二)服务层

服务层包括Web服务、App服务、数据访问服务、安全审核服务、消息通信服务、配置管理服务、数据共享服务、数据交换服务。

(1)Web服务:面向服务的架构的技术,通过标准的Web协议提供服务,保证不同平台的应用服务可以互操作。

(2)App服务:为Android、IOS、WM等移动端开发提供数据交换服务。

(3)数据访问服务:连接应用程序和数据库的服务组件,封装了数据库身份认证、事务管理、资源管理、数据查询与维护操作。

(4)安全审核服务:对访问用户身份、权限进行统一审核、授权,封装了传输、存储加解密技术。

(5)消息通信服务:应用程序与服务、数据库、各功能组件间的消息通知,数据交互,及时处理各种实时任务。

(6)配置管理服务:统一管理系统中所有可配置项目,对于已识别的不同用户的差异需求,可视化修改配置,实时响应用户。

(7)数据共享服务:为客户已有系统提供数据共享支持,可按已定数据接口实时推送数据。

(8)数据交换服务:提供统一数据拉口,二次开发接口,为用户快速导入、实时更新数据。可以接入业户数据、车辆数据、人员数据、GPS/北斗监控系统数据、行业数据,查询与办理车辆违章,查询人员与车辆保险信息等。

(三)应用层

(1)企业端:包括道路运输车辆技术管理服务平台、运企管家APP,提供业务管理、车辆管理、人员管理、安全管理、预警提醒、超期处罚、技术档案等功能。

(2)监管端:包括道路运输车辆技术管理监督平台、运管通APP,提供抽查管理、违规处罚、安全培训、等级评定、维护监督、技术管理、整改管理等功能。

(四)用户层

用户包括道路运输经营者、维修企业、综合性能检测机构、行业管理部门以及相关从业者。

六、应用示例

目前,专门针对道路运输车辆技术管理的系统平台还较少,以下以某软件为例简单介绍道路运输车辆技术管理系统,供参考。

(一)基础信息管理

基础数据管理主要包括企业基本信息、车辆信息、人员信息等,如图 10-3 所示。

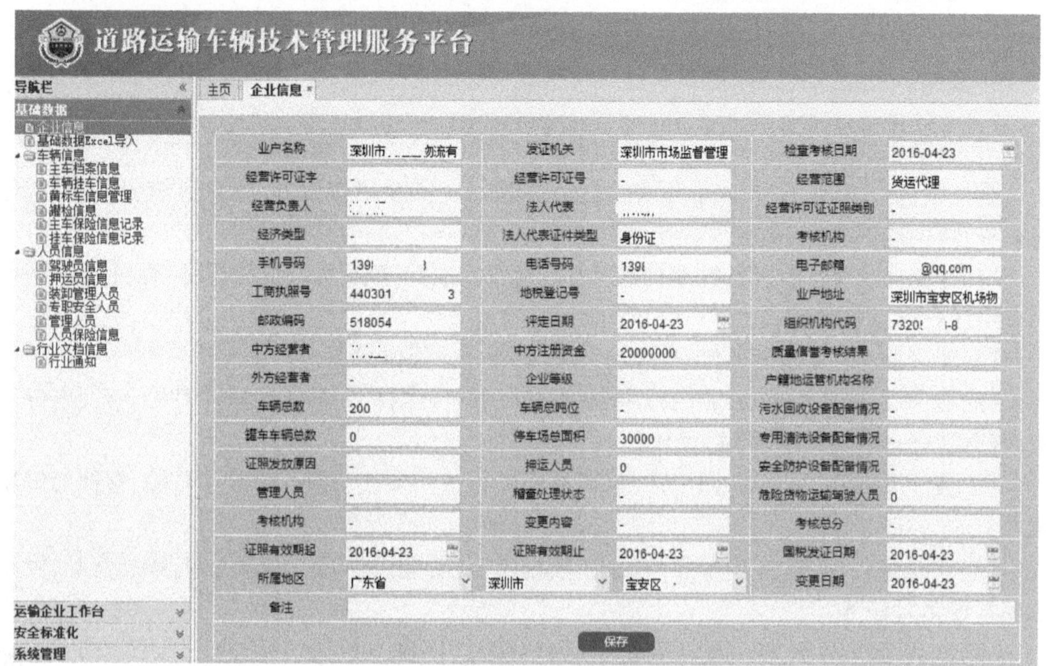

图 10-3 基础信息管理模块

1. 业户管理

道路运输车辆技术管理服务平台的业户包括普通货物运输企业、道路危险货物运输企业、道路旅客运输企业,也包括二级维护企业、车辆综合性能检测机构,以及各级道路运输管理部门。业户信息包括企业注册基本信息以及各证照资质与有效期。

2. 车辆管理

车辆管理包括道路旅客运输车辆、道路普通货物运输车辆、道路危险货物运输车辆号牌注册及变更信息、道路运输证登记及变更信息、主要配置信息、主要技术参数信息以及车辆类型、厂牌型号、制造厂名、出厂日期、VIN 码(或车架号)、发动机号码等信息。

3. 人员管理

人员管理包含车辆技术管理人员的基本信息、从业经历、资格条件、岗位信息等,同时也包含驾驶员、安全管理员、维修从业人员、检测从业人员等。

4. 行业资讯管理

发布行业动态、通知通告及运输管理相关的政策、标准等,让从业人员及时了解国家相关政策,并可在线互动交流,分享经验。

(二)监管单位工作平台

通过此平台,管理部门可对辖区运输企业、维修企业、综合性能检测机构实行网络化监管，监管信息包括企业资质、车辆档案管理、安全管理、车辆维护监督等，也包括道路运输车辆技术的细致管理，如车辆技术管理达标情况、不合规情况处理等，如图 10-4 所示。

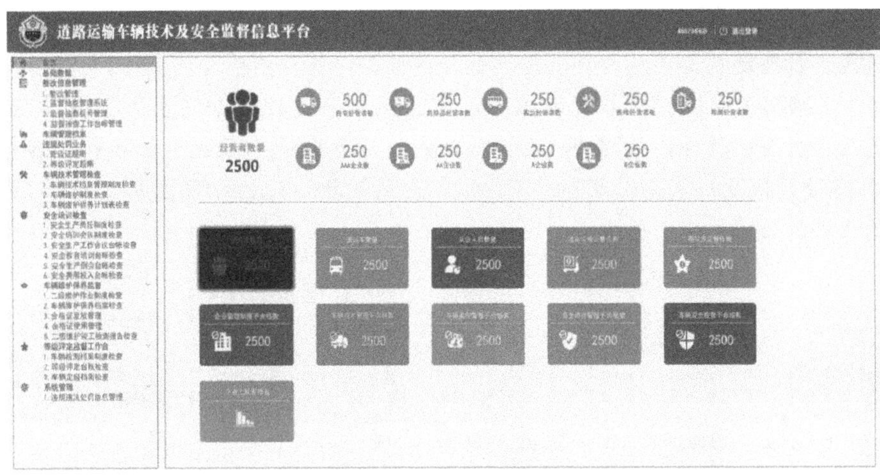

图 10-4　监管单位工作平台

1. 基础数据

基础数据包含了运输企业、维修企业、检测机构、车辆信息及从业人员信息，数据来自于相关企业录入及日常业务过程中形成的道路运输车辆技术电子档案。譬如道路运输企业日常填报、北斗系统对接、维修过程与结果记录、检测与等级评定过程与结果记录等。

2. 合规性检查与整改信息管理

监管单位通过对企业的车辆管理档案、违规业务、车辆技术管理、安全培训、等级评定工作进行检查，向不符合规定的企业下发整改通知，企业收到整改通知之后对不符合规定的项目进行整改，通过运输企业工作平台上传整改内容凭证，由监管单位评定整改结果，整个流程线上操作，方便监督，强化监管。

企业合规性检查，可以实现系统的智能化，根据各规定与标准的要求，设定算法，基于基础数据综合判断某项是否达标以及基于细项做综合评估或打分，并能就具体细项给出参照标准与指导意见。

3. 其他功能

基础数据维护：监管单位自主添加业户信息及监督人员信息。

基础数据查询：业户信息分类归档，车辆信息查询，从业人员信息查询。

系统设置：违规违法处罚信息管理，人员权限角色设置。

报表与打印管理：基于各单位的车辆相关的技术档案，可以实现企业合规性检查报表，可以实现具体领域譬如安全、能耗、效率等方面统计报表，可以实现行业的统计分析以及企业的分类管理与综合排名。

(三)运输企业工作台

运输企业工作台为运输企业专属的操作平台，实现车辆的技术档案管理、车辆技术管理制度管理、预警提醒、执行过程状态管理及结果管理，并在此技术上可延伸至 TMS(运输管理系统)乃至于 OMS(订单管理系统)等。运输企业工作台，实现了与维修、检测机构数据的共享、对接(含共用一个平台或不同平台数据对接)、与车辆运行监控平台数据对接(含北斗是否在线、车辆里程变化等),也可扩展到与相关部门系统的对接,实现违章查询以及车辆、人员、货运保险业务管理。

1. 车辆技术档案

车辆技术档案主要依据行业管理部门规定的档案格式和数据内容进行设计,包括静态数据和动态数据,静态数据主要是车辆的基本信息,动态数据主要来源于企业车辆技术管理过程记录、维修及检测过程与结果记录数据对接、车载北斗设备相关数据对接等,并自动生成车辆技术档案,如图 10-5 所示。

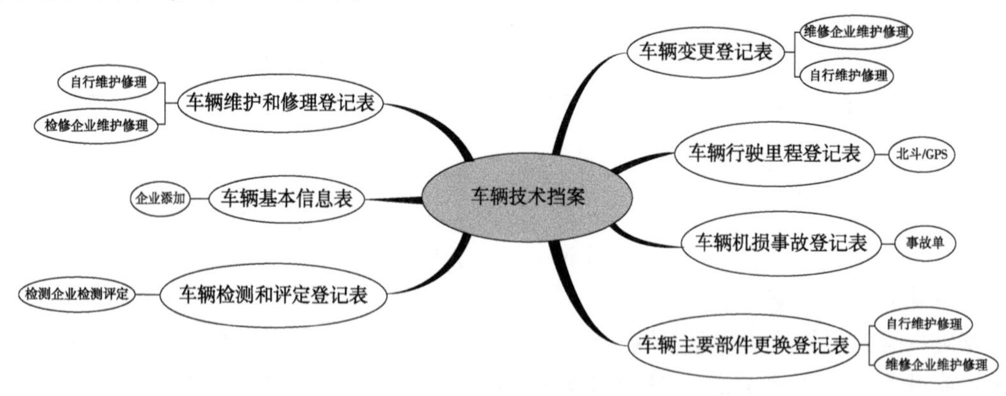

图 10-5 车辆技术档案模块

2. 车辆技术管理制度

制度管理是管理的关键,也是车辆技术管理"系统化、制度化、规范化"的核心。企业通过制度把管理的理念、原则、方针以及各项目标等标准化,并通过制度执行去贯彻落地。制度落地的过程中的计划、台账、记录等信息如图 10-6 所示。

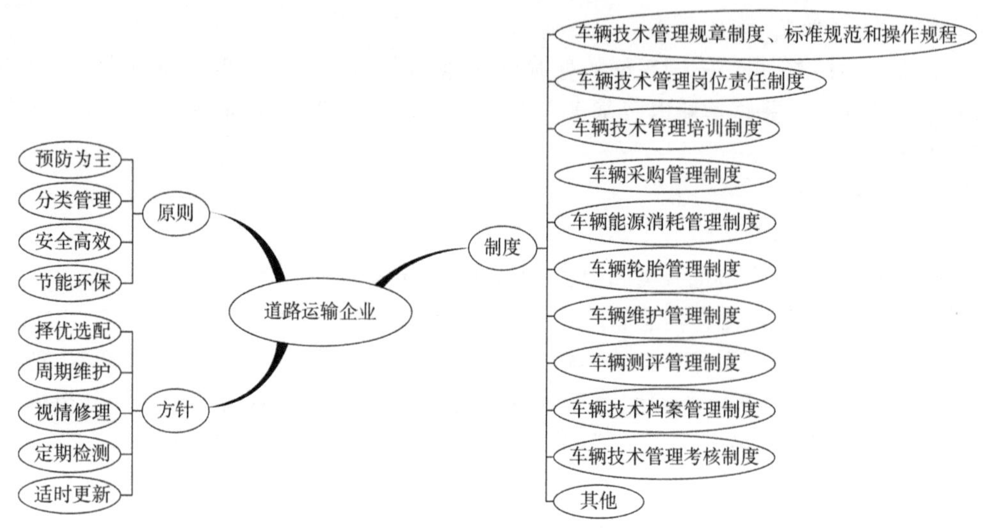

图 10-6 车辆技术管理制度模块

3. 超期预警

目前,大多数企业采用纸质计划或人工计算的方式提醒技术管理人员、驾驶员按期进行二级维护、检测(包括安检、环检和综检)和证照审验等,费时费力而且不准确。系统通过指定一个时间或里程参数,临近到期时,系统自动通过界面、邮件、短信、微信等方式发出预警,提醒技术管理人员、驾驶员按期开展车辆维护、检测等活动。如图 10-7 所示。

图 10-7　超期预警与提醒

4. 扩展功能

系统可实现能耗管理、维修配件管理、轮胎管理、燃润料管理、安全标准化等。可定期统计分析车辆行驶里程、能源消耗量、维修费用、维护计划执行率、车辆完好率、车辆小修频率、车辆平均技术等级等技术指标。

(四)维修企业工作台

维修企业工作台为具有维修能力的道路运输企业以及专业的维修企业的工作平台,实现维修全过程的作业管理以及维修档案管理,平台支持与道路运输企业、维修企业自有数据系统(平台)的对接,如图 10-8 所示。

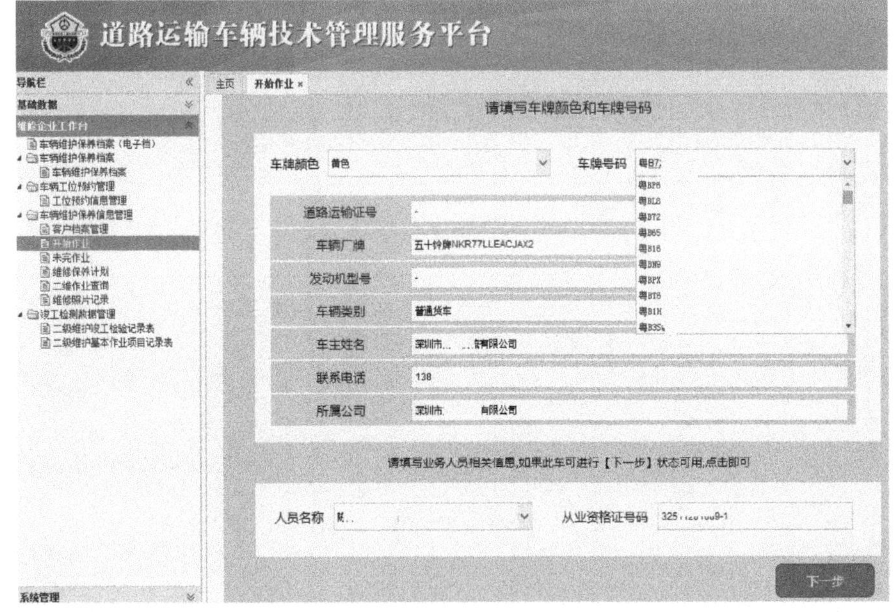

图 10-8　维修企业工作平台

（五）检测机构工作台

检测机构工作台为综合性能检测机构提供车辆检测档案管理、检测作业管理。详细记录检测过程及检测结果，并根据细项的检测结果做等级评定，平台支持与综合性能检测机构数据系统的对接，如图10-9所示。

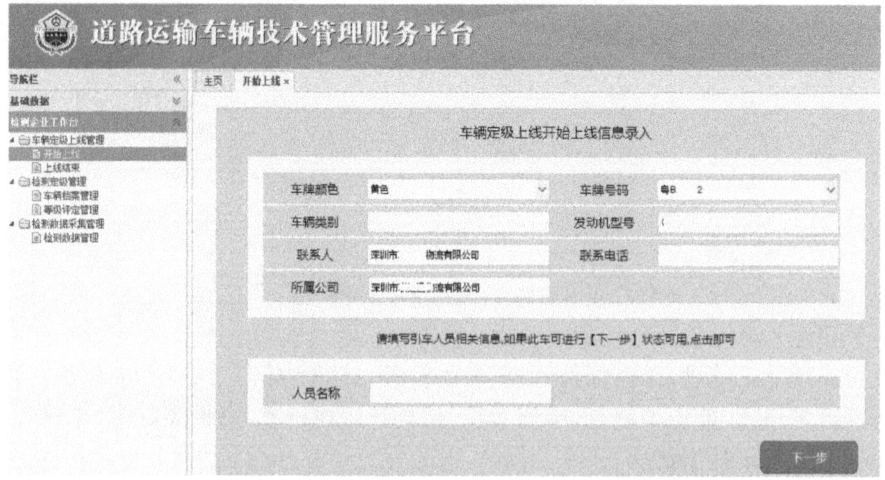

图10-9　综合性能检测平台

附录　典型事故案例

在人、车、路所构成的复杂交通运输体系中，因车辆导致的交通事故屡见不鲜。现将部分因车辆技术状况不良导致的有关重特大事故案例整理出来，并对案例进行详细解析，以此为鉴，希望通过一个个触目惊心的事故案例，提高运输企业车辆技术管理人员和驾驶人员的安全防范意识。

案例1　渠县"9·15"重大交通事故

1. 事故经过

2013年9月15日13时11分许，孙某驾驶一辆货车，当行至李馥乡境内渠(县)(三)汇路11km与望(溪)石(梯)路54km+60m交叉路口处，在左转弯过程中车辆失控向右侧翻，将右侧同向正常行驶的客车挤撞翻坠至5.4m高的桥下河沟内，所载约4/5石膏倾泻于桥下，将客车中后部掩埋，造成21人死亡、7人受伤、客车报废、货车受损的重大道路交通事故。

2. 事故原因

(1)非法改装。经鉴定，该货车存在货厢缩短、大梁缩短、加装钢板弹簧等非法改装问题，致使该车质心升高，货厢、桥距、钢板弹簧与该车登记的结构、特征不一致，改变了外观轮廓等技术参数，不符合国家标准有关要求。

(2)超载。核载15.67t，实际装载46.8t，车辆严重超载。

(3)技术状况不良。经鉴定，该车转向传动装置与相邻部件发生运动干涉，制动系制动蹄摩擦片的摩擦表面有老化、烧蚀痕迹，制动鼓圆度值超标，轮胎胎冠花纹类型不一致。

(4)驾驶员处置不当。该车在严重超载的状态下，质心升高、制动效能降低，车辆通过弯道时稳定性降低，驾驶员处置不当，致使车辆失控向右侧翻。

案例2 厦蓉高速“3·22”重大交通事故

1. 事故经过

2013年3月22日11时25分许，别某驾驶一辆满载水泥的重型半挂牵引车（牵引一部半挂车），由龙岩开往漳州，行驶至G76线厦蓉高速109km+524m处，因车辆失控，先后撞上一辆小汽车与卧铺大客车（核载44人，实载45人，其中儿童3人）、重型货车，造成12人死亡、34人受伤，直接经济损失达530多万元。

2. 事故原因

（1）维修检查不到位。经技术鉴定和事故调查小组专家综合分析，造成本事故发生的直接原因：肇事车辆前轮制动器被人为解除，较长时间车辆维修检查不到位，导致部分制动器机件磨损、损伤或沾油，严重影响车辆制动性能。

（2）驾驶操作不当。驾驶员在长下坡路段未能根据道路条件采取合理措施控制安全行车速度，挂最高前进挡下坡，持续使用制动，导致制动器摩擦过热，制动效能下降，直至制动失效。

案例3 三门峡“8·31”交通事故

1. 事故经过

2012年8月31日，郭某驾驶一辆普通客车，从灵宝出发往返于连霍高速某地区。上午8点50分，车辆行驶至三门峡市境内784km+480m处时（当时正逢大雨，路面湿滑），郭某为降低车速猛踩制动踏板，致使车辆撞向道路左侧桥面中央护墙，随后冲破道路右侧护栏翻入20m深沟内，造成11人死亡、14人受伤的交通事故，直接经济损失610万元。

2. 事故原因

(1)制动系存有安全隐患。肇事车辆制动鼓磨损严重,右前制动气室膜片(皮碗)老化、开裂、漏气,导致制动系统不符合标准。

(2)车辆超速行驶。事故路段限速 70km/h,事故发生前车辆行驶速度不低于 85.6km/h。

(3)驾驶操作不当。雨天道路湿滑,驾驶员在高速公路行驶时应逐渐降低车速,然而郭某猛踩制动踏板,致使车辆侧滑失控,冲断防护栏后坠入深沟。

案例 4　仪陇“3·6”重大道路交通事故

1. 事故经过

2014 年 3 月 6 日 9 时 40 分左右,鲜某驾驶一辆中型普通客车(核载 16 人,实载 12 人),行至仪陇县杨桥镇金鼓村五一桥路段时,驶出路面坠入柏杨湖中,造成 11 人死亡,直接经济损失 480 万元。

2. 事故原因

(1)转向技术状况不良。肇事车辆转向系转向盘最大自由转动量超限,向右转向限位装置缺失,转向横拉杆体右侧与调整螺杆脱落。

(2)制动技术状况不良。肇事车辆制动系左后制动领蹄摩擦片缺失 138.89cm^2,左后制动鼓圆度误差超限,右后 2 个制动底板螺栓缺失,制动总阀因严重锈蚀密封不严,造成前制动储气筒内压缩空气泄漏。

(3)轮胎技术状况不良。肇事车辆后轴轮胎花纹类型不一致,左后主胎及右后副胎胎冠花纹磨损严重且测量值均小于 1.6mm,左后副胎胎冠被铁钉刺穿造成轮胎胎压严重不足。

案例 5　重庆“4·23”特大交通事故

1. 事故经过

2007 年 4 月 23 日 8 时 10 分,重庆某运输公司大客车(实载 32 人,核载 25 人)由渝北区两路镇驶往北碚区。当车行至北碚区水土镇干洞子长生桥处,该车撞断长生桥左侧桥栏,后车顶着地，翻于道路左侧干涸的河沟里（河沟平面与桥面垂直高度 12.78m），造成 26 人死亡（22 人当场死亡，4 人送医院抢救无效死亡）、6 人受伤的特大道路交通事故。

2. 事故原因

（1）肇事车辆 ABS 失效、前悬架系统无减振器。

（2）在经过施工路段时，为了紧跟前方同向行驶的车辆通过施工路段，在明知雨天路滑，前方道路因施工变窄、无安全员疏导容易发生危险的情况下，没有降低行驶速度，且超载 7 人（实载 32 人，核载 25 人），直接导致此次重大交通事故的发生。

案例 6　仁怀“2・12”特大道路交通事故

1. 事故经过

2008 年 2 月 12 日 9 时，肖某驾驶一辆金旅牌大型客车（核载 35 人，实载 37 人，含 2 名免票儿童）从赤水市客车站驶往遵义市红花岗区，行至赤水市元厚镇停车换由李某驾驶。行驶途中，李某感觉车辆转向有问题，两次停车进行检查。在被检查人员告知转向直拉杆前后球头严重松旷，车不能继续前行后，李某仍继续驾驶车辆行驶。14 时 30 分，当车行至仁怀市境内 S208 线 109km + 500m 处时，车辆前桥工字梁左转向节主销座断裂，转向失效，车辆驶离公路右侧，翻入垂直高度为 58.24m 的赤水河中，造成 24 人死亡、13 人受伤、直接经济损失 659 万元的重大道路交通事故。

2. 事故原因

（1）转向部件存在安全隐患。驾驶员李某在明知车辆转向系存在故障的情况下，仍驾驶故障车辆继续行驶。行驶过程中，车辆前桥工字梁左转向节主销座断裂，致使车辆转向失效，直接导致此次事故发生。

（2）二级维护不到位。汽车修理厂未按照二级维护程序和标准对事故客车进行二级维护，维修和检验有缺项、漏项，肇事车辆存在前桥工字梁左转向节主销座陈旧性裂痕、横直拉杆球头松旷和左前轮内侧胎冠磨损严重等重大安全隐患，修理厂未能及时发现和排除。

案例7　吉安“9·9”重大道路交通事故

1.事故经过

2009年9月19日，彭某驾驶一辆重型半挂牵引车（核载25t，实载37.7t货物），行至大广高速公路江西吉安市遂川段2967km＋24m长下坡路段，追尾碰撞了一辆在应急车道内行驶的重型自卸货车（装载3.17m^{3}黄土，驾驶室乘载3人，货厢违法乘载24人），导致自卸货车撞坏路侧护栏后冲出道路，坠入山坡；同时，重型半挂牵引车与在行车道内排队等候通过的车辆发生连环相撞，事故共造成16人死亡、13人受伤。

2.事故原因

肇事车辆前轮制动系统被非法改动，发生事故时制动失效，制动性能不符合国家相关标准，且严重超载。

案例8　郑州“2·28”客车坠水事故

1.事故经过

2010年2月28日17时35分许，吴某驾驶一辆大型普通客车（核载27人，实载22人），由郑州驶往新密，行至S316省道候寨大桥处，因在雨雪天气、湿滑路面超速行驶，车辆失控撞断右侧护栏，坠入桥下水库中，造成19人死亡，7人受伤。

2. 事故原因

(1)行车制动系统技术状况不良。事故前该车左后轮制动鼓严重磨损并完全裂开(该车轮制动失效),其他各车轮制动鼓严重磨损,摩擦面凹凸不平,两后轮摩擦片不均匀磨损严重,局部已磨损至铆钉处。

(2)轮胎技术状况不达标。该车两后轮轮胎技术状况不正常,轮胎花纹基本磨平。

案例9　南丰县"7·23"重大道路交通事故

1. 事故经过

2013年7月23日5时许,陈某雇请驾驶员梅某的重型半挂牵引车前往福建省建宁县溪口镇收购黄花梨运往广东,当日19时左右,在收购了3万kg黄花梨后,驾驶员梅某驾车(核载3人,实载27人。其中驾驶室乘坐6人,车厢内货物上乘坐21人)沿南建公路由福建省建宁县溪口镇返回江西省南丰县,20时35分,当车辆进入江西境内3.6km,行驶至南建公路(209省道)33km+190m处下坡右转弯路段时,车辆失控向左侧翻后,车头冲至左侧路外土堆,造成16人死亡、10人受伤的重大道路交通事故。

2. 事故原因

(1)驾驶员梅某驾驶非法改装且制动不良的车辆上路行驶,在长下坡急弯路段车速过快、制动失效,导致车辆失控并侧翻是造成事故发生的直接原因。

(2)货运车辆违法载人、人货混装、驾驶室严重超员造成了事故重大伤亡的后果。

(3)公司员工串通机动车安检机构、汽车维修单位为事故车辆办理虚假年度检验和二级维护竣工出厂合格证明,非法改装造成车辆机件不良。事故后,与事故相关的道路运输经营者、维修企业、检测等相关责任人被问责。

案例10　遵义"2·18"重大道路交通事故

1. 事故经过

2012年2月18日12时10分许,冯某驾驶一辆中型普通客车(核载19人,实载35人)在207省道8km+400m(道真县大磏镇文家坝村徐氏塔沟)驶离道路左侧,翻下垂高5.9m的旱沟槽,造成13人死亡、22人受伤、车辆严重损坏的重大道路交通事故,直接经济损失

300余万元。

2. 事故原因

(1)事故车辆行驶过程中,因左前轮轮辋槽底的陈旧性裂口割破内胎,致使轮胎快速泄气,车辆重心向左发生偏移,转向失控,翻坠下公路左侧路坎,导致事故发生。

(2)事故车辆严重超员。核载19人,实载35人,超员16人。

案例11　阿勒泰"9·16"重大道路交通事故

1. 事故经过

2010年9月16日,谌某驾驶一辆大型普通客车(核载33人,实载17人),由阿勒泰市驶向喀纳斯景区,行至232省道48km+878m禾木乡岔道处,车辆转向失控、驶出路面,垂直坠落路侧55m处后沿山坡翻滚100多米,造成11人死亡、6人受伤。

2. 事故原因

肇事车辆转向直拉杆与左转向节球头连接的球头销孔内弹簧有陈旧性断裂,导致转向失效。

案例12　汕头"4·6"重大道路交通事故

1. 事故经过

2010年4月6日,李某驾驶一辆大型普通客车(核载38人,实载36人),沿汕头市濠江区南滨路由东向西行驶至跳水馆附近路段,在超越同向行驶的小型汽车时,因超速行驶、违法超车,先后与对向行驶的一辆罐式货车、小型汽车相撞,致使本车和罐式货车侧翻,小型汽车起火燃烧,造成10人死亡、28人受伤。

2. 事故原因

制动系统不符合标准要求,右前轮制动蹄摩擦衬片有油污,制动时有左跑偏现象,前轮制动技术状况不合格。

案例13 马尔康"3·13"重大道路交通事故

1. 事故经过

2012年3月13日6时,王某驾驶一辆金龙牌大型普通客车,从成都市前往阿坝州马尔康县,车辆核载35人,出发时实载35人,途中14名乘客下车。12时25分左右,当车辆行驶至阿坝州马尔康县梭磨乡国道317线295km时,车辆与道路左侧防护墙发生剐擦碰撞并沿墙向前滑行56.1m至防护墙缺口,从防护墙缺口冲出道路并继续向前行驶6m后,车辆左前轮翻过道路左侧排水沟,冲上排水沟外2.5m高土丘防护带,继续行驶58m后坠入土丘防护带外65m深的斜坡,造成15人死亡、6人受伤。

2. 事故原因

(1)车辆机件存在安全隐患。该车转向横拉杆球销松旷,左后制动气室皮膜存在穿透性裂缝,右后制动摩擦片过度磨损,后轴车轮制动器摩擦副接触面积不足。

(2)车辆二级维护存在遗漏,当天没有发班计划,未进站安全例行检查。

参考文献

[1] 公安部交通管理局. 道路交通事故统计年报[R]. 2004—2013 年度.

[2] 郎全栋,曹晓光. 汽车使用技术[M]. 北京:高等教育出版社,2003.

[3] 刘元鹏,张强,等. 营运车辆综合性能检测管理与技术应用[M]. 北京:中国质检出版社,2015.

[4] 刘锐. 汽车使用与技术管理[M]. 北京:人民交通出版社,2002.

[5] 董继明,罗灯明. 汽车检测与诊断技术[M]. 北京:机械工业出版社,2007.

[6] 王殿忠. 汽车修理基础知识[M]. 北京:高等教育出版社,1999.

[7] 夏均忠. 汽车综合性能检测[M]. 北京:机械工业出版社,2011.

[8] 刘元鹏,许书权. 汽车维修质量控制与管理[M]. 北京:人民交通出版社,2012.

[9] 交通运输部道路运输司. 道路运输事故典型案例评析(一)[M]. 北京:人民交通出版社,2011.

[10] 交通运输部公路科学研究院. 道路运输事故典型案例评析(二)[M]. 北京:人民交通出版社股份有限公司,2015.

[11] 交通运输部道路运输司. 汽车客运站营运客车安全例行检查工作指南[M]. 北京:人民交通出版社,2013.

[12] 张学利,蔡凤田.《汽车维修业开业条件》(GB/T 16739—2014)宣贯读本[M]. 北京:人民交通出版社股份有限公司,2015.

[13] 朱军. 运输企业加强车辆技术管理的对策[J]. 交通企业管理,2012,14(7):135-138.

[14] 田庆稳,聂廷辉,周建伟. 如何加强道路运输企业车辆技术管理[J]. 交通企业管理,2010(7):37-38.

[15] 金柏正. 强化客货营运车辆的技术管理刻不容缓——5·29 吴斌客车事故引发的思考[J]. 运输经理世界,2012(7):67-69.

[16] 吴丽萍. 用车辆技术管理降低运输成本[J]. 运输经理世界,2006,8.

[17] 李长城,刘小明,荣建. 不同路面状况对路面摩擦系数影响的试验研究[J]. 公路交通科技,2010,27(12):27-31.

[18] 安利娟. 论车辆技术管理在降低运输成本过程中的重要意义[J]. 科技创新导报,2011,24.

[19] 吴勇. 浅谈车辆技术管理的形势和对策[J]. 汽车维护与修理,2005,1.

[20] 孙红芬. 车辆超载对制动安全性的影响[J]. 天津汽车,1998(4):24-27.